心|理|健|康|的|视|角

大众心理学

李笑燃◎主　编

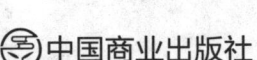

中国商业出版社

图书在版编目（CIP）数据

大众心理学/李笑燃主编. —北京：中国商业出版社，2021.12
ISBN 978-7-5208-1782-0

Ⅰ.①大… Ⅱ.①李… Ⅲ.①群体心理学 Ⅳ.①C912.64

中国版本图书馆CIP数据核字（2021）第183834号

责任编辑：谭怀洲　王彦

中国商业出版社出版发行
010-63180647　www.c-cbook.com
（100053北京广安门内报国寺1号）
新华书店经销
天津旭非印刷有限公司印刷

* * * *

787毫米×1092毫米　　16开　　17.5印张　　291千字

2021年12月第1版　　2021年12月第1次印刷
定价：56.00元

* * * *

（如有印装质量问题可更换）

《大众心理学》编委会

主　　编　李笑燃

副 主 编　张　嫒　王俊萍

编写人员　（按姓氏拼音排序）

　　　　　　成秀梅　段玉兰　高　峰　高　强
　　　　　　何美娜　吉宇波　李红霞　李笑燃
　　　　　　李向阳　刘兴梅　王婵娟　王俊萍
　　　　　　王永杰　杨晓峰　张慧超　赵鹏程

前言

当今所处的信息化时代，社会竞争加剧，工作压力加大，生活节奏加快，使人们感到身心疲惫，加之以往对心理健康重视不够，人们存在一种羞于谈心理问题的倾向，这些因素让心理健康更值得关注。如果人们不能获得足够的心理关怀和精神慰藉，那么无论在身体健康上投入多少，也难以获得全面健康。从科学视角看，大脑的神经冲动确实会影响神经体液分泌，而人的精神状态则影响着身体状态。中医讲"形神合一"，既要"动以养形"，也要"静以养神"，达到形神兼养、身心俱佳的健康境界。正所谓"精、气、神，养生家谓之三宝"，只有注重心理建设，增进心理健康，才能获得内外兼修、真正意义上的健康。

根据世界卫生组织标准，健康包含生理健康、心理健康、社会适应和道德健康四个方面。21世纪是一个大健康时代，人类将会追求心理、生理、社会、环境的完全健康。大健康涵盖一个人生命周期的全过程，围绕衣食住行、生老病死，对生命实施全程、全面、全要素呵护，让人们"生得优、活得长、不得病、少得病、病得晚、提高生命质量、走得安"。大健康既追求个体生理、身体健康，也追求心理、精神以及社会、环境、家庭、人群等各方面的健康。而如今，不良的生活方式、外部环境等因素给人们的健康带来严重的影响，使亚健康人群飙升，慢性病井喷式暴发，健康成本不断增加，重疾慢病年轻化等健康问题频发，我国正面临前所未有的疾病挑战。

当前，"治未病"大健康已经成为当下比较流行的健康理念。

大健康倡导一种健康的生活方式，不仅是"治病"，更是"治未病"，消除亚健康，提高身体素质，减少痛苦，做好健康保障、健康管理和健康维护；从透支健康、对抗疾病的方式转向呵护健康、预防疾病的新健康模式；不仅要求病后能够治愈，更要求增强未病时的预防能力，这就意味着社会的健康管理需要关口前移，重心从"治已病"向"治未病"转变。要实现大健康，就要树立大健康理念，进行大健康教育，创新大健康技术，发展大健康产业，完善大健康服务。要从单一救治模式转向"防—治—养"一体化防治模式。大健康理念有助于提高民众健康素养，接受科学的健康指导和正确的健康消费。因此，加强心理科普工作就显得尤为重要。

研究表明，公众对心理疾病的认识仍有待提高。公众普遍缺乏精神障碍防治知识，更缺乏主动就医意识。部分大众对精神障碍还有病耻感，担心被周围人群歧视而不愿意求助于专业机构和专业人员。因此，我们通过编辑出版《大众心理健康》一书，广泛开展精神卫生科普宣传，增强大众的心理健康意识，呼吁全社会广泛关注抑郁症等相关心理健康问题的同时关注自身的心理健康，让公众充分认识到心理疾病和躯体疾病一样都需要科学的认识，都需要增长心理学的知识，做到早预防、早发现、早干预，从而加强自我心理保健意识，增强心理自助能力，提高心理素质和心理健康水平。

本书从当前大众普遍关注的心理健康问题入手，详尽阐述心理问题及相关概念，从多种角度深入分析、探讨影响心理健康的主要因素，以及维护心理健康的方法和途径。该书强调思想性、科学性、艺术性、趣味性和实用性。该书观点准确，倡导科学方法，传播科学思想，弘扬科学精神，有助于提高公民科学素质和心理健康素质。

本书由李笑燃提出写作思路和总体框架，并将各章节分工完成。各章作者如下：第一章李笑燃（内蒙古师范大学），第二章张慧超（内蒙古电子信息职业技术学院），第三章吉宇波（内蒙古医科大学），第四章杨晓峰（内蒙古师范大学），第五章段玉兰（呼和浩特市兰心语健康管理有限公司），第六章王婵娟（包头师范学院），第七章赵鹏程（内蒙古自治区第三医院），第八章高强（呼和浩特职业学院），第九章何美娜（包头师范学院），第十章刘兴梅（内蒙古鸿博心理科学研究院），第十一章高峰（呼和浩特蒙医中医医院），第十二章李向阳（内蒙古工业大学），第十三章成秀梅（内蒙古医科大学），

第十四章李红霞（包头市体育运动学校），第十五章王永杰（包头医学院），第十六章王俊萍（内蒙古警官学校）。全书由李笑燃统稿，内蒙古师范大学陈中永教授对初稿提出指导意见并审校定稿，张媛教授和王俊萍副教授对部分章节进行了指导和修改。本书的写作与出版得到了内蒙古自治区科协副主席苏雅来、科普部部长高虹、科普部蔚英，以及内蒙古自治区心理学会理事长、内蒙古师范大学心理学院党委书记七十三教授等同志的大力支持、指导和帮助，在此一并表示衷心的感谢！

在本书编写过程中，我们参照了国内外许多著作、论文和网络文章等研究成果，有些已经在主要参考文献中列出，有些因无法查明出处未曾列出，请作者主动与我们联系，在此向这些作者表示诚挚的谢意！

由于编者水平有限，加之多人写作、时间仓促，书中难免有疏漏、偏颇、不当之处，恳请各位专家学者和广大读者提出批评指正意见。

生命是一个人的财富，健康是一个人的责任。未来健康保护和健康推进重点在实现"四维健康"上，即无病无弱、身心健全、社会适应、环境和谐。我们相信，每个人都会努力强健身心、健康生活，全国14亿人一定能用拔山超海的合力，托举起梦寐以求的"健康中国"，实现中华民族伟大复兴的中国梦。

李笑燃
2021年5月

目录

第一章 走进心理——为自己的心理健康把把脉

1. 现代人的心理健康观/002
2. 正确理解心理健康/008
3. 如何维护心理健康/012

第二章 身心合———增强身心免疫力

1. 心理健康与身体健康的统一性/020
2. 长寿者的心理特点/023
3. 如何增强身心免疫力/026

第三章 认知调整——思维是地球上最美丽的花朵

1. 思维及其特点/032
2. 思维对心理健康的影响/035
3. 如何培养积极的思维方式/040

第四章 情绪调节——一个小丑进城胜过一打医生

1. 情绪及其作用/048
2. 情绪产生的生理机制/053
3. 如何合理调控情绪/057

第五章　意志行动——心理健康之"父"

1. 意志与意志力 /064
2. 意志与心理健康的关系 /068
3. 如何培养良好的意志力 /073

第六章　健全人格——心理健康的代名词

1. 什么是人格 /082
2. 人格与心理健康的关系 /088
3. 如何塑造与完善人格 /093

第七章　压力缓解——让灵魂跟上自己的脚步

1. 压力的本质与识别 /100
2. 压力与心理健康的关系 /105
3. 如何缓解与释放压力 /111

第八章　社交心理——心理健康的重要标志

1. 人际关系的建立 /118
2. 人际关系与心理健康的关系 /122
3. 如何加强人际交往与沟通 /125

第九章　生活习惯——心理健康的基石

1. 现代人的生活方式 /134
2. 生活方式与心理健康的关系 /138
3. 如何保持良好的生活习惯 /140

第十章　婚姻家庭——幸福生活的源泉

1. 婚姻家庭的意义 /146
2. 夫妻关系冲突对孩子的影响 /150
3. 夫妻关系对工作的影响 /153
4. 如何经营幸福婚姻和美满家庭 /156

第十一章　中医心理——"形神合一"是健康之本

1. 中医心理健康的相关概念 /164
2. 中医心理健康的基本观点 /166
3. 中医维护心理健康的方法 /169

第十二章　职业心理——提升职业幸福感

1. 如何认识职业心理健康 /172
2. 常见的职业心理问题 /176
3. 如何促进职业心理健康 /187

第十三章　女性心理——需要倍加关爱与呵护

1. 女性的心理特点 /194
2. 女性常见的心理疾病 /198
3. 女性如何维护心理健康 /204

第十四章　老年心理——乐观是长寿的秘诀

1. 影响老年人心理健康的因素 /216
2. 老年人常见的心理问题 /219
3. 老年人如何做好心理调适 /222

第十五章 自我疗愈——自己是最好的心理医生

1. 如何深化自我认识/230
2. 如何接纳与完善自我/234
3. 如何进行自我疗愈/239

第十六章 心理求助——什么人需要求助于心理咨询

1. 什么是心理咨询/246
2. 如何正确理解心理咨询/252
3. 心理问题的划分/257

第一章

走进心理
——为自己的心理健康把把脉

有人把健康比作1,而把财富、成功、名誉、地位、爱情、美貌等比作0,只有当1存在时,其他的0加上去,才会成为10,100,1000,10000……但若健康不存在,其他的0再多,也都等于0。人类的幸福只有在身心健康的基础上,才能建立起来。对于我们每个人而言,健康是事业有成、家庭美满、生活幸福的前提和基础。

1. 现代人的心理健康观

（1）21世纪健康新概念

1989年世界卫生组织（WHO）提出了21世纪健康新概念："健康包括躯体健康、心理健康、社会适应和道德健康。"21世纪人类的健康是生理的、心理的、社会适应与道德健康的完美整合。换言之，健康要以生理健康为基础来发展心理健康与良好的社会适应，而道德健康则是一个人身心健康的灵魂和统帅。

WHO也提出了人们身心健康的标准，即"五快""三良"。"五快"指吃得快、便得快、睡得快、说得快、走得快。吃得快说明胃口好，对食物不挑剔，证明内脏功能良好；便得快，说明排泄轻松自如，证明胃肠功能好；睡得快，说明中枢神经系统功能协调，且内脏无病理信息干扰；说得快，表明头脑清楚，思维敏捷，心脑功能正常；走得快，证明精力充沛旺盛，无衰老之症。"三良"指良好的个性、良好的处世能力和良好的人际关系。良好的个性指性格温和、积极乐观、豁达开朗、意志坚强、宽容大度，能够健康快乐的生活，成就美好人生；良好的处世能力，指为人坦率真诚，待人接物合情入理，办事既有原则性又有灵活性，能够很好地适应社会生活，并得到社会的尊重和认可；良好的人际关系，指与人为善、助人为乐，遇事不斤斤计较，懂得换位思考，主动与人交往和沟通，努力构建积极关系。

我们认为，健康是一个综合性概念，它不仅指生理健康，还包括心理健康和社会功能健康（良好的社会适应性）。评价一个人健康与否，不能只看他身体是否强壮，化验单上的指标是否正常，还要看他的心理和社会功能是否优良、和谐及富有成效。

（2）什么是心理

谈论心理健康，就得先了解一下什么是心理学。通俗地讲，心理学主要是研究"人是怎么回事儿"这个问题的。关于人是怎么回事儿，自从有了人类的时候人们就开始研究。但心理学正式成为一门学科的时间并不长，学界普遍把1879年冯特在德国莱比锡大学建立第一个心理学实验室作为心理学这门学科诞生的标志。19世纪之前，心理学属哲学范畴，是一种哲学思辨或经验总结式的心理学思想。

心理学是一门关于人自身的科学，主要通过实验方法和测量手段等研究人的心理现象、心理过程和行为，帮助人类认识自己与自己、自己与他人以及自己和周围世界的关系。如穿衣戴帽各有所好说的是人的个性（喜好）差异；嫉妒羡慕恨说的是人的情绪情感。心理学研究人类心理与行为的各种规律、机制、原理等，进而形成各种理论、结论和方法体系，被广泛应用于教育、医疗、司法、管理以及社会生活的各个领域。我们研究心理学的目的是能够描述、解释、预测和影响人的行为，是为了帮助人们更好地认识自己，了解自己的优势特长，知道自己到底需要什么，从而合理地规划自己的未来，充分挖掘和发挥自身潜能，过自己想要的生活，做最好的自己，进而提升生活质量和生命品质，促进社会的发展、繁荣和稳定。研究心理学的目标始终只有一个，那就是帮助所有人变得更好。具体而言，就是帮助有问题的人摆脱问题，帮助没有问题的人变得幸福，帮助已经幸福的人生活得更加幸福。可见，心理学和人们的生产、生活实际息息相关。

那么，究竟什么是心理呢？心理是指在人的实践活动中，人脑对客观事物的能动反映。人的感觉、知觉、记忆、想象、思维、情感、意志、需要、动机、气质、性格、能力等，这些现象统称为心理现象或心理活动，恩格斯把心理誉为"地球上最美丽的花朵"。人的心理活动极其复杂，是一个结构系统，主要包括心理过程、个性心理和心理状态三个方面。如图1-1所示。

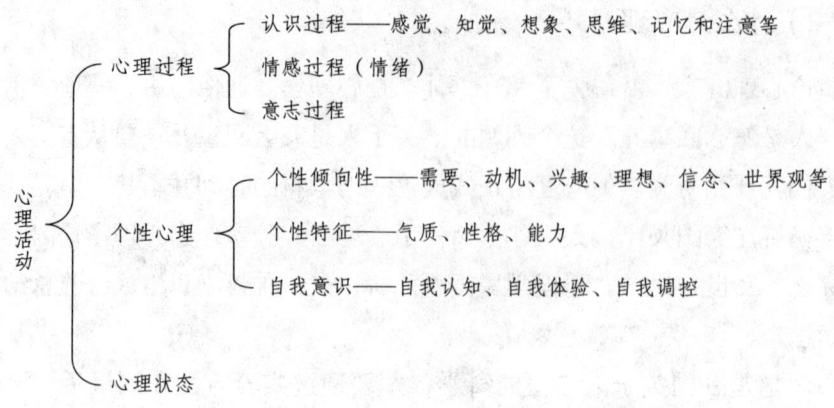

图1-1 心理活动结构

1）心理过程

心理过程是心理活动的动态过程，包括认识过程、情感过程和意志过程三个相互联系的方面，简称知、情、意。

认识过程是人类最基本的心理活动过程之一，主要反映客观事物的本质及其规律。其主要内容包括感觉、知觉、思维、想象、记忆和注意等。感觉是一种最低级的心理活动过程，它反映的是直接作用于感官的客观事物的个别属性，如对气味、颜色、声音的反应。对于成年人而言，单纯的感觉几乎是没有的，而主要是对客观事物综合属性的反映，即知觉。我们听到声音，即可以分辨出是铃声还是歌声，这就是知觉。在各种实践活动中，人还能运用头脑中的知识去间接地、概括地反映客观事物，揭露事物的本质与规律，这就是思维。还能反映本人未经历过的或客观现实中根本不存在的东西，这要借助于人的想象过程，想象是对人脑中已有的旧形象加工改造而形成新形象的过程。记忆是比感觉和知觉更复杂的心理过程，人们不仅能够感知事物，而且能够记住它，当这些事物再现时，能够把它们认出来，或这些经历过的事物不在面前时，仍能把它们回忆起来，这就是记忆；注意则是人脑对一定客观事物的指向、集中和维持，是一种特殊的心理现象。虽然注意不是一个独立的心理活动过程，但它却伴随心理活动过程的始终。

情感过程是指人对客观现实所持的态度体验。人在认识事物时，常常会产生喜、怒、哀、乐、爱、惧、恨等态度的内心感受和体验，即为人的情绪与情感。人的情绪、情感对人的各种活动既有积极的推动作用，也有消极的阻碍作用。

意志过程是指人不仅能认识世界，对客观现实产生一定的态度体验，还可以在头脑中制订计划，并将头脑中的想法变为具体行动，从而能动地改造世界。这种自觉地确定目的、自觉地支配行动、自觉地克服困难，从而实现预定目标的过程被称为意志过程。

人的认识过程、情感过程和意志过程是人心理过程的三个不同方面，它们相互联系、相互影响和相互制约。其中，认识过程是引起人的情绪、情感和确定行动目标的基础；情绪、情感对人的认识活动与意志活动起着动力或阻力作用；意志品质又反过来对人的认识、情绪情感及目标的实现有着巨大的影响。

2）个性心理

个性心理是人心理活动的另一个方面的内容。上述心理过程的三个方面，是每个正常人都有的心理活动，体现了人的心理活动共性的一面。但由于每个人的遗传素质不同，所处的生活环境、所受的教育不同，人的各种心理活动就具有了个体自身的特点，形成了人的个体差异，即个性。个性是一个人经常的、稳定的、本质的心理特征。个性，也称人格，指一个人的整体精神面貌，即具有一定倾向性的心理特征的总和，具体表现在人的个性倾向性与个性心理特征两个方面。个性倾向性包括需要、动机、理念、信念、价值观等；个性心理特征包括气质、性格和能力等。心理学研究表明，人的个性是先天性与后天性的统一，是共同性和个别性的统一，是积极性与消极性的统一，是稳定性与可变性的统一，也是制约性与能动性的统一。在人的个性形成与发展过程中，素质是个性形成与发展的自然前提；社会条件是个性形成与发展的决定因素；教育在个性形成与发展中起主导作用；实践是个性形成与发展的重要途径。

3）心理状态

心理状态指人的心理活动有时在一段时间里会出现相对稳定的持续状态，它包括记忆的快慢，情感方面的心境和激情，意志中的果断和犹豫等。在不同的心理状态下，心理活动会表现出很大的差异。心理状态影响着个体的思维活动、情感活动和意志活动。心理状态不像心理过程那样变化不定，也不同于个性心理那样稳定和持久。

心理过程、个性心理和心理状态三者之间是密切相连的，个性心理和心理状态是在个体的心理过程中形成和表现出来的，反过来认知、情感和意志过程也受个性心理和心理状态的影响和制约。人的个性心理的形成和发展，是在一定的教育和社会影响下，通过心理过程反映客观现实而逐渐定型化的，是个体社会化的过程。同时，已经形成的个性倾向和个性心理特征又制约着心理过程，在心理过程中表现出来。如不同性格、不同兴趣的人对同一首歌、同一幅画、同一出戏就会有不同的评价和欣赏水平。个性心理和心理状态之间也有密切联系，个性心理是个体经常的、稳定的特征，心理状态是相对可变的、动态的。如果某类心理状态（如漫不经心）反复出现，并且持续时间越来越长，那么这种心理状态就会转化为这个人的个性心理（如粗心大意的个性特征），而个性心理又会影响心理状态。如内向、顺从、自卑的人受到挫折时多半会出现内疚、自责等心理状态；机灵、活泼、自信心强的人对挫折往往泰然自若。

（3）什么是心理健康

1）心理健康的定义

1946年第三届国际心理卫生大会对心理健康所下的定义是："心理健康是指在身体、智能以及感情上与他人的心理不相矛盾的范围内，将个人心境发展到最佳的状态。"国内外许多心理学家也从不同角度给心理健康下过定义，综合各家的观点，我们认为，心理健康是一种良好的心境状态。在这种状态下，一个人能够正常地、适当地调控自己，使心理状态始终保持动态平衡，使认识活动、情绪反应和意志行动处于积极状态，充分发挥其身心潜能。

2）心理健康的标准

一般而言，心理健康的人都能够善待自己，善待他人，适应环境，情绪稳定，人格健全。心理学家认为，人的心理健康主要包括以下八个方面：①智力正常，智商在80分以上；②情绪稳定，心境良好；③意志坚强，做事有目的且能持久；④行为协调，热爱生活，乐于工作；⑤人际关系和谐，接受他人，善于与人相处；⑥反应适度，适应环境；⑦人格健全，身心合一；⑧心理行为符合年龄特征。

心理学家将心理健康的标准描述为以下十点：①有适度的安全感，有自尊心，对自我的成就有价值感；②适度地自我批评，不过分夸耀自己，也不过分苛责自己；③在日常生活中，具有适度的主动性，不为环境所左右；④理智，现实，客观，与现实有良好的接触，能容忍生活中挫折的打击，无过度的幻想；⑤适度地接受个人的需要，并具有满足此种需要的能力；⑥有自知之明，了解自己的动机和目的，能对自己的能力做客观的估计；⑦能保持人格的完整与和谐，个人的价值观能适应社会的标准，对自己的工作能集中注意力；⑧有切合实际的生活目标；⑨具有从经验中学习的能力，能适应环境的需要而改变自己；⑩有良好的人际关系，有爱人的能力和被爱的能力。在不违背社会规则的前提下，能保持自己的个性，既不过分阿谀奉承，也不过分寻求社会赞许，有个人独立的意见，有判断是非的标准。

著名心理学家许又新提出心理健康的三个标准，即体验标准、操作标准和发展标准。这三个标准，也要联系起来综合地加以考察和衡量。①体验标准指以个人的主观体验和内心世界为准，主要包括良好的心情和恰当的自我评价。自我感觉良好，对自己的评价适当，不过高地估计自己，也不过分地贬低自己，对自己有一个稳定而客观的评价，不受他人评价的影响，不会过分担心别人对自己的看法。②操作标准指通过观察、实验和测验等方法考察心理活动的过程和效应，其核心是效率，主要包括个人心理活动的效率和个人的社会效率或社会功能，如工作及学习效率高、人际关系和谐等。其实，这一标准就是指做事情是否能够正常进行，是否能够达到令人满意的效果，人际关系是否存在问题，是否能够融洽地跟别人相处，从而能够顺利地达到与他人合作与交流的目的。③发展标准着重对人的心理状况进行时间纵向（过去、现在与未来）考察分析（而前两种标准主要着眼于横向，考虑一个人的精神现状）。发展标准指有向较高水平发展的可能性，并且有使可能性变成现实的行动措施，即是否有理想、有目标，并且可以使这些理想和目标实现，让自身得以发展。

人们掌握了人的健康标准，可以以此为依据对照自己，进行心理健康的自我诊断。如果发现自己有某个或几个方面的心理状况与心理健康标准有一定距离，可以有针对性地加强心理调节和训练，以期达到正常的心理健康水平。如果发现自己的心理状态严重地偏离心理健康标准，就要及时求医，以便早期诊断与早期治疗。

2. 正确理解心理健康

准确理解和把握什么是心理健康，对于增强与维护人们的整体健康水平有着十分重要的意义。

（1）心理健康是一种积极的心理状态

心理健康是指一种持续的、积极的心理状态，是一种积极的社会适应。在这种状态下，生命具有活力，充分发挥身心潜能，具有较高的自我效能感。而心理不健康，则是一种持续的不良心理状态，一个人偶然出现一些不健康的心理和行为，并不等于其心理不健康，更不等于患有心理障碍或心理疾病，我们不能仅以一时一事就简单地给自己或他人定下心理不健康的结论。心理健康不是没有冲突和焦虑，不是没有烦恼和忧愁，不是没有失败和痛苦，心理健康者不是对任何事情都能胜任，而是在这些境遇下，能够积极有效地进行自我调节，一边调整自我需求，一边试图积极地寻求改变不利于现状的新途径，适时地从痛苦和烦恼中解脱出来。心理健康者能够深切领悟人生冲突的严峻性和不可回避性，也能深刻体察人性的阴阳善恶；他们能够自由、适度地表达、展现自己的个性，并且与环境和谐相处；他们善于勤奋学习，利用各种资源，不断充实自己；他们也会享受美好人生，同时也明白知足常乐的道理；他们遇事不会钻牛角尖，而是善于从不同角度看待问题；他们能够充分发挥个人潜能，发展建设性的人际关系，保持良好的生活状态、学习状态和工作状态。这是心理健康者与有心理问题者的最大区别，也是我们开展心理健康教育的意义之所在。

（2）心理健康具有相对性

从心理健康到心理不健康之间是一个由最佳心理健康、一般心理健康到异常心理病态的连续状态。心理学上有一个灰色区域理论，如图1-2所示。

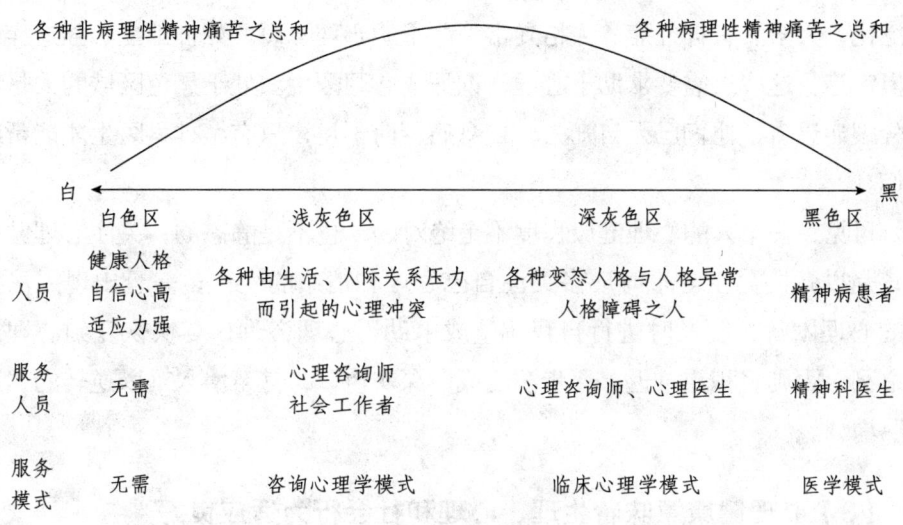

图1-2 灰色区域理论

如果将人的心理健康比作白色，将心理极端不健康比作黑色，则在白色与黑色之间存在着一个巨大的过渡区域——灰色区，现实生活中大多数人生活在这个区域中，灰色区是非器质性精神痛苦的总和，可以进一步分为浅灰色区和深灰色区。处于白色区域的人，心理是健康的，虽然这些人平时也有心理波动，但都属于正常范围。处于浅灰色区域的是有心理困扰的人。怎么能判断一个人是情绪波动，还是已经进入了浅灰区域呢？首先是为同一件事困扰7天以上，并且程度递增。一般人们都觉得不良情绪是能够被时间冲淡的，倘若不良情绪不仅没有冲淡反而在加强，那么就说明可能有一些问题了。例如，你和一个人闹矛盾，感觉自己很受伤，之前只是在见到对方时心烦，不见没事，但随着时间推移，这件事一直萦绕心头，形成阴影，即使看不见对方也会时时想起，感到不高兴，甚至过段时间还发现，不仅白天别扭，半夜醒了都会受困扰而烦恼。这种逐渐加强、呈现泛化的态势，就说明自己的情绪和心理已经进入了浅灰色区域，应该接受心理咨询了。处于浅灰色区域的人，其心理基本健康，有时会遇到来自学习、工作、生活等方面的困扰和压力，一般是发展中的问题，这些问题可以由自己慢慢解决，若遇到较为激烈的心理冲突时会有心理危机发生，如因失恋一时觉得生活没有意义的人，他们虽然自身想摆脱痛苦，但又在痛苦之中难以自拔，需要社会工作者或心理咨询师予以帮助。处于深灰色区域的人，心理受到的困扰或伤害较浅灰色区域的人重，受到的心理困扰已经泛化，大多具有神经症、人格异常等严重的心理障碍，如抑郁症、强迫症、恐惧症等，这些人需要求助于心理咨询师或心理医生。处于黑色区域的人是精神分裂症患者，他们已无自知力，自身痛苦而不觉，只有精神科医生才能帮助他们。

可见，一个人的心理健康程度不是绝对的，也不是静态的，关注心理健康应该是以预防为主。平时应多关注自己心理和情绪的变化，一旦出现无法摆脱的心理困扰，要及时进行自我调整或求助于心理咨询，尽快恢复到心理健康之列，否则将积重难返，逐步演变成"深灰色"，甚至滑入难以逆转的"黑色"深渊。

（3）心理健康意味着生理、心理和社会行为适应良好

从生理维度看，健康的身体特别是健全的大脑是心理健康的基础。身体不健康，特别是大脑出了毛病，就会影响心理健康。从心理维度看，心理健康的人在自我意识方面有正确的自我认知，知道自己的潜能、优点和缺点，积极悦纳自我，并主动发展自我，认知系统保持正常有效的运行，能够积极调适主我、客我及理想自我和现实自我的和谐发展。从社会行为上看，心理健康的人能有效地适应社会环境，妥善处理人际关系，社会行为与社会角色符合文化和社会常模，与社会保持良好的互动，并对社会有所贡献。

（4）心理健康是一种动态平衡

心理健康既是一个综合性的常模型静态心理状态，含有个体同群体相比较的意义，也是将个体的心境发展到最佳状态的动态维护过程，个体维护自身心理健康的能力和水平是评价个体心理健康的重要维度。心理发展是由心理追求（不平衡）→实现追求（达到平衡）→产生新的追求（新的不平衡）→实现新的追求（达到新的平衡）的一个螺旋式上升的过程。心理追求是指需要和动机，需要和动机能否满足或实现，都会产生心理冲突或心理波动，进而导致心理失衡。需要和动机越强烈，实现难度越大，所产生的心理冲突或心理波动就越激烈。心理健康使心理冲突或心理波动维持在一个相对平衡的状态，内心无冲突（心理无波动）或内心冲突（心理波动）过于剧烈都会破坏这种平衡，都会产生心理问题。需要和动机保持适当水平是维护心理平衡的关键。

(5) 心理健康的标准是一种理想尺度

心理健康的标准是一种理想尺度,它不仅为我们提供了衡量心理是否健康的标准,而且为我们指明了提高心理健康水平的努力方向。每个人在自己现有的基础上做不同程度的努力,都可以追求心理发展的更高层次,不断发挥自身潜能。心理健康的基本标准是能够有效地进行工作、学习和生活。如果正常的工作、学习和生活难以维持,应当及时调整,或求助于心理咨询。不同年龄阶段心理健康指标的组合模式存在着差异,个体心理健康含义也是不同的。对心理发展任务完成情况的评价是静态心理健康评价的维度之一,而动态的心理健康包含着促进发展的含义,随着人的成长、经验的积累、时空环境的改变,其心理健康状况必然有所改变。

(6) 心理健康是一种人生态度[①]

心理健康反映出一个人积极的人生态度。心理健康的人对生活抱开放态度,乐于吸取新经验,能够以积极的眼光看待周围事物;心理健康的人富有利他精神,能在尝试付出、伸展自己的过程中增强自我价值感;心理健康的人追求高尚的生活目标,但作为一种现实的生活目标,他能放弃做"完人""超人"的念头;心理健康的人渴望生活的挑战,寻求生活的意义和人生的价值;心理健康的人观念明确,能身体力行而又有一定程度弹性的道德准则,而缺乏道德观念与坚持"超道德"观念正是人格异常者与神经症患者的常见特征。总之,心理健康的人在生活中多持有一种积极的、开放的、现实的、辩证的、通达的人生态度。

综上所述,心理健康不仅是指没有心理疾病或变态,而且指个人在生理心理、一般心理和个性心理以及社会行为上均能保持并维护在最佳状态;心理健康不仅是一种心境状态的综合描述,而且是一个动态化的维护和保持过程。心理健康标准是对心理健康状况的综合描述,而对心理健康的自我认识、自我控制、自我教育、自我完善等则是心理健康的动态描述。

[①] 刘华山. 心理健康概念与标准的再认识. [J] 心理科学, 2001, 24 (4): 480-481.

3. 如何维护心理健康

人们懂得的道理很多，也知道心理健康的重要性，但往往是思想的巨人、行动的矮子，在日常生活中不重视自我心理保健，不能对自己的情绪和心理状态有意识地加以调控，对压力和应激反应不能及时有效地应对处理，容易引发心理问题，甚至导致严重的心理疾病。因此，我们要从日常学习、工作和生活等方面自觉维护心理健康。

（1）树立科学正确的价值观，增进道德健康

随着对现代文明带来的成就与缺憾的反思，人们认识到自己面临的世界不只是一个物质世界，还是一个价值世界。而价值世界对人的心理健康的影响甚至更重于物质世界。价值观是人们对客观事物或现象按其对社会的意义或重要性进行评价和选择的标准；道德价值观是价值观的最基本形式，是人们关于自身的道德观念与道德行为对社会意义和人生意义的衡量。道德行为有一个递进的层次，最基本的标准是按社会规则来行事，最高标准是具有真、善、美的高尚情操。我国著名心理学家许又新教授认为："一个人在进行自认为对别人有利的行为过程中，或当他看到行为给别人造成有益的效果时体验到的愉快，叫作道德愉快。"道德愉快有减轻和消除精神痛苦的作用，特别是能抵消和清除道德痛苦的体验及其消极作用，给人以平安和欣慰之感。道德愉快对人的发展具有巨大的推动作用，它是信心、勇敢、坚忍不拔和乐观进取等优良品质的坚实基础。道德愉快产生于正确合理的道德价值观和利他行为。而东方传统道德价值思想的主要倾向就是利他行为和个人心灵的安宁。一个人树立了科学正确的价值观就能对社会、对人生有正确的认识，就能科学地分析周围发生的事情，保证心理反应的适度，防止心理反应失常。著名记者、作家曹聚仁先生曾提到"中国哲学的最大贡献在人生至道论，而人生至道论的最大贡献，是人我和谐之道"。人我和谐一方面有益于人与人之间更多的理解、接纳以及维护良好的人际关系，获得更多的安全感；另一方面可以产生自豪感，这是道德愉快不尽的源泉，使人在困苦面前更有韧性，立于不败之地。儒学的修身要求"慎独"，也就是人在独处时，也要自觉按照一定的道德规范行事。这些原则规范变成了人的内心信念，随时随地支配着人的行动。独立、稳定、成熟的价值体系既可以产生道德愉快，又有助于消除自卑自贬情绪，这对维护人的心理健康至关重要。面对今天多元化的价值世界，我们应当有自己独立、理智、成熟的选择。

（2）深化自我认识，不断完善自我意识

良好的自我意识能够使人正确地认识自己、评价自己和调控自己。首先，一个人只有能够正确地认识自己，知道自己内心真正的需要，知道自己的长处和短处，知道自己的优势和劣势，才能充分发挥自己的品格优势、潜能和创造力，在工作、学习与生活中获得满意感和自我效能感，进而增进心理健康。其次，学会用自我觉察的方法来正确地认识和评价自己，经常用心理健康标准来衡量自己的行为，能有效地调控自己的心理状态和行为方式。例如，看到自己的同事在工作上取得了突出成绩，对此一定会有情绪反应和情绪体验。如果打心眼里为他高兴，这就是一种羡慕的心情，是一种积极的情绪体验，是一种健康的心态，应该肯定自己。如果对同事取得的成绩感到不高兴，则是一种嫉妒心理，也是一种消极的情绪体验，要努力改正。再次，合理规划设计自己的人生目标。没有人生目标的人，哪怕拥有享不尽的荣华富贵，也会感到人生单调乏味。人的社会化并不是一蹴而就的，是一个循序渐进的过程，不同阶段有不同的目标和任务。只有树立明确而恰当的人生目标和努力方向，合理地描绘和规划自己的人生蓝图，才能使自己集聚生命力量，激发、保持与增强对生活的劲头和热情，更好地把握现在，积极进取，努力驾驭人生之舟，乘风破浪，坚定不移地驶向成功的彼岸。

（3）培养积极的人格特质，增强心理免疫力

人格特质与心理健康有着密切的关系。积极良好的人格特质能够促进心理健康，如情绪稳定、乐观、坚强、勤劳、与人为善、助人为乐等良好的人格特

质,有利于心理健康。而暴躁、任性、贪图安逸、心胸狭隘、虚荣心、嫉妒心等消极不良的人格特质则有害于心理健康。积极心理学认为,个体的发展主要因为他们投身于满意而高兴的活动,保持乐观主义的心态和积极的生活理念。在这个过程中,积极人格特质则为其提供稳定的内在动力。积极人格特质主要通过对个体的各种现实能力和潜在能力加以激发与强化,当激发和强化使某种现实能力或潜在能力变成一种习惯性的工作方式时,积极人格特质也就形成了。人格特质除了先天遗传因素外,也在后天社会生活实践中不断发展。

积极的人格特质中存在两个独立的维度,即正性的利己特征和与他人的积极关系。前者是指接受自我、具有个人生活目标或能感觉到生活的意义、感觉独立、感觉到成功或者是能够掌控环境和接受环境的挑战;后者则指的是当自己需要的时候能获得他人的支持,在别人需要的时候愿意并且有能力提供帮助,看重与他人的关系并对于已达到的与他人的关系表示满意。积极人格特质中引起较多关注的是乐观,越是乐观主义者,他们就越积极,即便面对困难时,也会暗示自己能够克服与解决。这种积极人格力量就好比汽车的引擎,如果我们用的引擎功率很小,想把车开上一个陡峭崎岖的山坡,引擎很容易损毁、爆炸。如果汽车的引擎动力足够大,要开上山就容易得多,不费吹灰之力就能做到。所以我们要努力培养积极人格特质,提升乐观、希望、韧性、自我效能感等心理资本,增大"心理引擎"的功率。

(4)增进积极情绪,合理调控自我

情绪对于心理健康至关重要。几乎每一种心理障碍或心理疾病都有情绪上的表现。稳定而良好的情绪状态使人心情开朗,轻松安定,精力充沛,对生活充满乐趣与信心。相反,如果一个人长期处于不良的情绪状态之中,久而久之,就会导致心理失衡,甚至诱发心理疾病。我们常常会有心情低落的时候,觉得自己很可怜、很糟糕、很差劲,或是很倒霉,好像整个人都陷入了生命的谷底,被一片愁云惨雾笼罩着……这时,有些人能够很快恢复轻松与平静,回到原有的生活状态之中;有些人却很难回得去,在情绪之海里面痛苦挣扎,怎么也游不到对岸,常常由于一时冲动而失去一份好工作,破坏一段好婚姻,甚至断送一生,或者一直活在懊悔、抱怨、愤世嫉俗之中。其实,快乐是可以自找的,情绪是可以管理的。情绪管理是以最恰当的方式来表达情绪,如同亚

里士多德所言:"任何人都会生气,这没什么难的,但要能适时适所,以适当的方式对适当的对象恰如其分地生气,可就难上加难。"因此,情绪管理指的是要适时适所,对适当的对象恰如其分地表达情绪。这就要求人们平时要培养积极稳定的情绪,乐观开朗、心情愉快的人多数能够健康长寿;要善于消除自己的不良情绪,避免焦虑忧愁和敌意、挫折感长期存在;要善于纠正自己的非理性和不合理的信念;要不断调节自己的欲望和抱负,使其和自己的能力相适应;要善于独处,必要时能独自一个人而不会感到寂寞与自怜;养成自我称赞与鼓励的习惯,做到奖励不求人的境地。

(5) 增强自控力,养成良好的生活习惯

生活习惯不仅影响人的身体健康,也影响人的心理健康。俄罗斯学者兹马诺夫斯基曾提出这样一个公式:

$$健康 = \frac{情绪稳定+运动适量+饮食合理}{懒惰+嗜烟+嗜酒}$$

可见,不良生活习惯会给身心健康带来极大危害。养成良好的生活习惯应从三方面入手:一是保持作息规律,合理安排工作、学习和业余活动。有规律的生活会使人精力充沛、身心健康、提高活动效率。人们要根据自己生活、工作的实际情况,制定切实可行的生活时间表,把工作和休息安排好,产生生理上与心理上的节奏感,消除忙乱,以利于心理健康发展。生活缺乏规律,经常破坏生物节律,会导致身体机能下降,负性情绪增加,植物性神经功能紊乱,学习工作效率降低。二是坚持锻炼,身体是维持和增强心理健康的重要保证。生命在于运动,运动不仅可以提高中枢神经系统的反应能力,促进注意力、观察力和记忆力的发展,提高思维的敏捷性和灵活性,而且可以培养乐观开朗的性格及灵活、果断、勇敢、顽强的意志,增强自信心。专家认为,运动还可减少敌视和妒忌心理,减轻精神压力,振奋精神,增加社交机会,消除人的孤独和郁闷心情。三是工作和学习要讲究劳逸结合,过度疲劳、紧张或长时间的高度兴奋、强烈刺激都会引起脑功能失调,容易导致各种神经症,产生身心疾病。因此,在紧张的学习和工作中要注意科学用脑,改进学习和工作方法,把握学习和工作节奏,提高学习和工作效率,做到劳逸结合,避免"疲劳战

术",提倡"积极性休息"。

(6)加强人际交往与沟通,建立和谐的人际关系

人的本质是一切社会关系的总和,人的社会性就意味着任何人都不可能脱离形形色色的人际关系而独立存在。建立良好的人际关系是人顺利实现社会化的重要因素,因为社会化的一个重要内容就是要扮演好自己的社会角色。扮演社会角色就离不开人际交往,而能否成功扮演自己的社会角色则有赖于建立良好的人际关系。乐于与人交往,和他人建立良好的关系,是心理健康的必备条件。人是群居动物,与人群在一起不仅可以得到帮助和获得信息,还可使我们的痛苦和忧伤得到宣泄、分享和释怀,从而促使自己不断进取、保持心理平衡。一个人如果经常与集体隔离,不与周围的人交往,很容易产生孤独情绪,往往会导致心情抑郁或孤芳自赏,影响心理健康。一个人经常参加有益的集体活动,进行正常而友好的社交,可使人消除忧愁,心胸宽广,精神振奋,心情愉快。

(7)学会休闲,保持工作与生活的平衡

工作的意义不限于获得物质生活的报酬,从心理学的观点看,工作对个体还具有两方面意义:一方面,工作能体现个人价值,让人获得心理上的满足。无论是在日常生活中做一件平常琐事,如写篇小文章、修理家用电器等,还是从事长期性的职业工作,如培养一届学生、训练一支球队等,都能获得一种成就感。另一方面,工作能使人在团体中展现自己的能力和才华,得到他人的认可和尊重,以提高个人的社会地位。此外,现代社会生活节奏紧张,工作忙碌而机械,不少人的情绪长期紧张而又不善于休闲调剂,也导致了心理异常。不少人遇到休闲日却又不知如何打发,经常睡个懒觉或看看电视消遣。也有人一逢休闲便拼命娱乐,或打通宵牌,或跳通宵舞,或看通宵电影,于是休闲之日反比工作之时更累更忙。我们应该合理地安排休闲时间,经常改换休闲方式,或郊游,或聚会,或访友,或参观展览等,也可参加一些职业性的活动或社会性的活动,要使休闲日更为丰富多彩,真正成为恢复体力、调剂脑力、增长知识的时光,增强健康的身体机能。

（8）勇于面对现实，主动适应环境

能否面对现实是心理正常与否的一个客观标准。心理健康者总是能与现实保持良好的接触，一方面，他们能发挥自己最大的能力去改造环境，以求外界现实符合自己的主观愿望；另一方面，在力不能及的情况下，他们又能另择目标或重选方法以适应现实环境。心理异常者最大的特点就是脱离现实或逃避现实。他们可能有美好的理想，却不能正确估价自己的能力，又置客观规律而不顾，因而理想成了空中楼阁，于是怨天尤人或自怨自艾，逃避现实。在现实生活中，我们既要融入社会适应环境，又要保持独立的个性，做最好的自己。若常常人云亦云，随波逐流，便会失去自主性，焦虑也会由此产生。同时，我们也应该注重朋友给予的忠告。自以为是，我行我素，只会落得形影相吊、无人理睬的境地。孔子云，"知耻者近乎勇也"，"耻"字的构成是个会意字，有两种意思：一种是你听到别人说你的坏话之时，应该止住你的行为；另一种是当你听到别人说你时，应该用心反省一下自己的行为。能如此，便是"知耻"，否则就是"无耻"。

（9）增强自我心理保健意识，预防心理疾病的发生

我们在日常生活中出现各种心理困扰是在所难免的，关键在于如何及时消除心理困扰，预防心理疾病的发生。一方面，学会心理自助。要增强心理自助意识，培养心理自助能力，加强自我心理调适。具体而言，在接受外来不良刺激时，能够清醒认识，科学思考，正确对待；在发生内心冲突时，能够及时有效化解；在产生心理压力时，能够自我缓解；在出现不良情绪时，能够主动调整，合理宣泄；在出现自己解决不了的心理问题时，不讳疾忌医，敢于主动求助。另一方面，主动求助于心理咨询。每个人都可能因"思维的短路"而产生心理矛盾乃至心理障碍。我们应该通过专业心理工作者的帮助，疏导情绪和减轻压力，以新的经验代替旧的经验，改变原来的非理性认知，形成正确的态度和信念，找到解决心理困惑的可行办法，使自己重新建立起与环境的和谐关系，促进个性的全面发展。心理健康的维护主要依靠自己，心理疾患的治疗除了心理医生的指导外，也需要依靠自己的信心与毅力。如果掌握了有关心理健康和心理治疗的知识，我们不仅能随时关心和维护自己的心理健康，还能随时修正自己的行为。从此意义上讲，人人都是自己的心理医生。

第二章

身心合一
——增强身心免疫力

　　现代健康的含义是多元的、丰富而广泛的，主要包括生理健康、心理健康和社会适应等方面，其中社会适应归根结底取决于生理素质和心理素质的状况。生理健康是心理健康的物质基础，心理健康又是生理健康的条件和保证。良好的情绪状态能够使生理功能达到最佳状态，反之，则会降低或破坏某种生理功能而产生疾病。身体状况的改变可能会引发相应的心理问题，而生理上的缺陷、疾病，则往往会使人产生烦恼，引发焦躁、忧虑、压抑等不良情绪，导致各种不正常的心理状态。只有身心合一，才能保证人的整体健康。

1. 心理健康与身体健康的统一性

（1）生理健康是心理健康的物质基础

生理是心理的物质基础，人的生理发生变化必将会影响心理状态。在医学上，很多生理疾病，从感冒到癌症都被判断和心理压力有关。如果心理压力不严重可能只引起当事人失眠、多梦。但在较严重的压力状态下，可能出现认知活动失调，如注意力涣散、记忆力减退、判断失误和思维混乱等症状，可能出现情绪失调，如出现焦虑、忧郁、愤怒、恐惧等比较强烈的负面情绪，甚至出现神经衰弱、精神分裂等。生理机能的异常状态也会导致心理的变化。身体健康的人具有充沛的精力和高度的适应能力，情绪平稳，心胸开阔，在日常生活中能够关注自身的心理状态，及时疏导自己的不良情绪。患病的人群，由于生理机能出现异常，不能正常生活、工作、学习，导致心情焦虑、烦躁不安，严重的甚至会出现神经衰弱等。

随着人们物质生活水平的不断提高和人类医疗水平的快速发展，健康的概念已不再被人们简单地定义和局限为生理健康，人们已逐步认识到健康的真正含义是身心健康及良好的社会适应性。心理学家们对心理健康所做的描述是：有充沛的精力，有高度的适应能力，情绪稳定，心胸开阔等。事实上，心理健康与生理健康可谓是一对孪生兄弟，而心理健康从某种程度上讲要比生理健康更为重要。

（2）心理健康是身体健康的条件和保证

人是由大脑皮层统一指挥、各生理系统协调活动的有机体，生理活动与心理活动是互相联系、互相影响、互相制约、又相互促进的。积极良好的心理状态，有益于身体健康；消极不良的心理状态，使人容易患生理疾病。在众多病患中，由心理因素直接导致的生理疾病占10%左右，而间接导致的却在50%以上。在疾病恢复的过程中，除了用药物治疗外，心理治疗占到35%以上。

心理健康每时每刻都在影响人的生理健康。如果一个人性格孤僻，心理长期处于一种抑郁状态，就会影响体内激素分泌，使人的抵抗力降低，疾病就会乘虚而入。一个原本身体健康的人，如果老是怀疑自己得了什么疾病，就会整天郁郁寡欢，最后真的一病不起。由此可见，心理健康是身体健康的条件和保证。

研究表明，很多生理疾病是与心理因素密切相关的。冠心病和A型行为之间有着密切的关系。美国医学家弗里德曼和罗森曼把人的行为类型分为A型和B型。A型的人急躁，没耐性，争强好胜，易激动，行动快，做事效率高，整天忙忙碌碌，经常感到时间不够用。B型的人则刚好相反，悠闲自得，不好争强。结果表明，在排除了食物、年龄、吸烟等干扰因素的情况下，A型组的冠心病发病率明显高于B型组，而且容易复发，死亡率也大大高于B型组。

原发性高血压则与情绪状态和人格特点有密切关系。长时间的焦虑、紧张、恐惧、愤怒、敌意和抑郁都能导致血压升高，其中与高血压症关系最密切的是焦虑、愤怒和敌意等情绪状态。早在20世纪60年代，我国学者认为，高血压病人大多有容易焦虑、易于激动、行为带有冲动性、求全责备、刻板主观等性格特点。现在有西方学者也认为，原发性高血压症的病人具有与冠心病病人类似的性格特点，如有雄心、好高骛远、好活动、乐于竞争、为取得工作成绩而常常感到压力等。

导致消化性溃疡的原因是多方面的，如刺激性食物、饮食无规律、遗传因素等，但不良情绪起了重要作用。有研究发现，该种病人一般表现为不好交往，行为上总是因循守旧，被动，顺从，依赖性强，缺乏创造性，情绪不稳定，而且过分关注自己。

偏头痛是一种比较严重的慢性头痛病，这种病人的人格特征一般表现为敏感多疑，固执己见，谨小慎微，很容易烦恼，习惯于把愤怒、敌意或怨恨压抑在心里。

（3）生理健康和心理健康是统一体

身心疾病与心身疾病这两个词乍看起来没有多大区别，其实，心身疾病并不等同于身心疾病，对它们的研究、处理应采取不同的方法和手段。

身心疾病是因为人的机体发生了生理变化而引发了个体心理、行为上的变化，如老年性痴呆、经期精神紧张、更年期综合征等。这些生理变化而导致的心理、行为的变化与当事人的社会认识无关，也与当事人对自我的认识无关，其心理、行为的变化不受自我意识的控制。心身疾病的发展过程正好与身心疾病相反，它是由于种种原因（包括恶性事件的不良刺激）导致，如当事人对于发生在自己生活、学习和工作环境中的各类事件的价值观念发生了变化，从而使自我认识发生了改变，导致心理状态失衡。心理状态的不平衡最终影响身体的生理变化，出现了心身变化的转换，导致癔病、强迫行为等。这些都表明，生理健康和心理健康是密不可分的统一体。

心理健康和生理健康是互相联系、互相依赖、相互作用的，心理健康无时无刻不影响生理健康。如中医心理学中著名的"五脏情志论"，基本观点认为人的情志变化是五脏气化活动的一种表现形式，具有脏腑气血的生理基础。《黄帝内经》说："人有五脏化五气，以生喜怒悲忧恐"。"五脏"的心、肝、脾、肺、肾，对应的就是人的生理；而"七情"指喜、怒、忧、思、悲、恐、惊，对应的就是人的心理。喜伤心、怒伤肝、忧伤肺、思伤脾、恐伤肾，强调了情志活动对五脏的反作用，这就说明生理、心理是统一的整体。极端情绪会影响脏腑健康，反过来，脏腑有疾，又会产生不良情绪。

心身医学研究表明，任何生理病变，都有可能引起心态变化，出现抑郁、悲观、焦虑、恐惧，甚至绝望等消极心态，严重者可能出现各种形式的伴发性精神障碍。相反，任何过分的心理反应或异常的心态变化，也有可能导致生理病变，即心因性疾病。因而在任何形式的健康教育中，既要重视生理健康教育，更要重视心理健康教育，两者不可偏废。总之，健康的本质在于和谐。

在日常生活中，一方面我们应该注意合理饮食和身体锻炼，另一方面更要陶冶自己的情操，开阔自己的心胸，避免长时间处在紧张的情绪状态中。如果感到自己的心情持续不快时，要及时进行自我心理调适，必要时要到心理门诊或心理咨询中心接受帮助，以确保心理和生理的全面健康。

2. 长寿者的心理特点

（1）健康长寿者的心理特点

1）乐观豁达

长寿老人大都胸襟开阔，心态平和，为人热情，乐于工作，善于助人，遇事不怒。他们生活得自由自在，轻松大方，没有压力。事实证明，心胸窄，忧患多；心胸宽，人快活，疾病躲。遇到事情不急不慌，而且始终保持一种乐观的心态，这是非常重要的一方面，如果长期不开心或者暴躁，很容易导致体内的肝火郁结，引发身体疾病，而保持乐观的心态，能够使身体轻松，自然会更健康。

2）兴趣广泛

大多数长寿老人，都有业余爱好，兴趣比较广泛。如种花养鱼、吹拉弹唱、书法绘画、集邮写作、河边垂钓等。生活充实，才能"乐以忘忧"，并且使大脑和全身各器官得到锻炼，从而延缓衰老。每天坚持适当的运动，不仅能够让体内的新陈代谢功能正常运行，还能够提高心脏功能，让血液循环更加顺畅。

3）热爱生活

长寿老人多数有"老骥伏枥，志在千里"的雄心壮志，他们精力充沛，生气勃勃。这主要缘于他们热爱生活，热爱家庭。他们能与时代共前进，每天有事干，精神有寄托。而且他们具有比较科学的生活方式，起居有规律，睡眠有保证，能顺应自然。也就是说，他们基本做到了人与自然的平衡。这些自然有益于健康长寿。在日常生活中，他们比较注重保养，感到身体不舒服，一般都不硬扛着，会及时就医。增强健康意识是对自身的负责，能够及早发现疾病，将疾病扼杀在摇篮中，这样才有利于身体健康。所以多学习健康的养生知识，定期去医院检查，这样才能及时了解身体的健康状况。

4）知足常乐

研究表明，一个人有过多的奢求，必然会经常失望，这样心理就会出现不平衡，影响健康长寿。而长寿老人则多具备知足而乐的心态。他们能够从实际出发思考问题，对自己和他人从不苛求。这种和善、平静、知足的心理，使他们的身心与环境长期处于平衡而有规律的状态，为他们的健康长寿铺平了道路。

5）节哀制怒

在人生道路上，不可能一帆风顺，可能会遇到各种各样的坎坷、挫折，甚至灾难等，这些自然会让人气愤，但气愤不利于养生。而长寿老人遇到这种情形时，都能顺其自然，想得通、看得远，在逆境中自强自立，努力走出困境。长寿老人大多十分注重调适自己的情绪，使中枢神经处于相对稳定的良好状态，进而协调机体的生理功能。95%以上的长寿老人情绪安定、适应能力强，经受得起生活环境中的各种不良刺激或创伤，也善于自我控制，很快恢复心理平衡。

6）宽以待人

长寿老人大多能严以律己，宽以待人，凡事不斤斤计较，不患得患失。他们能为国家、集体和他人着想，能多看他人的长处和优点。具有这种良好的心理和精神境界，心理上自然容易保持平衡，有益于延年益寿。

（2）健康长寿者的实例——112岁周有光老人的长寿秘诀

2017年1月，"汉语拼音之父"112岁的周有光老人去世了。周有光是我国语言史上举足轻重的人物，他在文学领域和文字学领域都是佼佼者。周有光老人的长寿秘诀主要有五点。

1）管住嘴巴，拒绝过度医疗

周老的长寿秘诀有一项就是"管住嘴"，他认为我们现代人的很多问题都是"吃"出来的，盲目地进补会让我们的身体成为毒素病菌的温床。平常的小感冒、小发烧他多数选择物理治疗，而不是通过吃药来治愈。物理治疗在一定程度上提高了他的免疫力。所以，我们在日常生活中要拒绝过度医疗，应通过提高自己的免疫力来提高身体素质。

2）坚持"三不主义"，简单生活

"不立遗嘱，不过生日，不过年节"，这是周有光老人的"三不主义"。

周老的"三不主义"也侧面反映了他非常简单的生活方式。而且周老常年秉持着清淡的饮食习惯和健康的运动习惯。所以他的身体处于一种非常健康的状态。周老在90多岁高龄时仍然坚持创作,这让他的精神状态处于一种年轻的心态。显然,良好的精神状态和身体素质,是他长寿的主要原因。

3)科学规划自己的生活

周老与妻子深知彼此的体质弱,所以他们在生活和工作中会科学合理地规划自己的生活和工作,使自己的身体处于一种规律的作息中。作息规律,我们身体的各个器官才能有秩序地工作,更好地进行新陈代谢,使身体充满活力。

4)保持平静沉稳的心态,不宜动气,凡事想开点

周老时常秉承着"宰相肚里能撑船"的心态,正是这种心态,使他能处事不惊。这也是周老的长寿秘诀之一。拥有平和的心态,情绪起伏平稳,可以让我们的神经系统处于平稳的运作状态。长此以往,我们的精神状态会越来越好,身体也会越来越健康。

5)夫妻同心,其利断金

周老与妻子是夫妻典范,据周老坦言,他与妻子之间不仅有爱,更多的是"敬",两人时常一起一边喝茶、喝咖啡,一边聊天沟通生活中出现的一些问题,所以两人的感情越来越亲密。好的夫妻关系不仅能够促进家庭关系的和谐,还能提升个人的幸福感,从正向影响身体的健康状态。

3. 如何增强身心免疫力

（1）增强身体免疫力的重要因素

免疫力就是人体本身的一种防御机制，在一些病毒原体，如病毒、细菌、结核等侵入人体时起到一定的防御作用。免疫力还具有清除人体内癌变细胞、衰老细胞或者是变异细胞的能力。因此，人体本身的免疫力非常重要。免疫力既要处理体内的异己分子，又要抵抗外来生物的入侵，所以人体的免疫力就是保护机体的一种防御能力和一种防御机制。导致免疫力下降的主要因素包括：心理紧张、过度劳累、消极悲观、缺乏锻炼、饮食混乱、过度抗菌。身体免疫力对于人体健康与否起着十分重要的作用。

增强身体免疫力有多种重要因素，如食物的补充、有规律的作息、体育锻炼等。现在人群中，高血压、高血脂、高血糖"三高"人群和超重、肥胖人群在逐年增多，各种各样的疾病形成也逐步增多，人体的免疫力逐步低下，亚健康人群逐渐增多，可以改善这一状况的重要因素的重要性日益凸显。

（2）增强身体免疫力的方法

免疫力对抗侵入人体的病菌或恶性细胞病源，是保持机体健康的重要能力。如果机体的免疫功能不全或下降，各种疾病就会乘虚而入。因此，要维持身体健康，就必须增强人体免疫力。

1）营养均衡

研究显示，人体内每天都要产生数以百亿计的免疫细胞，这里面主要是中性粒细胞。产生这些细胞所需要的原材料需要通过饮食来获得。合理膳食，保持饮食多样化，不挑食、不节食、不偏食，每天摄取主食、鱼、肉、蛋、豆类、蔬菜（以深绿色蔬菜为佳）和水果，并合理搭配，保证营养均衡，才能使我们保持充沛的精力，提高身体的免疫能力。

2）多喝水

喝水（以温热的白开水最佳）可以加快人体血液循环，促进体内新陈代谢，使鼻腔和口腔内的黏膜保持湿润，让人充满活力。研究表明，水很容易透过细胞膜而被身体吸收，使人体器官中的乳酸脱氢酶活力增强，从而有效提高身体的抗病能力和免疫能力。成人每天需摄取1700～2000毫升（6～7杯）的水分，特别是晨起的第一杯水尤为重要。此外，也可以饮用绿茶、蜂蜜水、柠檬水等，这些饮品富含抗氧化剂或维生素C，经常饮用，能够保护身体免受自由基的侵蚀和有害分子的损害，维护免疫系统健康。

3）适度运动

运动可以促进血液循环，把免疫细胞更好地输送到全身各个地方，从而提高机体的免疫力。但需要注意，每天的运动时间最好控制在30～45分钟，运动量要适度，太过激烈或运动时间过久，反而会因疲劳抑制免疫系统的活动，降低免疫力。年轻人可以进行一些简单的有氧运动，如瑜伽、俯卧撑、蹲起等；老年人的运动方式则要根据自身体质量力而行。体育运动的规律性和持久性能减少慢性病发生，并使人体保持和形成良好健康的肌肉、骨骼和关节，还能使人体保持体重的健康状态，也使较大年龄的成年人群免疫力得到提高。总之，通过运动能缓解和减少心理焦虑和压力，有利于促进心理的健康，提高人体的生命年限。

4）多休息

现在越来越多的人晚上都有刷手机的习惯，熬夜现象在年轻人中极为普遍。长期熬夜、睡眠不足，会造成免疫力下降，导致疲劳、精神不振、过敏、感冒、胃肠感染，以及心脑血管疾病等。因此，日常起居要顺应人体的生物钟，保证充分的睡眠，早睡早起，才能增强身体免疫力。

5）注意"三少"

"三少"即少吃甜食、少油脂、少喝酒。过度吃甜食会降低身体抵抗疾病的能力，诱发高血糖，因此不要贪嘴，食用甜食要适当。吃东西太油腻，特别是摄取太多不良脂肪，会损害免疫力，甚至引起高血脂，建议减少烹调用油量及高脂肪、高盐的摄取，尤其是油炸的东西和肥肉要尽量少吃。过量饮酒不仅会减弱身体免疫细胞的正常功能，同时也会影响肝脏、胰脏机能。

6）自己减压，不自寻烦恼，维持良好的心境

研究发现，笑能增加血液和唾液中的抗体及免疫细胞数量，缓解疲劳，是提高免疫力的良药。乐观开朗的处世态度，是增强自身免疫力的绝妙方法。

（3）增强心理免疫力的意义与方法

与身体的免疫系统相似，个体也存在一个心理免疫系统。如果个体拥有较强的心理免疫力，可以使生活质量和幸福指数更高，不容易生"病"，万一生了"病"也能恢复得更快。

1）增强心理免疫力的意义

增强心理免疫力是现代心理健康促进的目标之一。通过增强心理免疫力，使原来不快乐、不幸福的人能够变得快乐幸福，原本快乐幸福的人变得更快乐、更幸福，即有"病"治"病"，无"病"强"心"，让人不易生"病"，万一生"病"也能恢复得更快。增强心理免疫力，可以让更多的人活出最佳状态。

相对于传统心理学的疾病模式而言，增强心理免疫力是一种积极心理学的健康模式，这种视角强调人类的优势与力量，而非弱点与不足，达到有"病"治"病"，无"病"强"心"的目的。传统心理学的疾病模式认为心理健康就是没有病，心理健康促进就是消除症状，症状为零就是终极目标。而积极心理学的健康模式认为心理健康促进不仅仅是消除症状，消除症状之后还要让人更快乐、更幸福，有更强的心理免疫力，让原来不快乐、不幸福的人能够变得快乐幸福，让原来快乐幸福的人能够更快乐、更幸福。因为心理健康没有上限，症状为零也不是终极目标。心理免疫力是多多益善的事情，因为它可以适用于所有的人，包括有问题的人群和没问题的人群。心理免疫力既可以帮助人们从不幸或痛苦中走出来，又可以帮助人们在良好的条件下过上更幸福、更快乐的生活。

2）增强心理免疫力的科学方法

第一，接纳。接纳自己、他人、世界，接纳失败，接纳负面情绪，接纳不完美，不要苛求自己成为一个完人。人无完人，现实也不完美，因此要学会接纳，学会尊重人性和现实。

第二，自信。相信自己，相信会梦想成真，即自我实现的预言。心理学家

班杜拉所讲的自我效能感、费斯汀格的认知失调理论,许多人熟知的皮格马利翁效应,心理暗示效应等都与自信有关。维持自我与他人对自己的信心,相信自己能更幸福、更快乐。

第三,自尊。找到真我,能够跟随自己内心的声音,"随心所欲",走自己想走的路,为自己而存在,做最真实的自己,最终达到自我和谐。

第四,乐观。乐观不仅仅是一种态度,更是一种积极的正向的解释风格,它不是一种盲目乐观,而是一种基于现实的乐观。悲观的人在每一个机会里看到的都是困难,而乐观的人在每一个困难里看到的都是机会。

第五,感恩。感恩不仅意味着感谢,还意味着增值。要养成感恩的习惯,要心怀感激,不要认为理所当然,这样我们会觉得世界越来越美好。

第六,发现并发挥自己的优势。每个人都是独特的个体,发现并发挥自己的优势,做自己擅长的事情,可以产生更多的高峰体验、成功体验和快乐体验。

第七,构建积极的人际关系。积极的人际关系可以带来积极的情感支持。但人际关系并不是越多越好。心理学研究表明,那些成功的人,都拥有重要的亲情、爱情、友情中的一两种或全部。爱没有完美,允许有冲突,但是解决冲突并从冲突中成长,对心理健康有明显的促进作用。

第八,冥想。各种类型的冥想都可以让人更平静、更专注、更幸福。心理学研究表明,开心快乐的事情要视觉化,不断重播快乐的情境可以促进心理健康。

第九,参加体育运动。经常进行体育活动,不仅能锻炼身体,还能释放身体里的化学物质。

第十,习惯(仪式)。行动,然后有心动,有了心动,更可以促进行为,形成一个良性循环。

综上所述,我们每个人都要重视心理免疫力,防止心理困扰,避免心理麻烦,关注人生中风景美好的一面,成为积极乐观的人,发现并发挥个人的优势。从工作、学习、生活中发现精神食粮,发现将生活变得更美好的行为计划,找到适合自己通往更快乐、更幸福的路。

(4)通过身体锻炼促进心理健康

身体锻炼有助于抑郁症和焦虑症的治疗,此处所指的身体锻炼不只是跑步、游泳等这类人们常规认知上的运动,还包括洗车、修剪草坪等日常活动。

简而言之，只要是能让身体动起来的活动都是身体锻炼。其实关于身体锻炼促进身心健康的研究古已有之，长期有规律的身体锻炼能对人的身心产生良好作用已成为共识。身体锻炼除常规的体育训练类方式外，还有一类从创始之初的目的就是修身养性的锻炼方式，如太极拳、瑜伽等。作为国家级非物质文化遗产，太极拳是一种内外兼修的中国传统拳术，以儒道哲学中的太极、阴阳辨证理念为核心思想，集强身健体、怡养性情等功能为一体。瑜伽是建立在古印度哲学上的修身养性方法，其在创立之初就被定义为"控制头脑波动"的运动，在印度其至今仍被当作一种能促使人们达到身、心、灵和谐统一的运动方式。这些古老的东方文化瑰宝近些年在西方焕发出新光彩，不少研究者关注到其对身心的调节作用，目前已积累了大量的实证研究。此外，书法、音乐、绘画、舞蹈等艺术表达方式，也积累了大量的实证报告证实其对身心健康的促进作用，并发展出了相关疗法。以上这些方式虽看似并无关联，但其实是有共通之处的，即通过借助一种外在习练形式，进而达到一种修身养性的效果。

第三章

认知调整
——思维是地球上最美丽的花朵

恩格斯说:"思维是地球上最美丽的花朵。"这个比喻很形象,花朵是植物之母,思维则是智慧之母。思维正是一种抽象的花朵,孕育着很多美好的事物。是否具有缜密思维、逻辑思维、理论思维,能不能灵活自如地使用语言文字进行思想交流、感情沟通,会不会从事创造性劳动与工作,这是区别人类和其他动物的首要与根本的标志。人是灵性动物,人之所以是万物之主,就在于他有智慧,能思维,可去探究隐藏在事物内部的规律。思维是影响心理健康的重要因素,不同的思维方式不仅会引起不同的情绪和行为反应,也会影响个体心理的健康发展。

1. 思维及其特点

（1）思维的概念

思维是人脑借助于语言，以已有的知识为中介，对客观现实间接的、概括的反映。思维是认识的高级形式，它揭示了事物的本质特征和内部联系。

（2）思维的基本过程

思维过程是人们运用概念、判断、推理的形式对外界信息不断进行分析、综合、比较、抽象和概括的过程。思维过程还可以用阶段来划分：一个是初级阶段——普通逻辑思维阶段，遵循同一律、排中律和矛盾律三个法则；另一个是高级阶段——辩证逻辑思维阶段，遵循对立统一、量变质变、否定之否定的思维规律。

（3）思维的分类

根据思维方式可以把思维分为动作思维、形象思维和抽象思维。动作思维、形象思维和抽象思维（逻辑思维）发展的总趋势是：由动作思维发展到形象思维，再发展到抽象逻辑思维。孩子在3~6岁这个阶段，思维是依靠感知和动作来完成的，孩子只有在听、看、玩的过程中，才能进行思维。孩子常常边玩边想，但一旦动作停止，他的思维活动也就随之停止。例如，事先他并不知道自己要搭建什么东西，只能搭完后才能把搭的东西想象成某一种东西告诉你。6岁后孩子的思维就可以依靠头脑中的表象和具体事物的联想展开，他已经能摆脱具体行动，运用已经知道的、见过的、听过的知识来思考问题，虽然这时动作思维仍起作用，但是形象思维也占了很大比例。而7岁以上的孩子，已经不再停留在对事物简单和表面的评价，能开始对事物进行比较复杂、深刻的评价。如看电视时，说出的好人或坏人，已经能知道好在哪里，坏在哪里，还会用各种理由来说明他的看法。另外，此时孩子的思维已经从事物的外表向内部、从局部到全面进行判断和推理，并且逐步加深。

根据思维探索答案的方向（思维的指向性）可以把思维分为聚敛性思维和扩散性思维。如1960年英国某农场主为节约开支，购进一批发霉花生喂养农场的十万只火鸡和小鸭，结果这批火鸡和小鸭大多得癌症死了。不久之后，在我国某研究单位和一些农民均用发霉花生长期喂养鸡和猪等家畜，也产生了上述结果。1963年澳大利亚又有人用发霉花生喂养大白鼠、鱼、雪貂等动物，结果被喂养的动物也大多患癌症死了。研究人员从收集到的这些资料中得出一个结论：在不同地区，对不同种类的动物喂养发霉花生都患了癌症，因此发霉花生是致癌物。后来又经过化验研究发现：发霉花生内含有黄曲霉素，而黄曲霉素正是致癌物质，这就是聚合思维法的运用。扩散性思维是打破原有思维格局，联系原型及各种变化形式的一种思维模式。

根据思维的独立程度可以把思维分为再造思维和创造思维。再造思维亦称复制性思维，是指人们运用已获得的知识经验，按现成的方案和程序，用惯常的方法、固定的模式来解决问题的思维方式。创造思维是一种具有开创意义的思维活动，即开拓人类认识新领域、开创人类认识新成果的思维活动。

（4）思维的属性

马克思主义哲学的观点中，思维主体主要指人，思维客体指主体思维的对象，包括人自己。自然界的动物如狗、猫等，也具备思维能力，但还不够高级；人工智能产品如机器人、电脑等，无论多么完善，都是人脑的产物，同样不具备思维能力。

（5）思维的特性

人的思维具有概括性、间接性的特征。

思维的概括性是指人们在大量感性材料的基础上，把一类事物共同的特征和规律抽取出来，进行概括的反映。例如，"玩具"这个概念，它反映了皮球、娃娃、木枪、小汽车等许多供游戏用的物品所共有的本质属性而不涉及他们彼此不同的具体特征（如娃娃是女孩，皮球是圆的，小汽车会跑等）。

思维的间接性是指人们借助于一定的媒介和知识经验对客观事物进行间接反映，间接性能使人们超越感知觉提供的信息，去认识没有或者不能直接作用于人的各种事物和特性，从而揭示事物的本质和规律，预见事物的发展。例如，人类学家根据古生物的化石及其他有关资料，就能推知人类的进化规律；医生根据病人的体温、血压、血液、尿液、心电图、脑电图等检查的有关资料，就能确诊病患和病因；气象工作者根据已有的气象资料就能预知今后的天气变化；教师根据学生的行为表现就可以推断学生的内心世界；地震工作者可以根据动物的反常现象或其他仪表的数据来分析与预报震情。人们不知道某些疾病与遗传基因的关系，但人们可以根据实验来探索它们之间的关系。思维的间接性是以人对事物概括性的认识为前提的。人之所以能够根据屋顶潮湿做出曾下过雨的推断，是因为知道下雨和屋顶潮湿之间的因果关系的结果，而这种认识正是先由对事物的概括性所获得的。

2. 思维对心理健康的影响

思维是人类的高级认知过程，与心理健康息息相关。不同思维模式对心理健康产生的影响不同。正性思维模式对心理健康产生积极的影响，负性思维模式则不利于心理健康，尤其当人长期处在负性思维模式中时会陷入思维困境，产生不幸福感。负性思维模式是指人会趋向于用消极的、不利的一面看问题，而且是自然而然自动出现的，无须努力就会产生。负性思维模式会使人在看待同一件事情时，更容易得出消极的结论和产生负面的情绪和行为。它与正性思维相对，是人们两种不同的心理能力。以下是常见的负性思维方式。

（1）思维惰性

当一种新事物、新理论刚诞生时，总会受到各个方面的挑剔和反对，许多新发现往往就这样被扼杀在摇篮之中。而许多已经流行的观点，即使有弊病，也很难纠正。这种对新事物、新理论、新设想的抗拒心理，被称为"思维惰性"。

人一生下来，便会立刻接触到一种现成的生活方式，包括怎么吃饭，怎么穿衣，怎么干活，怎么与人相处等。这帮助了人们比较容易地学会生活，但同时也给人们一种错觉，好像人本该如此生活，而且将来也会继续这样生活，同时还会以为其他地方的人也像我们这个地方的人这样生活。这就会使人们安于现状，陷于保守，养成惰性。归纳起来，形成思维惰性的心理因素有以下五方面：

第一，因循守旧。人类的思维除了有能动性与创造性的一面外，还有落后于实践而墨守成规的一面。就连一些著名科学家也常常要受因循守旧思想的影响。

第二，看问题片面。人对客观世界的认识是一个充满矛盾的复杂过程，它不是直线式进行的，而是近似一串圆，近似螺旋的曲线，这一曲线的任何一个片段都能被片面地分割成独立完整的直线。因为人们看问题视角是有限的，每个人从自己的角度看问题都是对的,但看到的不一定是事情的全貌,不一定是事情的真相。

第三,寻求认同。人们想要寻求他人认同,也就有了思维和行为的趋同。

第四,怕犯错误。人们对熟悉的事物普遍更有安全感。

第五,迷信权威。权威代表了当代社会最前沿和最有力的声音,遵从权威会使行为更加简捷。

案例分享:毛毛虫效应

法国科学家约翰·法布尔曾做过一个实验。他把许多毛毛虫放在一个花盆边上,让他们首尾相连围成一个圈。在花盆旁撒了一些它们爱吃的松叶。因为习惯,毛毛虫只会一只跟着一只绕圈圈,没有任何一只毛毛虫"偏离"轨道去吃松叶,直到在饥饿和疲惫中死去。这种以固定的方式思考和行动,导致失败的现象,就是"毛毛虫效应",而这也就是我们常说的思维惰性。

(2)自我攻击

自我攻击是很多人面对失败时,一种赋予自己能量的思维模式。心理学家海德认为,人会对各种社会行为做出归因,有意无意地解释发生在自己身上的现象,这被称为归因理论。当一个人对自我价值的认定,不足以将痛苦抵挡在外时,就会投射出很多负面的东西,他会将失败全部归因于自身的不足。带着"我没有价值"的滤镜的人,看待任何困难都会归因于自己太没用,而这种无用感,又会加深这种无价值感,从而进入一个死循环。

西安一名9岁的小女孩,因为一篇作文没有写好,就撕掉不合格的作文,写下遗书:为什么我干什么都不行?然后关上房间门,跳楼自杀。女孩家人说,自从2月上网课以来,女孩压力就很大。她自杀前曾着急地告诉妈妈说:"我完成不了老师布置的作文了。"家人鼓励女孩尽快完成作文,根本没有想到她会因此轻生。孩子的内心是稚嫩的,我们都经历过熬夜苦读的学生时代,也曾经考试失败过,在这种时刻,也可以这样想:这次考砸了,还有下一次,我并不是一个毫无价值的人,不必因为一次失败完全否定自己。

发展心理学认为,自我攻击不是瞬时行为,而是一个长期积累、从量变到质变的演化过程。我们每个人都有负面情绪,当我们面对挫折和失败时,负面情绪就会引诱我们自我攻击。最开始,可能只是一次不经意的失败:考试没及格、没拿到毕业证、上班被劝退、谈恋爱分手、做生意失败……我们一边指责自己,一边因为被指责感到羞耻和愧疚。话说多了,就会形成固化的反应模式,每当失败和挫折发生,我们就会把自己硬生生撕裂成两个人:一个人痛苦不已地承受指责和否定,一个人居高临下地贬低和攻击。

自我撕裂的起因,可能是性格问题。例如:人格异化、亲情冷漠、价值观混乱、父母教育过于苛责等。无论哪种,都会让成年人或者孩子,把"我做不到"的负面情绪,向内投射给自己,一边攻击自己,一边释放愤怒。

对深陷在自我攻击和撕裂中的人而言,"无论面对多少失败,始终相信自己是有价值的"的信念,早已随着希望一起消失了。他们看不到"未来会变好",只看得到"现在的我不好"。他们只能通过贬低自己,才能感到一丝安全,稍微犯点错,都会在愤怒和羞愧中指责自己,如同一个负重前行的苦行僧,每走一步,就往自己身上多放一块石头,最终因为不堪重负而倒下。更有甚者,可能会通过自杀来结束这种无休止自我攻击产生的巨大折磨。如何在面对挫折和失败的时候,用更具有建设性的方法去处理它们,是一个成熟的人必须学会的命题。

(3)认知扭曲

认知扭曲的概念是由认知行为疗法(CBT)的创始人、心理学家贝克提出的。认知扭曲指的是我们执着于一些并不存在,或者完全错误的认知,而这些不良的认知导致了我们负面思考、情绪和行为的产生。以下为大家介绍其中最为常见的5种。

1)非黑即白、两极化的思维模式

孩子在长大前,思维都是非黑即白的。他们的动画片中,有明确的好人和坏人。他们的思维模式中有绝对的正确和错误。但随着年龄的增长,人们会逐渐理解和接受更复杂的人事、关系、情感。

具有非黑即白、两极化思维模式的人,会常常感到困惑。对于这些人而言,只要自己做不到百分之百的完美,那自己就是一个完全的失败者。如果伴侣有一次没有照顾到自己的需求,那他/她就是"根本不爱自己"。曾经多年的好朋友有一次自私的举动,他们就会困惑这个人是不是自己的好友。

拥有这种思维模式的人，他们的人际关系很激烈，看问题过于极端，且常常因为极端的认知做出极端的行为，反而进一步推动了关系的恶化。

2）自动过滤的思维模式

有这种思维模式的人，在各种事件、场合中都只关注那些负面的部分，自动"过滤"掉那些好的地方。例如，在一次演讲中，完全忽略了那些热烈的掌声和观众积极的互动，只注意到自己在某个地方说错了词。这并不是说他们理性上无法理解也有好事存在，而是尽管知道有些部分是正面的，情绪仍然只能沉浸于不好的部分中。

3）过度概括化的思维模式

有这种思维模式的人，会基于自己某一次或几次的负面经验，得出非常泛化的结论，认为那些发生过一两次的坏事一定会再发生。如受到了一个人的拒绝，就觉得自己完全不讨人喜欢，一定不会被别人接受，会孤独终老。

当过度概括到达一种极端的程度时，人们就会给自己贴标签，而当你把一些负面经历，过度概括化成自己的宿命的时候，心情就自然不会好。相对地，那些思维模式更积极的人则会认为，我只是这几次运气不好，我不会一直这样，未来一定会有好事发生。

4）"应该"构想

用"应该……"和"必须……"来激励自己和要求他人，常常容易适得其反。AlbertEllis将这种行为称为"必须强迫症"。

他们对事物有着非常刻板化的期望，觉得必须如何如何才是好的，或者原本就应该是什么什么样的。这种刻板化的期望，让一切脱离他们掌控的细节都变成了缺陷。

当他们没有达到自己的"应该"时，他们会讨厌自己，感到羞耻和内疚。当他人没有达到他们对他的"应该"构想时（这种情况常常发生），他们也会感到痛苦，并因为坚信自己是对的而愤懑不平，如朋友应该这样做、父母应该那样做、我必须成为什么样的人等。

他们没有学会接受生活的馈赠，尝试每一种出乎意料的快乐，不知道快乐的方式远不止一种。

5）情绪化的推理

不良的思维模式中，还有一种不理性的逻辑推理存在。有"情绪化的推理"这种思维模式的人,会把自己的情绪反应当作"一件事是真的"的证明。他们不以理性的规律,而是以变化不断的情绪体验来认识世界。例如,一个人感觉自己很丑,他就把这种感觉当成"我果然是个丑八怪"的证据。一个人觉得自己不受欢迎,便因此开始逃避人群,而事实上别人并没有表现出不友好的迹象。

3. 如何培养积极的思维方式

（1）思维桎梏的成因

负性思维模式是在早期的成长环境中形成的。前人有言，这个世界上没有异常的人，有的只是正常的人对异常环境的正常适应。换言之，儿时的我们假如生活在一个不健康的环境中，我们会适应这种环境，被塑造成最契合这种环境的样子。长大后我们离开了家，环境变化了，而曾经对坏环境的正常适应，在新的环境中就显得异常了。

大多数对世界和自我认知扭曲的人都有一个共同特点，即自责，他们的内心总是有一个严苛的声音在批判和贬低自己。他们不仅对坏的事情或自己做错的事而苛责自己，就连好的事情，这种自责也能够立刻将他们从短暂的喜悦中拉回来。

一个人幼年时，在家庭中长期被父母过于苛刻地要求，或是受到许多不合理的指责和攻击，久而久之，他就会内化这种他人对自己的负面态度。他们会觉得自己无法获得他人的喜爱，或是他人对自己的喜爱都是有条件、有目的的。并且这些人往往难以意识到，在终于长大，逃离了家中指责自己的声音之后，他们自己却成为了那个声音本身。

他们所有的思维模式，都是在这个声音的监视下进行的，不难理解他们会更多注意到令人不快乐的部分。

还有一种情况是，异常环境训练出了我们一些异常的自我保护方法。父母脾气暴躁的家庭让孩子学会了始终对他人的情绪保持异常的高度警觉，长大后他们也会高估世界和他人的危险度，无法放松自己和信任他人。充满痛苦的家庭让孩子学会了依赖幻想，比起看到现实，他们更喜欢沉浸在幻想的世界中，而且长大后他们也容易因为幻想而逃避现实。

我们意识到了自己存在这样的问题，却无法一夜之间改变。这是因为思维模式已经是一个自动化的反应，很多时候我们都无法在当时意识到自己又使用了不良的思维模式。它需要我们保持对自己的观察和不断的反思。

但更深入的问题可能是，即便已经知道自己使用的是会给自己带来不快乐的思维模式，但它代表的却实实在在是过去的自己。这种思维模式的使用可能为的是保护过去的自己，也可能是缘于过去的伤痛留下的痕迹。有的时候，我们会认为一个更好的自己是对过去的自己的背叛，而且这种背叛有时会令自己感到内疚。

变好的过程，则是失去过去的自己的过程。有时候我们甚至会认为，如果失去了那些扭曲、偏执的部分，自己就不再是自己了。我们解读世界的方式本身就代表着我们是谁，那些早就固定下来的思维模式，是自我身份的重要部分。变好，就意味着一些自我身份的丧失。我们会因为丧失而悲恸，甚至产生抑郁的情绪。而当我们发现尝试改变自己竟然更加抑郁的时候，我们就很容易放弃和退却。

（2）思维桎梏和积极思维方式的关系

古罗马的哲学家皇帝马克·奥勒留曾经说："我们的生活是由我们的思想打造的。"只要不桎梏于过去，不桎梏于负性思维，习惯于用积极的思维方式去生活，很多烦恼自然会烟消云散。在改变自己的路上，你需要先变"坏"，再变好。如果你分外低落，可能只是因为你在同过去告别。慢慢地你会建立起新的身份，开始认识这个新的自己。同时你也会明白，你依然是你，就像治牙时需要拔掉坏的牙齿一样，你只是舍弃了一些让你不快乐的"零件"，换上了会让自己更加幸福的装备。

（3）培养积极的思维方式

积极的思维方式能使生活中的很多问题得以高效解决，从而进一步印证自我的积极概念，这对我们人际交往和生活事件的处理也会起到增益作用。以下是三种积极思维方式的介绍。

1）思维模式对照

当你的生活经常性陷入一种思维怪圈时，你可以对照上面的不良思维模式,去辨识自己存在的问题。你可以将它们抄写或是打印下来,放在自己容易看见的地方。

例如,当你又因为自己只是没有处理好工作中的一个很小的细节,就觉得自己完全不行、一无是处时,应该马上提醒自己:你又陷入了"非黑即白"的思维模式,这种想法是不理智的,也是脱离了现实的。

2)思维赋能

当我们认为自己很没用时,可以借助自我赋能、他人赋能两种方式,来让自己重新积极起来。自我赋能,就是放大自己身上积极的一面。如每天对着镜子鼓励自己,说"你是最棒的""要相信自己",借助暗示的力量让自己潜移默化地产生自信。想清楚自责和羞愧是很正常的事情,不必放大内心的消极,明白会自责恰恰是因为自己渴望变得更好,这是一种充满上进心的表现。他人赋能,就是通过他人的肯定和认可来重拾自信。如失恋后担心自己没人爱了,向好朋友寻求鼓励,接受朋友的关爱和照顾,以此感受到自己仍然是值得爱的;孩子考砸了失去自信,父母认可他做得好的地方,然后陪着他解决错题、直面困难,让他相信下一次自己会做得更好。父母应该关注孩子身上值得认可的地方,客观地指出他需要改进的地方,如同一个扶手架,让孩子感到即使身处险境,也有人陪着他继续前进。自我攻击会积少成多,自我赋能也是如此。一个从小就懂得如何赋能的孩子,无论遇到多大的困难,感到多深的绝望,都不会动摇自己生存的根基。消极的想法是不客观的、不中立的,你需要的不是自我攻击,而是赋能。若想心无恶魔,务必向阳而生。这个世界上,没有一个人是绝对完美的,也没有一个人是绝对无价值的。任何失败,都不会剥夺你的价值。找回自信,活在当下,敢于直面困难和挫折,才是你给予自己最大的价值。

3)思维记录表

思维记录表是在认知行为疗法(CBT)中提出的更加实操的方法。这个方法之所以有效,是因为它建立在这样的一个前提下——你不需要相信你的每一个想法,它们不一定是真实的,更不一定是有用的。

下面就是这个方法需要完成的七个步骤。

第一,场景。识别并记录下那些会让你产生强烈的情绪或反应的场景,尤其是那些你觉得自己的反应给自己或他人带来了伤害,希望自己能够有不一样的处理方式的场景。你需要记录的细节包括以下这些方面：

a.这件事是什么时候、在哪里发生的？

b.谁参与了这件事？

c.具体发生了什么？

第二，情绪。描述你在当时感受到的相应的情绪。例如：

a.抑郁

b.焦虑

c.愤怒

d.愧疚

e.羞耻

f.害怕

g.快乐

最后一个例子看起来似乎是一种不该出现在这里的积极情绪，但它之所以被包含在内，是因为CBT并不只是关于获得"积极的认知方式"，而是关于找到一个更加平衡和客观的对世界和自己的认知。换言之，有时你可能不应该用过于积极的眼光看待世界。

例如，当你认识了一个人，觉得自己和他充满默契，一拍即合。在短短几天内你就开心地认为自己找到了灵魂伴侣，并想要立刻和他进入一段关系，但你可能同时也因为狂喜和兴奋而忽略了很多重大的问题。在这种情况下，积极的情绪也值得警惕——你可能显得过于乐观了。

当你辨识出了自己的情绪，在0%到100%之间（数字越大，情绪越强烈），给它们一个评分。不用纠结于能不能给出一个"绝对准确"的数字，跟着你的直觉走。

第三，自动化的思维（和画面）。罗列出所有在那个场景下你的脑海中自动跳出的想法（可能来自那个"刻薄之声"）和画面。以下是一些示例：

a."我真是一个白痴"

b."我绝对应付不了"

c."我永远都不会变好"

d."没有人会再雇用我了"

e."永远都不会有人再爱我了"

f."没有人喜欢我"

g."这个世界只有痛苦"

一旦你有了这个自动化思维的清单，你就可以识别自己的"灼热思维"了（the Hot Thought）。"灼热思维"，就是那些侵入式的、你挥之不去的，与你的情绪密切相关的那些想法。你需要把它们圈出来，因为它们就是你即将进行审讯的"被告"。

第四，支持"灼热思维"的证据。在这一步，你需要找出并列举出所有能够证实你那些想法的"证据"。值得注意的是，你的证据必须是经得起检验的，如事实、数据或是他人证言。你自己的解读、意见和臆测不能作为证据。

例如，你的"灼热思维"是"我总是搞砸所有事情"，这个想法是在你犯了一个很小的错误之后出现的。在这种情况下，以下的陈述能够作为"有效证据"：

a.我犯了一个错，使得这个项目的进程被耽误了数小时

b.我忘记了一些细节

c.我给好几个人带来了不便

而以下这些则不能被当作证据：

a.我肯定毁了别人的一整天

b.我处理细节的能力就是一场灾难

c.我能够感觉到那些被我错误影响的人会觉得我非常无能

第五，推翻"灼热思维"的证据。现在，你需要站在另一方，找出你的"灼热思维"所讲述的故事中存在哪些漏洞。这一步可能会比上一步困难，因为你可能存在偏见。所以，你要更加耐心，想象自己变成了对立面的"律师"，努力尽心地为另一方搜集"证据"。关于"我总是搞砸所有事情"这个想法，可以推翻它的证据可能包含如下这些方面：

a.我把事情完成得很好比搞砸事情的频率高很多

b.我在下午犯了一个错误，但在早上我很出色地完成了两件事情

c.我的错误没有造成巨大的损失

d.大多数时候我是一个很仔细的人

e.我向被我影响的人真诚地道了歉，他们也接受了我的歉意

第六，可替换的思维。在这一步，你需要像一个公正的法官一样，评估来

自两边的证据，并试着得出一个公正的结论。换言之，你要提出另一种替代这个"灼热思维"的想法，一个更加平衡和现实的想法。例如，在这个"我总是搞砸一切"的例子中，你或许会给出以下的结论：

a.我偶尔会犯错，但总体而言，我并不是一个粗心大意、没有责任心的人

b.我在大多数时候尽了自己最大的努力

c.那些被我错误影响的人可能有点不开心，但没有迹象表明他们会因此觉得我是个无能的人

d.我能从中吸取教训，让以后的工作变得更好

如果，最后你发现自己的"灼热思维"是真的，那么你就需要想出一个解决这一困境的计划。例如，你的思维是"我完全做不了这个工作"，接着你发现其实你并没有可以支持你完成这项工作的必需技能，这就是你需要解决的本质问题。

得出结论以后，你需要再次在一个从0%到100%的量表中对"这个替代想法能不能说服我"这一问题进行评分。

第七，再次回到你的情绪。像第二步中做得那样，再次对你此刻的情绪进行打分，并列出你现在所感受到的新的情绪，如"释然"。如果你情绪的强烈程度并没有发生任何变化，也没有产生任何新的情绪，那么你就需要回顾表格中的每一步，看自己是否可以在哪里做得更加准确、更加具体。

（4）积极思维模式促进心理健康

通过上述思维模式对照、思维赋能、思维记录表等方法，分析自己的思维桎梏类型，选择其中的一种或几种方法相结合对原有思维模式进行针对性调节，并坚持一段时间，当思维从负性模式开始向正性模式过渡时，你将会从心理桎梏中逐渐解脱，新的思维模式也会使生活中的很多问题迎刃而解，你将会获得更多积极的心理体验。

第四章

情绪调节
——一个小丑进城胜过一打医生

据说英国著名化学家法拉第,在年轻时由于工作紧张,神经失调,身体虚弱,久治无效。后来,一位名医给他做了详细检查,没有开药方,只留下一句话:"一个小丑进城,胜过一打医生。"法拉第仔细琢磨,觉得有道理。从此以后,他经常抽空去看滑稽戏、马戏和喜剧等,并在紧张的研究工作之后,到野外和海边度假,调剂生活情趣,以保持经常的心境愉快,结果活了76岁,为科学事业做出了巨大贡献。有人调查发现,几乎所有长寿老人平时都非常愉快,并且长期生活在一个家庭关系亲密、感情融洽、精神上没有压力的环境中。可见,情绪的调适与心理健康关系极为密切。

1. 情绪及其作用

（1）情绪的定义

情绪（emotion）是一个复杂的心理过程，也是心理学中最难以界定的概念之一。"情绪"一词直到17世纪早期才出现在英语中，英国语言学家约翰·弗洛里奥（John Florio）在翻译哲学家蒙田（Michel de Montaigne）的作品时，第一次把"情绪"一词从法语引入英语。19世纪早期，苏格兰哲学家托马斯·布朗（Thomas Brown）第一次把情绪作为单独的理论范畴，打开了情绪的科学研究之门。1884年，美国心理学奠基人威廉姆·詹姆斯（William James）发表了一篇题为《情绪是什么》的论文，对情绪的定义及产生机制进行了早期科学研究。

情绪的定义众多，目前国内较为认可的观点如下：情绪是人对客观事物和对象是否符合自己的需要而产生的主观体验及相应的行为反应，是以个体的愿望和需要为中介的一种心理活动。对于情绪的理解可以从以下几个方面综合考虑：首先，情绪不是无缘无故凭空产生的，而是由特定的外部刺激情境引起，人类会以自身需要为中介，对刺激情境进行解释或评估，进而产生相应的情绪。当客观事物和对象满足自己的需要时，个体会产生满足、喜悦、愉快等积极情绪体验，否则便会产生失望、痛苦、焦虑等消极情绪体验。相同的刺激情境对不同个体可能有着不同的意义，个体会对其进行不同的解释或评估，进而产生不同的情绪。例如，当一场重要的考试临近时，有人体验到的是焦虑，有人体验到的是绝望，但也有人体验到的是希望或是兴奋。其次，情绪是个体的一种主观感受或内心体验，它不同于感觉、知觉和思维等认知过程。认知过程是对客观事物本身的反应，而情绪是对主体与客体之间关系的反应。再次，情绪有外部表现形式，即表情。表情包括面部表情、身段表情和言语表情。面部表情是面部肌肉活动所组成的模式，它能比较精细地表现出人的不同情绪，是鉴别情绪的主要标志；身段表情是指身体动作上的变化，包括手势和身体的姿势；言语表情是情绪在说话的音调、速度、节奏等方面的表现。表情既有先天的、不学而会的性质，又有后天模仿学习获得的性质。最后，情绪的发生总是伴随着机体的一系列生理变化，如呼吸系统、循环系统、消化系统以及脑电波和皮肤电阻等，这些生理变化是研究和了解情绪的客观指标。处于不同情绪状态下的个体常伴有不同的生理表现，如愉快时面部微血管舒张，面色红润，而恐惧时则面色苍白、血压升高、心跳加快。

（2）情绪的分类

1）情绪的基本分类

人类的情绪表现多种多样，十分复杂，关于情绪的类别，长期以来说法不一。从生物进化的角度可把情绪分为基本情绪和复合情绪。基本情绪是人和动物所共有且与生俱来的，也可称作原始情绪，每一种基本情绪都有其独立的神经生理机制、内部体验、外部表现和不同的适应功能。但是，情绪很多时候不是单纯的快乐或者愤怒，而是不同情绪的组合，如悲喜交加、焦虑、敌意等情绪的产生就是多个情绪的组合。这些情绪的组合叫复合情绪，不同的情绪结合，便会产生各种各样的复合情绪。

我国古代医学认为：人有喜、怒、忧、思、悲、恐、惊的情志变化，亦称"七情"，美国心理学家普拉切克（R.Plutchik）根据情绪的强度、相似性和两极性，提出了情绪的三维模型，认为共有八种基本情绪：悲痛、恐惧、惊奇、接受、狂喜、狂怒、警惕、憎恨。美国心理学家伊扎德（C.E.Izard）提出的"情绪分类表"中包括九种基本情绪，即兴奋、喜悦、惊骇、悲痛、憎恶、愤怒、羞耻、恐惧和傲慢。心理学的近代研究普遍认为，人类有四种基本情绪，即快乐、愤怒、恐惧和悲伤，这四种基本情绪是跨越种族而被普遍理解的。

快乐是个体精神上的一种愉悦，是心灵上的满足，也是个体从内心感受到的一种非常舒服的感觉。品尝美味、欣赏艺术、参与游戏、人际交往等都可以让个体产生快乐的情绪体验。快乐常见的表达方式就是笑，人们在笑的时候总是伴随心灵上的愉悦与肢体上的敞开，甚至当看到别人笑的时候，人们也总会感受到快乐。

愤怒不仅仅指当愿望不能实现或为达到目的的行动受到挫折时引起的一种紧张而不愉快的情绪，也存在于对社会现象以及他人遭遇，甚至与自己无关事项的极度反感。愤怒是一种消极的感觉状态，一般包括敌对的思想、生理反应和适应不良的行为。愤怒在人的成长过程中出现较早。出生3个月的婴儿就有愤怒的表现，限制婴儿探索外界环境能引起他的愤怒。例如，强制婴儿睡觉、限制其活动范围、不允许其摆弄玩具等，均可引发婴儿的愤怒情绪。

悲伤作为一种负性基本情绪，通常指是由分离、丧失和失败等引起的情绪反应，包含沮丧、失望、气馁、意志消沉、孤独和孤立等情绪体验。悲哀程度主要取决于失去的东西的重要性和价值大小，也依赖于主体的意识倾向和个体特征。

恐惧是指人们在面临某种危险情境，企图摆脱而又无能为力时所产生的担惊受怕的一种强烈压抑情绪体验。恐惧心理就是平常所说的"害怕"，恐惧对人的身心健康危害极大。

2）情绪的状态分类

情绪状态是指在一定的生活事件影响下，一段时间内各种情绪体验的一般特征表现。根据情绪状态的强度和持续时间可分为心境、激情和应激。

心境是一种微弱、平静、持久而又具有弥漫性的情绪体验状态，通常也叫作心情。心境并不是对某一事件的特定体验，而是以同样的态度体验朝向周围所有的事件，生活中我们常说的"人逢喜事精神爽"，就是指发生在我们身上的一件喜事，让我们很长时间保持着愉快的心境。心境所持续的时间短的只有几小时，长的可到几周、几个月，甚至更长的时间。导致心境产生的原因很多，生活中的顺境和逆境，工作、学习上的成功和失败，人际关系的亲与疏，个人健康的好与坏，自然气候的变化，都可能引起某种心境。心境对人的生活、工作和健康会产生重要影响，积极乐观的心境会提高人的活动效率，增强人们克服困难的信心，有益于健康；消极悲观的心境会降低人的活动效率，使人消沉，而长期的焦虑则有损健康。

激情是一种强烈的、爆发式的、持续时间短暂的情绪状态，这种情绪状态具有明显的生理反应和外部行为表现。生活中的狂喜、暴怒、极度悲痛等都是激情的表现，激情会使人行为失控，如《儒林外史》中的范进中举之后出现的意识混乱、手舞足蹈、疯疯癫癫就是激情状态的表现。激情往往由重大的、突如其来的事件或激烈的意向冲突引起。激情对人的影响有积极和消极两个方面。一方面，激情可以激发内在的心理能量，成为行为的巨大动力，提高工作效率和创造力；另一方面，激情也可能使得个体的认识范围狭窄，分析能力和自我控制能力降低，行为不计后果。

应激是出乎意料的紧张和危急情况引起的情绪状态，是人对某种意外的环境刺激做出的适应性反应，家人病故、恐怖袭击、自然灾害等突发事件的发生会使人身心紧张，迅速转入应激状态。人在应激状态下常伴随明显的生理变化，机体会调动全部能量以应付紧急事件和重大变故。应激反应发生时，紧张刺激作用于大脑，下丘脑迅速兴奋，肾上腺髓质释放大量肾上腺素和去甲状腺素，通向体内某些器官和肌肉处的血流量加大，机体应付紧张刺激的能力提高。应激的生理反应大致相同，但外部表现可能有很大差异。积极的应激反应表现为沉着冷静、急中生智，全力以赴地去排除危险，克服困难，而消极的应激反应表现为惊慌失措、一筹莫展，或者发动错误的行为，加剧了事态的严重性。

（3）情绪的功能

1) 适应功能

情绪是机体适应生存和发展的一种重要方式。机体通过情绪引起的生理反应来激发内在能量，使机体处于适宜的活动状态，以适应周围环境的变化。例如，在危险的情况下，人的情绪反应使机体处于高度紧张的状态，身体能量的调动可以让人进行搏斗，也可以呼救，求得别人的帮助。

情绪的适应功能从根本上而言，是服务于改善人的生存和生活的条件。婴儿通过情绪反应与成人交流，以便得到成人的抚养，而成人则通过婴儿的情绪判断其生理与心理需要是否得以满足。成人通过情绪表现来反映生存环境的好坏，进而决定采用何种方式与周围环境进行互动，如用微笑表示友好，用愤怒表示反对，通过移情维护人际关系，通过察言观色了解对方的情绪状况，进而采取相应的措施或对策等。总之，人通过情绪了解自身或他人的处境，适应社会的需求，得到更好的生存和发展。

2) 动机功能

情绪是伴随主体需要满足与否而产生的心理体验，是动机的源泉之一，它可以改变机体活动效率，促进或抑制机体的活动。适度的情绪兴奋，可以使身心处于活动的最佳状态，推动人们高效地完成任务。研究表明，适度的紧张和焦虑能促使人积极地思考和解决问题，而过度的松弛或紧张均不利于任务的完成和问题的解决。同时，情绪对于生理内驱力也具有放大信号的作用，成为驱使人的行为的强大动力。如人在缺氧的情况下，产生了补充氧气的生理需要，这种生理驱力可能没有足够的力量去激励行为，但是，这时人的恐慌感和急迫感就会放大和增强内驱力，使之成为行为的强大动力。

3）组织功能

情绪作为脑内的一个检测系统，对其他心理活动具有组织的作用，这种作用表现在积极情绪对活动的协调、促进作用和消极情绪对活动的瓦解、破坏作用。这种作用的大小和情绪的强度有关，一般而言，中等强度的愉快情绪有利于提高认知活动的效果，而痛苦、恐惧等负性情绪会对认知操作产生负面影响。消极情绪的激活水平越高，操作效果越差。

情绪的组织功能还表现在人的行为上，当个体处于积极情绪状态时，对事物的美好面更加敏感，行为比较开放，愿意接纳外界的事物；当个体处于消极情绪状态时，对事物的阴暗面更加敏感，行为比较保守，更容易悲观、失望、放弃目标，或者产生攻击性行为。

4）信号功能

情绪在人际间具有传递信息、沟通思想的功能，这种功能是通过情绪的外部表现——表情来实现的。人际交往中，个体常常需要将自己的愿望、要求、观点、态度通过表情的方式传递给别人以影响他们，如点头微笑、轻抚肩膀表示赞许；摇头皱眉、摆手表示否定；面色严峻表示不满或者问题严重等。除言语交流之外，个体还可以通过情绪的流露来传递自己的思想和意图，如听朋友叙述不幸遭遇时，会一同落泪或表现出悲伤的情绪，传达自己的同情和理解的情绪情感。另外，人际互动的一方也可以从另一方的表情中了解他的情绪、思想和感情状况，以便采取相应的措施。

2.
情绪产生的生理机制

（1）情绪产生的生理机制

情绪的生理机制相当复杂，学说众多，目前一般认为情绪主要是大脑皮层和皮层下神经过程协同活动的结果，皮层下神经过程的作用处于显著地位，大脑皮层起着调节制约的作用。大量生理学研究结果表明，机体的情绪反应与下丘脑、脑干网状结构、边缘系统以及大脑皮层密切相关。

1）情绪与下丘脑

下丘脑是植物性神经系统的皮层下中枢，是情绪表达的重要结构。动物实验证明，用微电极刺激动物的下丘脑腹内侧核，会引起动物强烈的情绪反应，产生明显的情绪性行为。刺激动物下丘脑的不同部位，可观察到发怒、逃避或恐惧这两种不同的情绪行为模式。如果切除下丘脑以上（保留下丘脑）的全部脑组织，上述情绪反应仍然存在。可见，下丘脑是情绪及动机性行为产生的重要脑结构。

2）情绪与脑干网状结构

网状结构靠近下丘脑部分，既是情绪表现的下行系统中转站，又是上行警觉激活系统的中转站。网状结构接受来自中枢和外周两方面的冲动，向下发放引起各种情绪的外部表现，向上传送可使某种情绪处于激活状态，并经过大脑皮层的活动产生情绪体验。网状结构对于情绪的激活至关重要，网状结构的机能减弱或破坏很可能导致各种情绪障碍的发生。

3）情绪与边缘系统

边缘系统是指位于前脑底部环绕着脑干形成的皮层内边界。边缘系统的主要功能在于，调节自主神经系统的活动，控制某些本能行为，诸如探究、喂食、攻击、逃避等。研究表明，边缘系统中的扣带回、杏仁核等部位与情绪的产生有密切关系，切除了双侧杏仁核的动物多半会失去对有害刺激产生恐惧反应的能力，而切除了扣带回前部的病人则表现为失去恐惧情绪，并在社交活动中变得冷漠无情。

4）情绪与大脑皮层

大脑皮层是情绪的最高调节者和控制者，它负责情绪的认知、体验与控制。动物实验表明，大脑皮层被切除以后，动物情绪表现异常，情绪产生阈限降低，易激动；情绪泛化，无定向；情绪波动大，易大起大落等。研究还发现，大脑两个半球对情绪的控制和调节存在一定差异，积极情绪时，左半球出现较多的电位活动；消极情绪时，右半球出现较多的电位活动。

（2）情绪理论

1）情绪的外周理论

这是最早的情绪理论，由心理学家詹姆斯和兰格分别独立提出。由于二者观点相同，后人将其合称为詹姆斯—兰格情绪理论。

詹姆斯（W.James）认为，情绪是对身体变化的知觉，即当外界刺激引起身体上的变化时，我们对这些变化的知觉便是情绪。换言之，人并不是因为悲伤了才哭泣、愤怒了才咆哮、恐惧了才发抖，恰恰相反，人是因为哭泣了才悲伤、咆哮了才愤怒、发抖了才恐惧。

兰格（C.Lange）强调血液系统的变化和情绪发生的关系，认为植物性神经系统的支配作用加强，血管扩张，便会产生愉快的情绪；植物性神经系统活动减弱，血管收缩，器官痉挛，便会产生恐怖的情绪。

詹姆斯和兰格都强调情绪与机体变化的关系，强调植物性神经系统在情绪发生中的作用，所以也被称作情绪的外周理论。该理论主张情绪刺激引起身体的生理反应，而生理反应又进一步导致情绪体验的产生，即情绪情境——身体生理反应——情绪体验。该理论片面强调植物性神经系统的作用，忽视了中枢神经系统的调节、控制作用，受到很多人质疑，但它也引起了人们对情绪机制研究的广泛兴趣，对推动情绪机制的研究起到了重要的作用。

2）情绪的丘脑理论

美国生理学家坎农（W.Cannon）和巴德（P.Bard）反对情绪的外周理论，于1927年提出情绪的丘脑理论，认为情绪的中心不是外周神经系统，而是中枢神经系统的丘脑。激发情绪的刺激由丘脑进行加工，丘脑所产生的神经冲动一方面向上传至大脑皮层，引起情绪的主观体验，另一方面向下传至交感神经系统，引起机体的生理变化。换言之，身体变化和情绪体验是同时发生的，它们都受到丘脑的控制。该理论将詹姆斯—兰格对情绪的外周性研究推向对情绪中枢机制的研究，但因为过分强调丘脑在情绪中的作用而忽视了大脑皮层及外周生理反应对情绪的作用。

3）情绪的认知理论

情绪的认知理论是心理学中主张情绪产生于对刺激情境或对事物的评价的理论。该理论认为情绪的产生受到环境事件、生理状况和认知过程三种因素的影响，其中认知过程是决定情绪性质的关键因素。情绪认知理论包括：阿诺德的"评定—兴奋"说、沙赫特和辛格的情绪唤醒理论以及拉扎勒斯的认知—评价理论。

美国心理学家阿诺德（M.R.Arnold）在20世纪50年代提出了情绪的认知评定—兴奋学说。该理论认为，刺激情境并不直接决定情绪的性质，从刺激出现到情绪的产生，要经过对刺激的估量和评价（情绪产生的基本过程是刺激情境—评估—情绪）。同一刺激情境，由于对它的评估不同，就会产生不同的情绪反应。评估的结果可能认为对个体"有利""有害"或"无关"。如果"有利"，就会引起肯定的情绪体验，并企图接近刺激物；如果"有害"，就会引起否定的情绪体验，并企图躲避刺激物；如果"无关"，人们就予以忽视。他认为，情绪的产生是大脑皮层和皮下组织协同活动的结果，大脑皮层的兴奋是情绪行为的最重要的条件。当外界刺激情境作用于感受器时，神经冲动产生并通过内导神经传至丘脑，更换神经元之后，再送到大脑皮层对之进行评估，随即形成一种相应的情绪。

美国心理学家沙赫特（S.Schachter）和辛格（J.Singer）在20世纪60年代提出情绪唤醒理论，认为情绪产生取决于两个因素：生理唤醒和认知因素，而认知因素又包括对生理唤醒的认知解释和对环境刺激的认识。事实上，情绪状态是认知过程（期望）、生理状态和环境因素在大脑皮层中整合的结果。环境中的刺激因素，通过感受器向大脑皮层输入外界信息；生理因素通过内部器官、骨骼肌的活动，向大脑输入生理状态变化的信息；认知过程是对过去经验的回忆和对当前情境的评估。来自这三个方面的信息经过大脑皮层的整合作用，才产生了某种情绪体验。其中，认知因素是决定情绪状态的最主要因素。

美国心理学家拉扎勒斯（R.S.Lazarus）将阿诺德的"认知评定—兴奋说"进一步发展为"认知—评价理论"。该理论认为，情绪是人与环境相互作用的产物，是个体对环境事件知觉为有害或有益的反应。在情绪活动中，人不仅接受环境中的刺激事件对自己的影响，同时要调节自己对刺激的反应。情绪活动必须有认知活动的指导，只有这样，人们才可以了解环境中刺激事件的意义，才可能选择适当的、有价值的动作组合，即动作反应。换言之，个体在情绪活动中需要对刺激事件与自身的关系不断进行评价——初评价、次评价和再评价。初评价是指人确认刺激事件与自己是否有利害关系，以及这种关系的程度。次评价是指人对自己反应行为的调节和控制，它主要涉及人们能否控制刺激事件，以及控制的程度，也就是一种控制判断。再评价是指人对自己的情绪和行为反应的有效性和适宜性的评价，实际上是一种反馈性行为。

3.
如何合理调控情绪

（1）保持积极情绪的重要性

情绪与人的身心健康关系密切。情绪的产生经常伴随着机体的一系列生理变化，因而情绪既是人致病的因素，也有治病的作用，这是因为积极的情绪有利于保持身心健康，而消极的情绪则会损害身心健康。

大量研究成果表明，愉快、欢乐、适度平静的情绪状态能使中枢神经活动处于最佳状态，保证体内系统活动的协调一致，充分发挥机体的潜能，使机体的免疫系统和体内化学物质处于平衡状态，增强对疾病的抵抗力，提高脑力劳动和体力劳动的效果。美国心理学家、积极心理学之父马丁塞里格曼（Martin. E.P.Seligman）将积极情绪列为人类幸福的五大支柱之一。弗雷德里克森（Barbara Fredrickson）提出了积极情绪的扩展建构理论，对积极情绪的重要价值进行了系统研究，结果发现，与消极情绪相比，积极情绪更能扩展人们的想法，打开人们对于常规之外更广泛的思想和行为的意识。处于积极情绪状态下的个体思维更开阔、记忆力更好、语言表达更流畅、更善于接受、更富有创造性、有更好的解决问题的能力。积极情绪还有助于个体发现和建构新的技能、新的关系、新的知识和新的生存方式。反之，过度紧张、焦虑、悲伤或愤怒等消极情绪对人身心健康十分有害，甚至可以危及人的生命。如果一个人长期处于消极的情绪状态之中，久而久之，就会导致心理失衡，甚至诱发心理疾病或是生理疾病。例如，人在极度愤怒时，交感神经兴奋，心跳加快，血压升高，会导致高血压、冠心病病人的病情加重，甚至死亡。大量研究表明，长期处于消极情绪状态下的个体极易出现心血管系统、消化系统、泌尿系统、呼吸系统、内分泌系统的病变。还有研究表明，神经官能症、溃疡病以及哮喘病也都与情绪的波动有一定关系。

（2）消极情绪的进化意义

消极情绪并不是一无是处的，它在人类进化的过程中同样具有重要的进化意义。如我们常见的恐惧，这是一个极其重要的消极情绪，人之所以会出现恐惧的心理，是因为环境中出现了使我们感到危险即将降临的东西，或是来了一只老虎，或是前面出现了万丈深渊。此时我们立即喉咙发紧，全身僵硬，继而两股战战，几欲逃跑。由此可见，恐惧心理能够帮助我们很好地识别（感知）周围的威胁，并在真正的危险来临时，让我们或战或逃，从而保住性命。其他的消极情绪，诸如伤心、厌恶、愤怒、焦虑等，它们各有其重要的进化意义，如表4-1所示。

综上所述，消极情绪不单单是坏的，它除了会带来身体上的一系列压力及改变外，也会促使我们做出积极的响应，从而帮助我们应对风险、应对恶劣环境。太多的积极情绪容易导致过于冒险的行为，让我们忽视掉即将到来的风险，而当坏事发生时，只有产生消极情绪才是正常的，我们不能与人类的本能相对抗。换言之，消极情绪可以使我们生存下来，而积极情绪则可以让我们活得更好！

表4-1　消极情绪的进化意义

消极情绪	行为倾向	进化意义
恐惧	促使你逃跑	逃离危险：安全
愤怒	促使你攻击或示威	提醒你受到侵犯：保护自己及亲属
悲伤	促使你关注失去	提醒你可能有重大失去
厌恶	促使你远离	远离有害、伤害、恶劣的事物
焦虑	促使你集中注意力，应对危险	警告你危险就在身边或不远的未来

（3）如何做好情绪管理

情绪管理是指用心理学的科学方法有意识地调适、缓解、激发情绪，以保持适当的情绪体验与行为反应，避免或缓解不当情绪与行为反应的实践活动。情绪管理并不是要去除或压制情绪，而是在觉察情绪后，调整情绪的表达方式。有心理学家认为，情绪调节是个体管理和改变自己或他人情绪的过程，在这个过程中，个体通过一定的策略和机制，使自身情绪在生理活动、主观体验、表情行为等方面发生一定的变化。换言之，情绪虽然有积极和消极之分，但真正的关键并不在于情绪本身，而在于情绪的表达方式，以适当的方式在适当的情境表达适当的情绪，就是健康的情绪管理之道。管理情绪需做到以下三点。

第一，体察自己的情绪。时时提醒自己注意自己的情绪。例如，当你因为朋友约会迟到而对他冷言冷语时，你应该反思自己为什么会这么做，如果你察觉你已对朋友三番两次的迟到感到生气，你就可以对自己的生气做更好的处理。有许多人认为人不应该有情绪，所以不肯承认自己有负面情绪，但是人一定会有情绪，压抑情绪反而会带来更坏的结果。学会体察自己的情绪，接纳自己的情绪，是情绪管理的第一步。

第二，适当表达自己的情绪。再以朋友约会迟到的例子分析，你之所以生气可能是因为他让你担心，在这种情况下，你可以婉转地告诉他："你过了约定的时间还没到，我好担心你在路上发生意外。"试着把"我好担心"的感觉传达给他，让他了解他的迟到会带给你什么感受。如果你指责他："每次约会都迟到，你为什么都不考虑我的感觉？"你的表达就是不适当的。当你指责对方时，也会引起他负面的情绪，他会因此变成一只刺猬，忙着防御外来的攻击，没有办法站在你的立场为你着想。他的反应可能是："路上堵车嘛！有什么办法，你以为我不想准时吗？"如此一来，两人开始吵架，就无法愉快地约会了。如何适当地表达情绪，是一门艺术，需要用心体会、揣摩。更重要的是，要确实用在生活中。

第三，以适宜的方式纾解情绪。纾解情绪的方法很多，有些人会痛哭一场，有些人会找三五好友诉苦一番，还有一些人会逛街、听音乐、散步或逼自己做别的事情以免想起不愉快的事。纾解情绪比较糟糕的方式是喝酒、飙车，甚至自杀。需要指出的是，纾解情绪的目的在于给自己一个厘清想法的机会，让自己好过一点，也让自己更有能量去面对未来。如果纾解情绪的方式只是暂时逃避痛苦，而后需承受更多的痛苦，这便不是一个适宜的方式。有了不舒服的感觉，要勇敢地面对，仔细想想生气的原因、解决问题的办法、排解情绪的后果等。只有选择适合自己且能有效纾解情绪的方式，个体才能够有效控制情绪，而不是为情绪所控制。

（4）不良情绪的调控方法

1）心理暗示法

从心理学角度讲，心理暗示法就是个人通过语言、形象、想象等方式，对自身施加影响的心理过程。这个概念最初由法国医师库埃于1920年提出，他的名言是"我每天在各方面都变得越来越好"。自我暗示分消极自我暗示与积极自我暗示。积极自我暗示，会在不知不觉之中对自己的意志、心理，以至生理状态产生积极影响，而积极的自我暗示会令我们保持好的心情、乐观的情绪、自信心，从而调动我们的内在因素，发挥主观能动性。心理学上所讲的"皮格马利翁效应"也称期望效应，讲的就是积极的自我暗示。而消极的自我暗示会强化个性中的弱点，唤醒我们潜藏在心灵深处的自卑、怯懦、嫉妒等，从而影响我们，产生负面的情绪。

与此同时，我们可以利用语言的指导和暗示作用，来调适和放松心理的紧张状态，使不良情绪得到缓解。心理学实验表明，当个人静坐时，默默地说"勃然大怒""暴跳如雷""气死我了"等语句时心跳会加剧，呼吸也会加快，仿佛真的发起怒来。相反，如果默念"喜笑颜开""兴高采烈""把人乐坏了"之类的语句，那么他的心里面也会产生一种乐滋滋的体验。由此可见，言语活动既能唤起人们愉快的体验，也能唤起人们不愉快的体验；既能引起人的某种情绪反应，也能抑制人的某种情绪反应。因此，当我们在生活中遇到情绪问题时，应当充分利用语言的作用，用内部语言或书面语言对自身进行暗示，缓解不良情绪，保持心理平衡。如默想或用笔在纸上写出下列词语："冷静""三思而后行""制怒""镇定"等。实践证明，这种暗示对人的不良情绪和行为有奇妙的影响和调控作用，既可以松弛过分紧张的情绪，又可用来激励自己。

2）注意力转移法

注意力转移法，就是把注意力从引起不良情绪反应的刺激情境，转移到其他事物上去或从事其他活动的自我调节方法。当出现情绪不佳的情况时，要把注意力转移到使自己感兴趣的事情上，如外出散步、看电影、电视、读书、打球、下棋、找朋友聊天、换换环境等，这有助于使情绪平静下来，在活动中寻找到新的快乐。这种方法，一方面中止了不良刺激源的作用，防止不良情绪的泛化、蔓延；另一方面，通过参与新的活动，特别是自己感兴趣的活动，而达到增进积极的情绪体验的目的。

3）适度宣泄法

过分压抑只会使情绪困扰加重，而适度宣泄则可以把不良情绪释放出来，从而使紧张情绪得以缓解、轻松。因此，遇有不良情绪时，最简单的办法就是"宣泄"。宣泄一般是在背地里，在与知心朋友的交流中进行的。采取的形式或是用过激的言辞抨击、抱怨恼怒的对象；或是尽情地向至亲好友倾诉自己认为的不平和委屈等（一旦发泄完毕，心情也就会随之平静下来）；或是通过体育运动、劳动等方式来尽情发泄；或是到空旷的山林原野，拟定一个假目标大声喊叫，发泄胸中怨气。在采取宣泄法来调节自己的不良情绪时，必须增强自制力，不要随便发泄不满或者不愉快的情绪，要采取正确的方式，选择适当的场合和对象，以免引起意想不到的不良后果。

4）自我安慰法

当一个人遇有不幸或挫折时，为了避免精神上的痛苦或不安，可以找出一种合乎内心需要的理由来说明或辩解。如为失败找一个冠冕堂皇的理由，用以安慰自己，或寻找的理由强调自己所有的东西都是好的，以此冲淡内心的不安与痛苦。这种方法，对于帮助人们在大的挫折面前接受现实，保护自己，避免精神崩溃是很有益处的。因此，当人们遇到情绪问题时，经常用"胜败乃兵家常事""塞翁失马，焉知非福""坏事变好事"等词语来进行自我安慰，这可以使人们摆脱烦恼，缓解矛盾冲突，消除焦虑、抑郁和失望，达到自我激励、总结经验、吸取教训的目的，有助于人们保持情绪的安宁和稳定。

5）交往调节法

某些不良情绪常常是由人际关系矛盾和人际交往障碍引起的。因此，当我们遇到不顺心、不如意的事，有了烦恼时，能主动地找亲朋好友交流、谈心，比一个人独处胡思乱想、自怨自艾要好得多。因此，在情绪不稳定的时候，找合适的人谈一谈，具有缓和、抚慰、稳定情绪的作用。人际交往还有助于人们交流思想、沟通情感，增强自己战胜不良情绪的信心和勇气，能使人们更理智地去对待不良情绪。

6）情绪升华法

升华是改变不为社会所接受的动机和欲望，而使之符合社会规范和时代要求，是对消极情绪的一种高水平的宣泄，是将消极情感引导到对人、对己、对社会都有利的方向去。如一同学因失恋而痛苦万分，但他没有因此而消沉，而是把注意力转移到学习中，立志做生活的强者，证明自己的能力。

7）求助专业人士

在上述方法都失效的情况下，仍不要灰心，在有条件的情况下，去找心理医生进行咨询、倾诉，在心理医生的指导、帮助下，克服不良情绪。

第五章

意志行动
——心理健康之"父"

意志与心理健康有着内在的联系,良好的意志品质本身就是心理健康的标志。意志在维护心理健康、治疗心理疾病和提高心理健康水平中起到非常重要的作用,能够降低心灵受损频率与程度,提高自我调控效力和求助调控意识,加速心理疾病康复和促进健康人格的发展。因此,有人称意志行动为心理健康之"父"。

1. 意志与意志力

（1）什么是意志

意志是有意识的确立目的、调节和支配行动，并通过克服困难和挫折，实现预定目的的心理过程，是将内在的企图化为实际行动的驱动力。受意志支配的行动叫意志行动。它是有目的的，是能通过克服困难和挫折实现的。换言之，意志是我该如何达成我想要的事情，为了达到目标就需要将企图化为实际行动，并克服自己，坚持抵达目标为止，是人们追求某种目的和理想时所表现出来的自我克制、毅力、勇气和顽强不屈等精神。

现实生活中无论是学习、工作和生活，都不可能是一帆风顺的，或多或少都会遇到各式各样的艰难、困苦和险阻，这就需要意志对行动的支配和调节。意志对行动的支配和调节，表现在发动和制止两个不同的方面。没有意志对行动的支配和调节，没有意志给人克服困难、勇往直前的勇气和毅力，人们的目的和理想就都难以实现。而人作为精神的动物，是有意志的，意志也是人所特有的心理现象。

意志是有能量的，意志能量即意志品质，由克服自我的能力、计划能力、聚焦力、毅力、自我效能感和情绪管控所构成。意志品质表现在心理活动的自觉性（确定目标，不被动也不盲目，认识行动目标的正确性并自觉地支配行动）、果断性（善明辨是非，既不优柔寡断也不武断，适时采取决定和执行决定）、坚持性（坚强并有胆识，具备充沛的精力、良好的耐受性和坚持不懈地克服困难、永不退缩的品质）、自制性（自我调控，善于管理和控制自己情绪和行动的能力）四个方面。

意志行动有两个基本阶段：一个是准备阶段，需要在思想上确立行动目标，选择行动的方案并做出决策；另一个是执行决定阶段，需要坚定地执行既定计划，克服妨碍达到既定目标的动机和行动，不断审视计划，及时修正计划，保证目标的实现。

（2）什么是意志力

意志力是意志品质中的一个特性，又叫自制力。意志力是指人们在实现目标的过程中用来克服困难和障碍的一种情绪能量，它可以促使人们在实现目标的过程中坚持不懈地按既定步骤进行下去。简言之，意志力就是我们将自己的意愿付诸实施的力量。意志力是解决内心及时行乐与长远获益之间冲突的关键。

神经生物学家研究发现人脑的前额皮质是位于额头和眼睛后面的神经区，主要控制人体的运动，它控制我们去关注什么、想什么，甚至影响我们的感觉。前额皮质分为三个区域，分管"我要做""我不要""我想要"三种力量。前额皮质的左边区域负责"我要做"的力量，能帮助你处理枯燥、困难或充满压力的工作。右边的区域控制"我不要"的力量，能克制你的一时冲动。前额皮质中间靠下的位置，会记录你的目标和欲望，决定你"想要什么"。意志力驾驭"我要做""我不要""我想要"这三种力量。由此可见，意志力是一种抑制冲动的能力。拥有顽强的意志力是一个人最突出的优点，"我要做"和"我不要做"是自控的两种表现，而意志力的挑战就是，一方面你想要这个，另一方面你想要那个，它是两个自我的对抗。当你能意识到它存在的时候，意志力就会被唤醒，而如果没有自我意识，自控系统也就失去了它的意义。

20世纪60年代，美国斯坦福大学心理学教授沃尔特·米歇尔（Walter Mischel）设计了举世闻名的棉花糖实验。这是一个著名的意志力实验，它研究孩子们是如何学习延缓对需求的满足的。

这个实验是在斯坦福大学校园里的一间幼儿园开始的。研究人员找来数十名儿童，让他们每个人单独待在一个只有一张桌子和一把椅子的小房间里，桌子上的托盘里有这些儿童爱吃的东西——棉花糖、曲奇饼等。研究人员告诉孩子们可以马上吃掉棉花糖，若是等研究人员回来时再吃还可以再得到一颗棉花糖作为对他们的奖励。孩子们还可以随时按响桌子上的铃，研究人员听到铃声会马上返回。

对这些可爱的小孩子们而言，实验的过程颇为煎熬。有些孩子为了不去看那诱惑人的棉花糖而捂住眼睛或是背转身体不去看，还有一些孩子开始做一些小动作——用他们的小脚丫去踢桌子，有的甚至用手去打棉花糖，也有些孩子会拉拽自己的辫子。结果，大多数的孩子坚持不到三分钟就放弃了坚持。"一些孩子甚至没有按铃就直接把糖吃掉了。"沃尔特·米歇尔（Walter Mischel）回忆说，"另一些孩子盯着桌上的棉花糖，半分钟后按了铃。"大约1/3的孩子成功延迟了自己对棉花糖的欲望差不多有15分钟的时间，他们等到研究人员回来兑现了奖励。

然而，"棉花糖实验"还没有结束，20年之后，米歇尔对参加实验的一些孩子，又做了一次跟踪调查。研究发现能为得到奖励坚持忍耐更长时间的小孩通常具有更好的人生表现，如更好的学习成绩、教育成就、身体质量指标，情绪的稳定以及其他指标等。

不难看出实验过程中，这些儿童的表现各不相同，有些儿童面对诱惑无法抵御，有些儿童情绪反应强烈，坐立不安，抓耳挠腮，有些儿童却能转移注意力，静静守候，自我管控力强，最终获得奖励。但从研究的结果来看，却发现获得奖励的儿童的成功绝非偶然，让我们不得不思考儿童阶段着重培养孩子的优良意志品质对心理健康的重要性。

在实验中1/3的儿童意志的坚持性、自觉性、自制性都有所呈现，这些品质能增强儿童的抗挫折能力。其中2/3的儿童表现出抗挫折能力过低，有些儿童在经历这个过程中表现出强烈的欲望，生气、愤怒、焦虑等情绪反应，随之而来的是对棉花糖做出的行动反应，如有的儿童出现攻击行为——踢桌子、打棉花糖、揪自己的辫子，有的儿童无法忍受时间的煎熬迫不及待地按铃，有的儿童回避、无精打采、紧张烦躁，有的儿童缺乏控制力立即吃掉棉花糖，这些心理问题的出现与存在，也凸显了儿童意志力发展障碍——由挫折耐受度低所致，这样的儿童往往心理比较脆弱，意志力较差，做事不能有始有终。注意力不能太集中和长久，是缺乏意志力的一种表现，而这些心理情绪、行为问题会阻碍良好的意志品质，影响孩子一生的心理健康发展，应该引起家长的重视。

从心理学研究的角度来看，意志是一个十分复杂的高级心理机能，它的发生要晚于其他心理现象。随着意识动作的出现、言语与认知过程的发展，意志才得以显现并逐渐形成。在实验中我们能够看到孩子们自觉的行动目的在意识中形成，并与自己的动机与目的之间表现出一定的一致性，动机之间的主从关系也逐渐形成。

实验也说明，有监督的情况下，当有人制定规则，并解读规则时，部分幼儿是可以按要求执行，并接受15分钟的监督的。其实，这样的监督是一种心理上的暗示，也是一种支持，同时也是一种人为的特殊力量传导。当试验完成后能够得到及时的奖励和赞美的时候，孩子也会因为自己的坚持，在他人的考验中，磨炼了意志，收获了喜悦，从心理层面产生更大的能量和满足感，而长此以往意志力会更加坚强，也更容易坚持。可见，意志力是可以训练的。

在实验中也看到，有的孩子一看到棉花糖就随手放入嘴里，尽管他知道坚持15分钟可以得到两颗棉花糖，但现在吃掉对他而言不需要克服任何困难，轻而易举即可享用棉花糖，这不是意志行动，而支配他行动的心理过程也不是意志过程，也就无从谈及意志力。这样的孩子如不进行训练，在未来的学习、生活中也很难坚持和专注，做事易半途而废。

这个实验的经典之处就是让我们了解学习到一个人如何通过控制意志力成功抵制诱惑，转移关注点战略的三个能力：

第一，将注意力从极其渴望的物品上转移。

第二，能够控制自己的注意力，将其转移到其他事物上，不被诱惑分心。

第三，把注意力放在未来的重点目标上，如15分钟后可以得到两颗棉花糖。

有人说，目标×意志=成功。成功和失败唯一的区别就是：你是否为了这个目标全力以赴的坚持和付出。

通过棉花糖实验不难看到，几乎在所有的生活领域中，能够主宰自己行为并能延迟享受的能力都被视为取得成功的关键因素，这就是意志力的价值与魅力所在，它能够让人得到最大的心理和现实的满足，并为之继续努力。

2.
意志与心理健康的关系

心理健康是指个人学习、生活、工作、情绪情感等方面在适应上所表现的和谐状态，通常包括健全的心理素质、良好的心理状态和良好的社会适应能力等方面。心理健康的指标有：智力正常、情绪健康、意志健全、自我意识正确、人格统一、人际关系和谐、社会适应能力强。从心理健康的定义不难看出，良好的意志品质本身就是心理健康的重要标志之一。因为健全心理素质不能缺少意志的自觉性、果断性、坚持性、自制性，如果离开正常的意志状态，心理活动就不可能处在一个正常状态，而良好的社会适应能力则需要建立在一定的认知水准上，它能自觉而准确的认识客观世界及平衡相互关系，并善于驾驭控制自己的自制力，从而达到并促进心理健康的和谐状态。

（1）意志对心理健康的影响

人类是有意识的，人类的意志品质是具有个体差异性的。而意志水平的高低又影响着一个人心理健康受伤的频率和程度。相对于意志水平对心理健康的影响，我们更希望每个人都能做一个意志水平较高的人。意志水平较高的人心理的免疫能力较强，他们面对挫折和变化时能够自我调控，采取幽默、替代、合理化、升华等的防御机制来尽快适应所在的环境，使其情绪和行为得到有效的调节和控制，也不易受伤，更能够把控自己的生活状态。而意志水平较低的人，心理免疫力差，无法及时觉察心理变化，面对挫折和变化时他们往往会采取逃避、退缩、压抑、投射、攻击、隔离等消极的心理防御机制应付挫折和压力，他们会表现出更多的软弱、胆怯、害怕，他们的耐受力低、坚持性差，他们易神经过敏、易受刺激，对很小的问题都会做出强烈的反应。他们面对问题，自我调控力差，所以比较容易受伤，痛苦也多，而又无法自我解决，往往会引发一系列的生理、心理问题。

可见，心理健康会受生理、心理、社会环境等因素的影响。世界上没有完全相同的两个人，每个人都是独一无二的，每个人也都有自身的局限，很少有人在知识、能力、意志、个性、自我意识、人际关系、社会适应等各方面都是完美无缺的，这些能力的缺失或不足，或经过努力仍无法克服的压力也会影响人的心理健康，会让人产生痛苦、焦虑、抑郁、孤独、失落、悲伤、恐惧、无望、挫折等情绪反应。而个体的认知水平和意志水平对心理健康具有一定的调控作用，认知水平可以矫正人们对自己、对事物的看法，使人了解事物发展的规律，增长人类智慧，从理智上极大地降低一个人心理受损的程度；意志水平通过意识倾向、情绪、行为方式的调控，在维护心理健康、治疗心理困扰、疾病和提高心理健康水平各方面发挥着重要的促进作用。

　　成功绝非偶然，在生活中大多数人想到成功就会想到提升意志力，提升意志力的最佳途径就是把意志力培养成一种习惯，如此意志力的使用也就成了自发意识，能克服很多心理障碍。而且如果人们在生活的某一方面增强了意志力量，它就会延伸到生活的方方面面，对促进一个人的心理健康就会有着重要的意义。

　　现代人很忙碌，没有时间成了口头禅，当"没有时间"成为我们无所作为的借口时，平庸就会伴随我们一生。如果我们总想用一块完整的时间去做一件事，使没有时间再次成为借口，那么在科技迅速发展的今天我们可能永远一事无成。

（2）意志对心理健康的作用

　　一个人之所以能够取得成功，意志与意志力的作用显而易见。意志力的产生大多需要意识的参与，而积极的自我意识形成的过程又是不断和现实抗争、不断地认识自我、超越自我的过程。现代人很多问题的产生归根结底就是"意识的淡薄"，或者是获得与保持健康的"意志力薄弱"。意识是人对环境及自我的认知能力以及认知的清晰程度、思维主体对信息进行处理后的产物。思维主体在获取处理信息时，信息会发生种种变化，与我们常说的"知"相当。而这个意识只要启动，就会变为意志的一部分，会激活"我要去做的想法"。意志力被唤醒，人们便会采取行动去履行这种意识，即"行"。在这里意志力与我们常说的"行"相当。爱尔斯金在接下来的时间里每日五分钟的坚持，体现了意志与"意志力"有机的结合。

　　由此可见，意志是保持和促进心理健康的基础与必要条件之一，而良好的身心健康需要拥有良好的意志力品质。随着人类文明的发展和社会的进步，人类开始重视生命、生活质量的提升，更加关注心理需求，提倡心理健康。重视身心健康已成为人类重大的需求，高质量的生命需要健康的维护与促进，对于健康的理解，美利坚大学提出完美健康的五要素，即身体、情绪、智力、精神和社交等五个方面的健康（其中意志品质包含在精神健康之中，而精神健康属于一种心理上的健康）。

　　身体健康不仅指无病，而且包括良好的体能。后者是一种满足生活需要和有足够的能量完成各种活动任务的能力。而这一切的完成都需要意志的参与和意志力的促进。体能好，就可以预防疾病，增进健康，能使人完成各项学习和工作、生活等任务，从而提高生命质量。而坚强的意志又能够帮助我们拥有阳光心态，使我们战胜心理疾病，保障身体发挥最好的状态。健康的身体离不开坚强的意志，坚强的意志对心理健康和身体的健康均有促进作用。

　　情绪涉及对自己的感受和对他人的感受。情绪的稳定性是心理健康的主要标志，是指个体应对日常生活中人际关系和环境压力的能力。通常一个人的压力超过自身承载的负荷时，比较容易出现情绪不稳定，即急躁、易怒、发脾气，人际交流退缩、情绪低落、哭泣、内疚等。这时如果能够给予及时的调节，保持一个良好的心态，情绪就会变得稳定起来。大量的研究证明情绪可通过认知（意识）来调节与控制。因此，要控制自己的情绪，首先要有"情绪是能控制的"这个意识，然后改变对事物（情）的认知（意识），最终使情绪达到理想化的状态。如果一个人认为情绪是可怕的，不可控的，在他人的鼓励下去调节情绪，而不是自己有意识的调节情绪或改变情绪，这就与意志力没有太大的关系，这样的控制情绪也无法磨炼意志，也无法促进心理健康。情绪情感会影响意志行为。积极的情绪、情感是意志行动的动力，消极的情绪情感是意志行为的阻力。意志对情绪情感有调节控制的作用，意志坚强的人可以控制与克服消极的情绪干扰，可以使得意志行动坚持到底。相反，一个意志薄弱的人比较容易受到外界及不良情绪的干扰，变得更加消沉无力，常常使得意志行动无法持之以恒。

　　一个人如果过分压抑情绪或让情绪更加糟糕，而不去改变，也会消耗意志力。只有破除过去不好的习惯，形成好习惯，意志力才能发挥积极作用，对心理健康才会产生促进作用。但是，这个过程又涉及改变与坚持，在寻求心理健康、控制情绪的过程中，"健康意识"和"意志力"是心理健康的保证，若要获得并维持心理健康就必须树立起"健康意识"，然后通过"意志力"去实现，并在过程中增强"意志力"。

智力健康是指在长期的学习和生活中，大脑始终保持活跃状态。智力健康是从事一切活动的基本心理条件，是人与环境保持平衡、协调一致的保证，是人们成才的前提，是心理健康的首要标志。人与人会有智力差别，韦氏成人智商（IQ）测评，多数人的智商在79以上，智商小于69就可称为智力缺陷，70-79为临界状态，80-89为迟钝，90-109为平常，110-119为聪明，120-129为优秀，130以上为非常优秀。IQ也是相对的，而非绝对的。保持大脑活跃的方法很多，其中努力学习和勤于思考会使其有一种成就感和满足感。智力会提高个体对社会的适应能力、生活满意度和主观幸福感，而智力健康是促进个体心理健康的重要资源，是一种促进心理健康的能力。

精神健康属于一种心理上的健康，它包括了一个人的人生观、世界观、意志品质、精神情感等。精神健康又是心理健康的扩展与深化，是心理健康的灵魂所在，是整个身心参与的过程，是人们追求更高层次需求的满足。随着人类物质水平的提高，人类对精神健康的需求也越来越高，而精神的健康又会进一步促进心理的成熟与发展。

社交健康指形成与保持和谐人际关系的能力，此能力使人在交往中有自信感和安全感。与人友好相处，也会少生烦恼，心情舒畅。心理健康会促进人际的互动，良好的人际互动可以促进情绪的愉悦，情绪的愉悦会给人带来心理上极大的满足，对人的心理健康具有促进作用。

从健康的五要素看到的是健康的身体离不开坚强的意志，拥有坚强的意志能够保持身体状态发挥最好的功能，身体出现问题就会导致情绪的不健康，情绪的不健康就会阻碍智力的发挥，影响思维判断，而保持心理状态的长期稳定和平衡，需要坚强的意志。分析以上五个方面的健康可以发现这五要素紧密联系，相互作用，彼此促进，只有当人体的每一健康要素平衡地发展，才能称得上处于完美状态，才能真正健康和幸福的生活，去开创体验、获得心理的力量，享受美好人生。

综上所述，意志品质参与并影响着人的认知、情绪和性格等心理活动，意志品质不仅是心理过程，也是个性特征。意志品质的形成与人的先天素质、受教育程度、社会道德风尚等的影响是分不开的，培养良好的意志品质对于健全心理素质、提高生活质量、促进心理健康具有重要的意义。意志与心理健康是相互联系的有机整体，是保持心理健康和促进成功的基础及必要条件。

3.
如何培养良好的意志力

一个孩子考上中学后会期待自己考个好高中，考上高中后就会设定考一个好大学的目标，当顺利完成学业后，则希望找到一份好工作养家糊口，实现自己的人生价值。为了达成这些目标，就需要明确自己做什么，如需要天天去上学，不断地学习、写作业、练习、训练自己思考问题、解决问题的能力，上课专心；需要保持健康的身体，为了实现目标需要持之以恒地努力下去；需要在此期间合理规划玩耍娱乐的时间，少看电视、少上网打游戏，上课少分心和走神。面对诱惑你需要意志力坚持下去，需要一次次地战胜自己，让与目标有关的行为变得习惯化、自动化。如一个想减肥的人和一个想戒烟的人，他们往往反复去计划，却总是半途而废，无法实现。人类天生就有趋乐避苦的天性，这期间会出现两难的议题，我们很清楚地知道，并不是所有的事情都能按照我们所想的那样都能办到，很多时候我们的动机大过我们的意志，大多数人思考得多做得少。简言之，人们拥有的一些目标往往多于意志力实现的程度。

心理学的科学研究表明，坚强的意志与学业成绩及个人事业成就之间密切相关，意志是在人生道路上最能体现个人主观能动性的因素，对学习、生活、体育锻炼以及事业起定向、动力作用，对人的一生有着重大影响。

一个心理健康的人一定具备相应的品质。人的意志品质不是与生俱来的，而是在实践活动中，在克服困难的过程中逐渐形成的。这也就是说，意志力是可以训练和培养的。培养良好的意志力，对更好地促进人的心理健康非常重要。

冰冻三尺非一日之寒。良好的意志力培养需要一些时间和耐力。强大意志力的关键是聚焦，就是将注意力集中在某一点上。此外，为了能够更长久地坚持下去，将新的行为方式自动化以及培养新习惯的能力，同样十分重要。下面介绍如何培养意志力，帮助大家在日常生活中轻松的训练，促进心理健康，让你的生活工作更加美好。

（1）五分钟呼吸冥想法

选择舒适的位置，或坐或躺都可以。选择舒适的位置安静地坐在椅子上（或盘腿坐在垫子上或躺在床上），双脚打开与肩同宽，脊背挺直，双手自然地放在双侧的膝盖上（或身体的两侧）。

采用腹式呼吸法。慢慢地闭上眼睛（也可以选择睁着眼睛盯着某处看），开始关注呼吸，用鼻子吸气再由嘴巴吐气，吸气时在脑海中默念"吸"，呼气时在脑海中默念"呼"。期间，或许你会反复走神，不要紧，请重新将注意力拉回来集中在你的呼吸上即可。

感受呼吸。几分钟后，你就可以不再默念"呼""吸"了。试着将注意力专注到呼吸本身，你会注意到空气从鼻子和嘴巴进入和呼出的感觉，感觉到吸气时胸腹部的扩张和呼气时胸腹部的收缩。同时，你也开始发现，不再注意"呼"和"吸"后，你更容易走神，更容易被外在环境中的响声或思想带走，这个时候，请你像之前一样，发现自己在想其他事情的时候，再一次重新将注意力集中在呼吸上。如果你觉得很难重新集中注意力，就在心里多念几遍"呼""吸"。这部分的训练能锻炼你的自我意识和自控力。

放慢呼吸，实现自我监控。将呼吸调慢，每次吸气4秒，吸到最低时，停1~2秒；每次呼气4秒，将嘴巴微微张开，均匀而舒缓地慢慢吐气。重复5~10次，整个呼吸控制在每分钟4~6次为佳。如果在呼吸过程中感到轻微头晕，请改变呼吸的长度和深度。

在上面的冥想训练中，目标就是专注呼吸。在整个呼吸的过程中，大多数人不断偏离目标，又不断地把注意力收回来，而当你在走神的时候能意识到这点，再拉回来，这就是自控力的一个过程。

冥想的过程是让你不要太分心，不要忘了最初的目标，如果你在冥想时没有办法集中注意力，也不必担心，你只要多做这个练习，将注意力重新集中到呼吸上即可。

安静地坐好，将让你学会不再屈服于大脑和身体产生的冲动，注意你呼吸的反复训练会让你的前额皮质开启高速模式，让大脑中处理压力和冲动的区域更加稳定。

感受呼吸，让你弄清楚自己是怎么走神的，这部分训练是锻炼你的自我意识和自控力。

建议大家在刚开始训练的时候根据步骤可以从1~3分钟开始训练，逐渐将呼吸的频率降低到每分钟4~6次（个体有差异，如果无法做到每分钟呼吸4~6次，也没关系，一般情况下，当呼吸频率下降到每分钟12次以下时，心率的变异度就会稳步提升），即每次呼吸用10~15秒的时间。降低呼吸频率，即放慢呼吸，这有助于激活一个人的前额皮质，提高心率的变异度。心理变异度是反映压力状态下和平静状态下不同的身体状态。心率升高，心率变异度会降低；心率降低，心率变异度会升高。研究发现心率变异度高的人能够更好地集中注意力，避免及时行乐的想法，更好地应对压力，在困难面前更不容易放弃。心率变异度能够很好地反映意志力的程度，有助于身心从压力状态调整到自控状态。坚持这个练习能增加抗压性，帮助个体做好意志力储备。每天练五分钟就可以，养成习惯后，可以提升至每天10~15分钟，当然你不必强求自己，如果觉得很有负担，那就继续保持五分钟训练即可。你也可以在除了饭后半小时内的任何时候、任何地点、做任何事情的时候练习，只需要有意识地对当下保持觉察，不去评判或执着于当下。聚焦在呼吸这个念头上如果你发现自己正在同时做着两件事情，停下来，返回去做一件事。

冥想训练也是提高意志力的生理基础，它可以有效促进心理健康。当你面临意志力挑战的时候，可以尝试这种简单的办法。心理学工作者常常会在咨询中应用呼吸训练应对来访者的压力处境，提供大脑及全身细胞足够的氧气，改善注意力、专注力，让其心更安静。这样有助于他的精神放松，缓解其焦虑、恐惧、抑郁，改善其烦躁、失眠、心悸、头痛、背痛、全身酸痛、紧张、胸闷、呼吸急促等。放慢呼吸的训练让他控制自己的身心，及时稳定情绪，提升情绪管理的能力，提升自信与自我保健的能力，提升抗挫折的能力，找到直面困难的勇气，从而进行更有效的学习和生活。

（2）确立目标，制订计划

在成长过程中，需要拥有一个坚定、真实的目标。如果没有，那么从现在开始，可以有针对性地使用自己的意志，为自己的人生制定一个目标。这个目标的制定需要评估自己的能力，将其确定在自己的能力范围之内。然后将这个目标分解成简短的、简单的和可具体操作（如将整个目标分成一个个小步骤去完成，明确每个步骤实施的方式）的计划。通常一个好的计划是需要建立在一个好的目标基础上的。这里值得注意的是，要区分目标的制定是一次性的目标，还是良好的愿景。一次性目标是指有针对性地将意志力投入可以一次性实现的事情上。例如，考大学、读研究生、考博士，成为科学家，取得世界游泳冠军，等等。一次性目标具有追求个人价值的成分，只要付出长期不懈的努力，就能取得成功。而良好的愿景是需要长久维持的一种生活方式。如果让一个人一生始终保持健康的生活习惯是一件非常困难的事，很多人都会失败。原因是他将需要每天维持的好习惯当成一次新目标来对待，很多时候他能够到达目标却没有办法好好维持，最终使一切恢复原状。如有人希望自己能身体健康，从今天开始每天运动一小时，每天吃一个苹果，每天晚上十点半睡觉，这都是良好的愿望不是目标。他需要长期坚持，使这些成为生活的一部分，才能达到实现良好愿景的效果。成功实现一个良好的意愿需要努力保持成功的成果，这比实现一次性的目标更难，因为其需要永久性地改变生活方式。所以在生活中，我们会发现很多人没有办法完成目标，是因为他们的目标出现了问题。确立目标并制定一个切合实际的计划是实现目标的第一步，对心理健康的促进会有很大的提升。

（3）提升注意力控制

科学实验研究表明，人类的注意力是有限的，一个人不能在同一时间内做很多事情，这样无法做到专注，会影响其处理问题的效果，削弱其意志力，让问题停滞不前，从而影响他的心理健康状态。

学习探索自己当下的注意力，并有意识地使用注意力，可提升自己的工作和学习效率。集中注意力的艺术在于"做减法"，学习屏蔽或消除不必要的干扰，把注意力拉回到目标上，会对目标的实现起到事半功倍的作用。所以，我们在向着一个目标努力时，要时刻提醒自己在任何情况下要做到自我控制而不是让外在环境中的人或事，控制了我们的注意力。科学研究人员可以暂时关闭自己的情绪阀门，专注进行一项任务。一个登山运动员曾说，一旦登上险峻的悬崖峭壁，他所有的注意力及目光都集中在自己身边那一小块范围之内，他会小心翼翼地找到安全的支撑点进行攀登，而不会对悬崖峭壁上的风景想得太多。他懂得随时随地地控制自己的情绪和想法,在那一刻他忘记了所有的紧张和恐惧,一心想登上山峰。这是一种专注于当下的品质,能够在短时间内帮助人们完成当下的任务,而对于无法专注当下的人,可用蔡加尼克效应说明。

蔡加尼克效应指的是我们总会不停惦记着未完成的任务和未达到的目标,而当一个任务彻底结束的时候,在我们头脑中与其有关的头脑风暴也会随之停止,之后则会彻底地忘记它,这时,我们就可以把注意力完全集中到新的东西上。

作为一个社会人,生活学习工作中的事情很多,当你想集中精力完成一项任务,但是大脑却有其他任务不断涌现出来,让你无法专心于当下的时候,你不妨停下来把导致你分心的想法一一写下来,安排好顺序,并提醒自己,这件事情完成后迅速按顺序完成这些让你分心的任务。这个方法叫重新提醒原则,它能让你分心的事情有一个及时处理的解决方案。这也是蔡加尼克效应帮助我们暂时把对未完成任务的担心从脑海中排除,让我们对已有目标不轻言放弃,始终专注在自己制定的目标和有步骤地实施上。

如果你仍然无法专注于当下,对大脑中的各种意图想法和情感挥之不去,呼吸与冥想是不错的选择,冥想是基于生物学最简单最有效地提高意志力的方法之一,每天五分钟即可。冥想可以有助你唤醒身体的知觉,从而使你集中注意力,控制冲动和抵制各种诱惑,对保持你的心理健康具有不可估量的作用。

(4) 自我奖励

一个目标的制定和计划的实施需要一个过程,在这个过程中大部分人也会感到或多或少的费力和枯燥,不妨在整个计划中制定一个分阶段奖励活动,作为对自己的鼓励。可以慢慢寻找适合自己的奖励方式,也要时常回顾看这些奖励是否能让你真正感到轻松并能帮助你战胜自我,提升快乐指数,促进心理健康。在奖励自己的时候需要遵循以下三个原则:

第一,及时自我奖励。意志力也是可消耗的,需要在自愿执行的前提下尽可能及时兑现,这样的奖励与紧张劳累的行为能更好地结合起来,可以帮助你从心理上照顾好自己。如在长时间学习工作或做一件事情后,不妨奖励自己一杯咖啡,听几分钟自己喜欢的音乐,看看窗外的风景,和好友聊聊天等。

第二,让自己的奖励方式多姿多彩,不要重复一种奖励行为。例如,在劳累了一天之后,可以今天奖励自己一杯咖啡、一首音乐,明天奖励自己闭目冥想五分钟。

第三，恰当的自我满足。奖励应该符合任务强度，即奖励要符合自己的努力。如学习了半小时，就奖励自己一个手机，这是不合适的，而顺利完成高考，奖励自己一次与家人的旅游，就是非常合适的。还有一种奖励方式叫延迟满足，它可以帮助我们克服面对艰辛时的退缩及畏难情绪，让我们不断战胜自己。

（5）自动化习惯养成训练

自动化是经历反复练习而习得的，著名的神经生物学家杰拉尔德·哈瑟（Gerald Huther）认为，人们大脑中的"神经网络对经验具有依赖性"，即当我们的某种行为重复的足够多时，就会在大脑中形成新的互联。反复的练习可以使某种行为变得自动化。脑研究者格哈德·罗特（Gerhard Roth）认为，某种新的行为从出现开始，需要6~9个月的反复练习才能形成一种自动化行为。一件事情一旦形成自动化行为，就不需要费力的战胜自我了，而是会习惯地去执行，如开车去上班、下班回家、每天晚上的定时读书学习等。一些好习惯形成的自动化行为会帮助我们增强意志力，帮助我们节约自身能量，提升心理资本，促进心理健康的稳定发展。

（6）调节情绪

研究表明一个人的消极情绪会抑制意志力的发挥，因而控制好情绪也是培养良好意志力的关键。情绪调节是心理健康的保证，好情绪可以更好地促进心理健康的稳定性，所以情绪调节至关重要。调节情绪的方法有以下三种：

第一，提高自我认知度：了解自己的负面情绪来源，进行反省。

第二，学会接纳自我，接受现实：接受导致负面情绪的现实来源。

第三，改变策略：办法总比困难多，采取积极的应对策略，正确对待消极情绪，寻找摆脱困境的方法。

（7）体育锻炼

锻炼身体，可以磨炼意志力，有益身心健康。参加体育锻炼会促进人体的新陈代谢，提升身体器官和系统的功能，增强免疫力，同时有助于振奋精神，降低焦虑反应，调节情绪，陶冶情操，提高自我认识，促进人际关系的改善，增强自信心，对很多身心疾病起到治疗和辅助治疗的作用，对一个人形成良好的心理意志力品质，增进心理健康很有裨益。

意志力的培养与每个人的心理健康有密切的关系。目前国家大力倡导从幼儿开始培养意志力，让每一个孩子都能健康的成长和发展，而这也是大多数教师和家长的期望，也是社会发展的需要。重视意志力的培养是这个时代的要求，也是提升个体幸福心理健康的一项指标。由此可见，坚强的意志是心理素质的核心，良好的心理素质是实现个人全面发展的基石。人的成就在很大程度上取决于这种意志，心理健康的人意志坚强，能够坚决、勇敢、主动地去克服困难和障碍，从而实现预定目标。这种意志能够使人长期专注和控制行动去完成艰巨的任务。所以说，只有具备了优良的意志品质，个人才能在坚实稳固的基础之上得以全面发展，成长为一个坚定的、有责任担当的人。

第六章

健全人格
——心理健康的代名词

谈及心理学，它似乎总是蒙着一层神秘的面纱，如若再谈及人格，更是给大家一种深不可测的感觉。生活中我们接触到各式各样的人，有的人性情温和，有的人莽撞冲动；有的人自私自利，有的人大公无私；有的人谨小慎微，有的人粗犷豪放。这些不同的性格特征其实都是人格差异的表现。人格影响心理健康，心理健康反映一个人的人格。健全人格对心理健康大有裨益，一个人如果人格缺失，就会影响自身的认知和行为；如果没有树立正确的价值观念，就容易偏离正确的方向，迷失自我。所以，健全人格有助于人们形成良好的心理健康。心理因素决定了人格，人格有问题，心理在世界观和人生价值观的基准中就属于恶性的，不被理解的，不可发展的。从一定意义上讲，健全人格就是心理健康的代名词。

1. 什么是人格

（1）什么是人格

人格"personality"一词最初起源于希腊语persona，原意为面具，演员们戴上不同的面具，体现着不同的人物性格和角色的特点。因此，人格其实体现的就是不同的个性。心理学，即研究心理现象的科学，而心理现象又可以分为心理过程和个性心理，人格探讨的就是个性心理的部分。如图6-1所示。

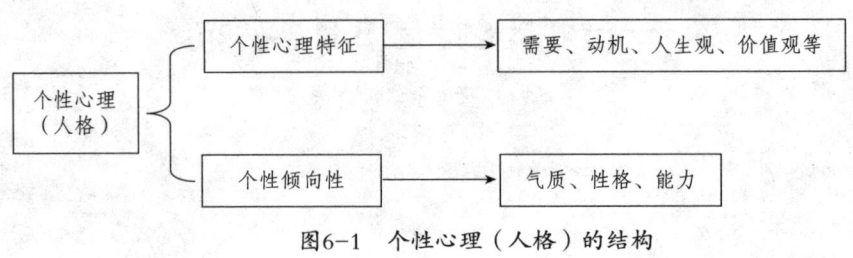

图6-1 个性心理（人格）的结构

从图6-1可以清楚地了解到人格所包含的内容，要明确人格与心理健康的关系，先要明确什么是人格。到目前为止，因为研究取向不同，所以各研究者对人格的定义也不甚相同。论通俗易懂，可以认为人格是个人在各种交互作用过程中形成的内在动力组织和相应行为模式的统一体（郭永玉，2011）。

（2）人格中的一些典型理论

1）特质理论——卡特尔的16种人格特质

说到人格的理论，不得不提到卡特尔的16种人格特质理论。介绍16种人格特质，并不在于让大家了解卡特尔的理论或者成就，而是旨在让大家更加了解自己。卡特尔划分的16种人格特质包括：

①乐群性：有的人缄默、孤独、冷漠，而有的人外向、热情、乐群。

②聪慧性：有的人思想迟钝，学识浅薄，而有的人聪明、富有才识。

③稳定性：有的人情绪激动，易受环境支配，而有的人情绪稳定而成熟。

④恃强性：有的人谦逊顺从、通融恭顺，而有的人好强固执，独立积极。

⑤兴奋性：有的人严肃审慎、冷静寡言，而有的人轻松兴奋、随遇而安。

⑥有恒性：有的人苟且敷衍，而有的人做事尽职尽责。

⑦敢为性：有的人畏怯退缩，缺乏自信心，而有的人冒险敢为，少有顾忌。

⑧敏感性：有的人理智、注重现实，而有的人敏感、感情用事。

⑨怀疑性：有的人性格随和、平易近人，而有的人刚愎自用、固执己见。

⑩幻想性：有的人现实、合乎成规、力求妥善合理，而有的人幻想、狂放不羁。

⑪世故性：有的人直率、天真，而有的人精明能干、世故。

⑫忧虑性：有的人沉着、自信，而有的人忧虑抑郁、烦恼自扰。

⑬实验性：有的人保守、尊重传统观念与行为标准，而有的人自由、批评激进、不拘泥于现实。

⑭独立性：有的人依赖、随群附众，而有的人自立自强、当机立断。

⑮自律性：有的人矛盾冲突、不顾大体，而有的人知己知彼、自律谨严。

⑯紧张性：有的人心平气和、闲散宁静，而有的人紧张困扰、激动挣扎。

卡特尔认为在每个人身上都具备这16种特质，只不过这些特质在每个人身上表现的程度不一样，最终让每个人的性格有了区别。

2）类型理论——A-B型人格

A-B型人格的提出与一项心脏病的研究有关，有专家发现，很多心脏病的患者在性格上有相似之处，他们总是忙碌不安、时间感紧迫。经过一段很长时间的研究，Friedman和Rosenman在1974年提出了A型性格和B型性格的概念。

A型性格的主要特征表现为个性强、有过高的抱负、固执、急躁、紧张、好冲动、行为匆忙、好胜心强、时间观念强等。相比而言，属于这种性格的人往往具备成功的潜质，但也容易患心脑血管疾病。因此，我们说A型性格并不是一种很理想的性格。

具有B型性格的人情绪心理比较稳定，社会适应性强，为人处世比较温和，生活有节奏，做事讲究方式，表现为凡事想得开、放得下，与他人的关系较协调，能面对现实，不气馁、不奢求。总体而言，这类性格的人，健康状况优于A型性格者，也比A型性格者更容易延年益寿。A-B型人格测试见表6-1。

想知道你属于哪一种性格类型吗？如果想知道，那就来做一做下面的测试吧。

表6-1 A-B型人格测试

为了考察个人属于A型还是B型性格，请在下面的数字中最能代表个人行为的数字上画圈（两端的语言描述的是极端的情况）		
我赴约的时间很随意	1 2 3 4 5 6 7 8	我从来不迟到
我不是竞争性的	1 2 3 4 5 6 7 8	我非常具有竞争性
我从不感到匆忙，即使在压力之下	1 2 3 4 5 6 7 8	我总是感到匆忙
我一段时间只做一件事	1 2 3 4 5 6 7 8	我试着同时做很多事情，总考虑接下来我将要做什么
我做事情很慢	1 2 3 4 5 6 7 8	我做事情很快（走路、吃饭也是）
我表达感觉	1 2 3 4 5 6 7 8	我"保留"感觉
我有很多兴趣爱好	1 2 3 4 5 6 7 8	我除了工作外没别的兴趣爱好
您的总分是乘以3=		
分数	性格类型	
<90	B	
90—99	B+	
100—105	A-	
106—119	A	
≥120	A+	

3）阶段理论——埃里克森人格发展理论

埃里克森认为，人的人格发展持续一生，他把人格的形成和发展过程划分为八个阶段，即婴儿期、儿童期、学龄初期、学龄期、青春期、成年早期、成年期和成熟期。这八个阶段的顺序是由遗传决定的，但是每一阶段能否顺利度过却是由环境决定的。人格发展理论为不同年龄段的教育提供了理论依据和教育内容，它也会告诉每个人，成为现在这个样子的原因、心理品质积极和消极的部分，形成的年龄段，并给予反思的依据。这部分内容我们会在第三节结合儿童教育具体地展开介绍。

（3）气质与性格

1）气质

气质类型：气质是一种典型的、稳定的心理活动的动力特征。如果一个人比较急躁，那么体现在生活中很多事情上都是如此，而不会时而急躁、时而沉稳，所以气质是稳定的。

如果A-B型人格是对立型人格理论，那气质类型便是多元类型理论的代表。气质类型学说起源于古希腊医生希波克里特的体液说。他认为人体内有四种体液，即黏液、黄胆汁、黑胆汁和血液，这四种液体在每个人体内的配比不同，所以有了不同类型的人。几百年后罗马医生盖伦进一步确定了气质类型，提出了人的四种气质类型——胆汁质、黏液质、多血质和抑郁质。

胆汁质的人反应速度快，具有较高的反应性与主动性。这类人的情感和行为动作产生得迅速而且强烈，有极明显的外部表现；这类人的性情开朗、热情、坦率，但脾气暴躁，好与人争斗；这类人的情感易于冲动，但不持久；这类人的精力旺盛，经常以极大的热情从事工作，但有时缺乏耐心；这类人的思维具有一定的灵活性，但对问题的理解具有粗枝大叶、不求甚解的倾向；这类人的意志坚强、果断勇敢，注意力稳定而集中，但难于转移；这类人的行动利落而又敏捷，说话速度快且声音洪亮。像张飞、李逵等人就是典型的胆汁质气质类型。

多血质的人行动具有很高的反应性。这类人的情感和行为动作发生得很快，变化得也快，但较为温和；这类人易于产生情感，但体验不深，善于结交朋友，容易适应新的环境；这类人的语言具有表达力和感染力，他们的姿态活泼，表情生动，有明显的外倾性特点；这类人机智灵敏，思维灵活，但常表现出对问题不求甚解；这类人的注意力与兴趣易于转移，不稳定；这类人在意志力方面缺乏忍耐性，毅力不强。王熙凤、曹操等人就是典型的多血质气质类型。

黏液质的人反应性低。这类人的情感和行为动作进行得迟缓、稳定、缺乏灵活性；这类人的情绪不易发生，也不易外露，很少产生激情，遇到不愉快的事也不动声色；这类人的注意力稳定、持久，但难于转移；这类人的思维灵活性较差，但比较细致，喜欢沉思；这类人在意志力方面具有耐性，对自己的行为有较大的自制力；这类人的态度持重，好沉默寡言，办事谨慎细致，从不鲁莽，但对新的工作较难适应，行为和情绪都会表现出内倾性，可塑性差。薛宝钗、林冲等人就是典型的黏液质气质。

抑郁质的人有较高的感受性。这类人的情感和行为动作进行得都相当缓慢、柔弱;这类人的情感容易产生,而且体验相当深刻,隐晦而不外露,易多愁善感;这类人往往富于想象,聪明且观察力敏锐,善于观察他人观察不到的细微事物,敏感性高,思维深刻;这类人在意志方面常表现出胆小怕事、优柔寡断,受到挫折后常心神不安,但对力所能及的工作会表现出坚忍的精神;这类人不善交往,较为孤僻,具有明显的内倾性。抑郁质的典型人物代表是林黛玉。

气质类型与职业选择:每个人的气质类型并不是单一的,可能是某一种典型的气质,也可能是某几种的混合。气质不决定一个人的社会价值和智商水平,但是会影响一个人的生活方式和解决问题的方式,所以某种程度上而言,气质是决定职业选择的依据之一。

胆汁质的人较适合做反应迅速、动作有力、应急性强、危险性较大、难度较高的工作。这类人可以成为出色的导游、营销员、节目主持人、外事接待人员等,但不适宜从事稳重、细致的工作。

多血质的人较适合做社交性、文艺性、多样化、要求反应敏捷且均衡的工作,而不太适应做需要细心钻研的工作。他们可从事范围广泛的职业,如外交人员、管理者、律师、运动员、新闻记者、服务员、演员等。

黏液质的人较适合做有条不紊、刻板平静、耐受性较高的工作,而不太适应从事激烈多变的工作。他们可从事的职业有外科医生、法官、管理人员、财务人员等。

抑郁质的人能够兢兢业业地干工作,适合从事持久细致的工作,如技术人员、化验员、机要秘书、保管员等,而不适合做要求反应灵敏、处事果断的工作。

2)性格

性格与气质都是人格心理特征,但是性格更偏向于表现在对现实的态度和行为方式中。性格一词来源于希腊文,原意为"雕刻",后来引申为标记、特性。对于性格,人们普遍解释为:性格是人在现实的稳定的态度和习惯化了的行为方式中所表现出来的人格心理特征[1]。

---

[1] 叶奕乾等.普通心理学[M].上海:华东师范大学出版社,2016.4(292).

性格与气质的关系十分密切。但是气质受先天因素的影响比较大，后天要想变化比较难，过程也很慢；而性格主要是在后天形成的，具有社会性。气质没有好坏之分，而性格有善恶之别。例如，有人勤劳、有人懒惰，有人真诚、有人虚伪，有人勇敢、有人怯懦，等等。

影响性格形成和发展的因素主要有内部因素和外部因素。

①内部因素。性格主要是在成长环境中逐渐养成的，但是任何的环境都不可能直接导致人形成某种性格，它受到个人主观对环境因素的"加工"和"处理"。由于性格是通过个人已有的心理发展水平和心理活动发生作用的，所以每个人都是自己性格的塑造者。

②外部因素。外部因素是一个人性格形成的主要因素，关于外部因素，主要有家庭、学校、社会这三个方面。

家庭因素：家庭教育是对人的性格形成影响最大的一个因素，家庭环境对儿童性格的形成和发展具有重要的意义。家庭中，亲子关系、家庭氛围、家庭中子女数量和出生顺序、父母的相处模式以及榜样作用等，这些因素的和谐与否都会直接影响一个人性格的形成。

学校因素：每个人在一定年龄都要走出家庭的庇护，走进学校和课堂，学校作为家庭和社会的一个过渡阶段，对人的性格的形成起到了重要的作用。在学校中，知识的学习、师生关系、同学关系等都会影响一个人性格的形成。

社会因素：社会同伴、媒体等都是儿童或青少年模仿的主要对象，会对他们的性格、兴趣、爱好、价值观等起到或积极或消极的影响。

2.
人格与心理健康的关系

人格没有完美的,它是每个人个性的体现,就像世界上没有完全相同的两片叶子一样,世界上也没有完全相同的两个人。在心理健康的十条标准中,有一条就是"能保持人格的完整与和谐"。

(1)人格与心理健康

人格与心理健康有着密不可分的关系,二者相辅相成,人格影响着心理健康,心理健康能反映出一个人的人格。众所周知,人终其一生都在做的一件事情就是认识自己,不同的阶段对认识自己会有不同的探索。下面我们分别从三个角度来探索人格与心理健康千丝万缕的联系。

1)认识自己

在古希腊的奥林匹斯山上,有一座特尔斐神殿,神殿里有一块石碑,上面写着:"人,认识你自己。"宙斯众神觉得人类没有真正认识自己,就派了怪兽斯芬克斯来到人间,她整天守在行人必经的路上,重复着让众人回答一个问题:"什么动物早上用四条腿走路,中午用两条腿走路,晚上用三条腿走路?"如果行人能够答对,她就放他过去,否则就把他吃掉。这样,一天一天过去,没有人答出这个问题来,所以众多行人都成了她的口中之物。终于有一天,一个叫俄狄浦斯的年轻人来到她面前,说出了这个神奇动物的谜底:"人。"斯芬克斯听到这个回答后就跳崖自杀了。众神希望人类能够真正认识自己,向人类提出质疑。所以在心理健康领域,经常被提到的一句话也是:"人,认识你自己。"

我们不妨来做一个小游戏:一口气写出20个"我是谁?"这是一个对自我的认识和反省的过程,大家不妨静下心来好好完成。游戏结束后可以思考一些问题:你对自己的认识停留在哪个层面?你发现自己的优点或者缺点是否能追溯到它形成的原因？如果是你认为不好的特质，你想怎样改变？

2）弗洛伊德的人格理论

在众多的人格理论中，弗洛伊德的"三我理论"有着举足轻重的地位，他将人格结构划分为了：本我、自我和超我。在正常情况下，本我、自我和超我三者是协调发展的，如果三者失调乃至被破坏，就会产生心理疾病，不利于人格的健康发展。

本我，指的是最原始的我，是一切"我"存在的心理前提和能量基础。也可以理解为天性、本能、自然思维规律等。在弗洛伊德的理论体系中，这种"本我"是追寻快乐、避免痛苦的，是无意识、无计划的。例如，婴儿饿了会哭泣、要吃奶这就是本我的反应。从本源意义的角度考虑，这和动物是没有什么本质区别的，因此通常情况下，人们往往理解"本我"为"本能"。

自我，指的是"自己"这个意识的觉醒，是人类特有的自我探寻的开始。一个婴儿刚生下来是只有"本我"而没有"自我"的，但是当他开始探寻"我是谁"这个概念的时候，他开始真正地成为一个"人"。在这个过程中，始终贯穿的便是周围环境在大脑中的不断映象，所以"自我"可以称为"在现实环境约束下的自我"。例如，当我们饿了的时候就要去花钱买东西吃而不是碰到可以吃的东西拿来就吃，这就是"自我"。因为自我意识具有"避险性"，我们意识到如果只吃东西不给钱就会被揍，而为了避免这个结果，"自我意识"就要求我们给钱，所以自我遵循的是"现实原则"。

超我，指的是道德、伦理角度的"我"。如果将本我概括为"我想要"，那么自我就是"我能要"，而超我则是"我应该要"。超我的形成是在外部环境下，尤其是在道德规范、社会取向等的影响下，作用于本我的结果。超我的特征是追求完美——一种本性得到满足，现实能够允许，自我高度赞扬的心理集合。

本我、自我与超我三者之间能否和谐发展与心理健康有着密不可分的关系，如果你偶尔也会有内心矛盾或者不平衡的时候，也有三我之间无法协调的困惑，不妨从下面三个方面进行改善：

①构建良好的家庭关系，营造健康和谐的家庭氛围，尤其是儿童家庭教育更应该注重家庭成员之间的和谐相处。

②调整自己固有的、不合理的道德观念。

③建立健康的自我防御机制。

3）保持内心的平衡——自我防御机制

心理防御机制是自我受到超我、本我和外部世界的压力时，自我发展出的一种机能，即用一定方式调解、缓和冲突对自身的威胁，使现实允许，超我接受，本我满足。常见的心理防御机制有：否定、合理化、补偿等。

否定是一种比较原始而简单的防卫机制，是逃避心理上的痛苦，或将不愉快的事件"否定"，当作它根本没有发生，来获取心理上暂时的安慰的一种机制。这种现象在日常生活中随处可见。例如，孩子打碎了杯子，有时会把眼睛蒙起来；沙漠中的鸵鸟遇到敌人逼迫而无法躲避时，会把头埋于沙堆中，当作没这回事一样，这些都是一种否定的表现。

合理化，又称文饰作用，是一个人无意识地用似乎合理的解释来为难以接受的事情辩护，以使其可以接受。这个理论有著名的两个案例，一个是酸葡萄心理。这一案例讲的是，从前有一只狐狸走进葡萄园中，看到架上长满了成熟的葡萄，它想吃，但因架子太高，跳了数次都摘不到，而无法吃到葡萄，它就说那些葡萄是酸的，它就不想吃了。其实葡萄是甜的，狐狸因吃不到，而说葡萄是酸的。生活中也有很多类似的例子。例如，没考上大学，说早工作早挣钱挺好；一个男生追求一个漂亮的女生失败了，就安慰自己说漂亮的女生都不贤惠。另一个是甜柠檬心理。此方法是指企图说服自己和别人，自己所做成的或拥有的已是最佳的抉择。上述伊索寓言里所说的那只狐狸，后来走到柠檬树旁，因肚子饿了，就摘柠檬充饥，而且边吃边说柠檬是甜的（其实柠檬的味道是酸涩的）。其实，我们在面对生活中所发生的一些不如意的事时，有时我们也会像这只狐狸一样，努力去强调事情美好的一面，以减少内心的失望和痛苦。例如，运动会上得了第二名，拿着奖品的时候说第一名的奖品还不如第二名的奖品实用，这种"塞翁失马，焉知非福""知足常乐"的心态，有时适当地运用，有助于我们接受现实。但如果过分使用，则会妨碍我们的上进心和追求生活的进步。

补偿可分为消极性的补偿与积极性的补偿。消极性的补偿，是指个体所使用来弥补缺陷的方法，对个体本身没有带来帮助，有时甚至会带来更大的伤害。例如，一个刚刚失恋的人，整日沉溺于酒精中而无法自拔；一个想减肥的人，一遇到不如意的事，就以暴饮暴食来安慰自己；一个得不到正向注意与关怀的孩子，会用调皮捣蛋的方式来获得他人的注意。积极性的补偿，运用得当，会带给我们的人生一些好的转变。积极性的补偿是指以合宜的方法来弥补其缺陷。例如，一个相貌比较平庸的女孩，可以通过学业上的勤奋和努力，而赢得别人的重视。

（2）人格障碍

1）常见的人格障碍

人格健康是心理健康的重要一环，现实生活中我们常常看到人格偏离常轨的人，或是自己痛苦万分，或是让别人痛苦万分。下面带大家了解一下人格障碍所包括的人格类型及其表现。

人格障碍包括强迫型人格、偏执型人格、依赖型人格、自恋型人格、回避型人格、表演型人格、分裂型人格、反社会型人格、冲动型人格等人格障碍。

强迫型人格

强迫型人格是很常见的人格障碍类型，典型表现是过分追求完美。强迫型人格患者总是有一种不安全感，经常会处于紧张或者焦虑状态。这类人常常思虑过多，很在意外界对自己的评价，一旦感觉别人在怀疑自己，就会觉得非常不安；这类人行为循规蹈矩、小心翼翼、害怕变通，给人刻板、僵硬的印象。

偏执型人格

偏执型人格也叫妄想型人格，是常见的人格障碍。偏执型人格常表现为感觉过度敏感，对很多琐事耿耿于怀，思想和行为都非常固执死板，容易嫉妒他人的成就。

依赖型人格

依赖型人格也叫作虚弱人格，典型表现是缺乏自信和独立，他们常常轻视自己，感觉无助无能。这种类型的人无法正确认识自己，不喜欢竞争，害怕交往，容易产生焦虑、抑郁。

表演型人格

表演型人格常给人以不成熟、幼稚的感觉，通过过分夸张的做作、行为吸引别人的注意，过分自我，常忽略别人的感受。他们的情绪变化无常，觉得别人不理解自己，好幻想、喜刺激、怕寂寞、常卖弄。

人格障碍的病因主要有生物学因素、心理发育影响、环境因素等。人格障碍常常从童年时期就已形成，可持续一生。人格障碍是很难彻底改变的，但是可以通过治疗来尽量改善，进而提高生活质量。

2）完美主义

有研究表明，神经质的完美主义与很多心理障碍和心理困扰相关。Horney（1950）指出，完美主义者认为自己在智力上和道德上的标准高于他人，因而有很强的优越感，他们为自己创造了一个非现实的固化的形象，并按照这个理想化的自我形象生活，但是当他们在生活中遇到不幸或者发现自己并不完美时，就会面临巨大的心理失衡。完美主义也是直到1980年才被美国精神病学会归为强迫性人格障碍的诊断标准之一。因此，我们应该学会辨认自己或他人的完美主义是出现了人格障碍还是只是生活中的苛求完美。

判断一个人是否是完美主义，可以参考表6-2。

表6-2 完善主义人格测试

问题	选项				
1.如果我不给自己定下最高的标准，我就会成为一个平庸的人	十分同意	有些同意	没有意见	有些不同意	十分不同意
2.如果我犯错误，别人就会小看我	十分同意	有些同意	没有意见	有些不同意	十分不同意
3.如果我不能把一件事做到最佳，我觉得根本就不要去做它	十分同意	有些同意	没有意见	有些不同意	十分不同意
4.我若犯了错误，就应该焦虑不安	十分同意	有些同意	没有意见	有些不同意	十分不同意
5.只要我足够努力，我所做的每件事都可以成功	十分同意	有些同意	没有意见	有些不同意	十分不同意
6.在别人面前显露缺点或愚蠢让我感到羞耻	十分同意	有些同意	没有意见	有些不同意	十分不同意
7.我不应该在一件事上反复犯错误	十分同意	有些同意	没有意见	有些不同意	十分不同意
8.成绩平平绝对不能让我满意	十分同意	有些同意	没有意见	有些不同意	十分不同意
9.在某些重要的事情上失败，说明我是个低人一等的人	十分同意	有些同意	没有意见	有些不同意	十分不同意
10.通过对自己的不够努力进行自责，可以使我将来做得更好	十分同意	有些同意	没有意见	有些不同意	十分不同意
计分方法	十分同意+2，有些同意+1，没有意见+0，有些不同意-1，十分不同意-2。将每题得分相加，总分越高，完美主义程度越强。				

3. 如何塑造与完善人格

人格的形成受到遗传、环境等多方因素的影响，心理学家们普遍认为人格是在遗传与环境的交互作用下逐渐形成的。如何培养健全的人格，或是成年人如何在后天逐渐完善自己的人格，是很多家长以及对自己有困惑的成年人所关心的问题，而本节我们就分别从儿童人格教育和成年人的自我调控两个角度，来探讨如何培养健全的人格。

（1）埃里克森人格发展理论与儿童人格教育

1）婴儿期（0~1.5岁）：基本信任感对不信任感

抚养者如果认为这个时期的婴儿只是一个不懂事的小宝宝，只要吃饱穿暖、不哭不闹就行，这就大错特错了。这个阶段是婴儿基本信任和不信任的心理冲突期，如果抚养者能及时并充分地爱抚婴儿，满足他们各方面的基本需求，婴儿就会对周围的人和环境产生信任感，就会感到世界和人都是可靠的。相反，如果婴儿的各种需要没有得到满足，他们就会产生不信任感和不安全感。

婴儿对人和环境的信任感是形成健康人格的基础，也是以后各个阶段发展的基础。信任会在人格中注入"希望"这一心理品质，如果一个人在人生最初阶段建立了信任感，将来在社会上就可以成为易于信赖和满足的人，敢于希望，富于理想，具有强烈的未来定向和方向感。反之，将成为不信任别人和贪得无厌的人，不敢希望，时时担忧自己的需要得不到满足。

2）儿童期（1.5~3岁）：自主感对羞怯或怀疑

儿童在这一阶段的主要发展任务是获得自主感，从而克服羞怯和怀疑。这一阶段的儿童掌握了大量的技能，如爬、走、说话等，会表现出较强的自我控制需要与倾向，他们已经不满足停留在狭小的空间内，而是渴望自主，并期望主动去探索新的世界。因此，一方面抚养者必须承担起控制儿童行为、使之养成良好的习惯的责任。例如，训练儿童大小便，使他们对肮脏的随地大小便感到羞耻；训练他们按时吃饭、节约粮食等。另一方面，抚养者也要给儿童一定的自由，让他们自己去做一些力所能及的事情。但是在这一阶段，抚养者一定要把握好尺度，绝不能听之任之、放任自流，这将不利于儿童的社会化。反之，若过分严厉，又会伤害儿童自主感和自我控制能力。

所以无论是控制儿童的不良行为，还是鼓励自我探索都要适可而止，也要用各种形式对其自主性和独立性表示认可和赞扬，以帮助他建立自信心，这样才有利于在儿童人格内部形成意志品质。也只有这样，才能使儿童既学会独立生活，又能服从一定的规则，以便将来能遵从社会秩序和法规。

3）学龄初期（3~6岁）：主动感对内疚感

在这一阶段，儿童的肌肉运动和言语能力发展很快，活动范围也进一步向外界扩展，对周围环境充满了好奇心。因此，儿童的抚养者或照顾者应为儿童提供尝试新事物的机会，鼓励他们积极行动。在这一时期如果幼儿表现出的主动探究行为得到鼓励，那么这就会形成主动性，为他将来成为一个有责任感、有创造力的人奠定了基础。如果成人讥笑幼儿的独创行为和想象力，那么幼儿就会逐渐失去自信心，这会使他们更倾向于生活在别人为他们安排好的狭窄圈子里，缺乏自己开创幸福生活的主动性。

当儿童的主动感超过内疚感时，人格中会注入"目的"的品质。一个人未来在社会中所能取得的工作上、经济上的成就，都与儿童在这一阶段主动性的发展程度有关。

4）学龄期（6~12岁）：勤奋感对自卑感

此阶段主要的发展任务是使儿童获得勤奋感、克服自卑感，是儿童体验能力的实现阶段。这一阶段的儿童都应在学校接受教育，学校是训练儿童适应社会、掌握今后生活所必需的知识和技能的地方。如果他们能顺利地完成学习课程，他们就会获得勤奋感，这会使他们在今后独立生活和承担工作任务中充满信心。反之，他们就会产生自卑感。

成人应多给儿童创造机会，让他们设定具有挑战性同时又能够完成的目标，让儿童体验"跳一跳摘桃子"，这样有助于儿童获得成功的体验和成就感，以培养儿童的勤奋意识。当儿童的勤奋感大于自卑感时，他们就会获得有"能力"的品质。许多人将来对学习和工作的态度和习惯都可溯源于本阶段的勤奋感。

5）青春期（12～18岁）：自我同一性对同一性混乱

进入青春期，青少年的心理和身体都经历着"疾风怒涛"般的变化。这种变化，先震撼了青少年自身。青少年对自身的关注变得敏感，诸如"我是谁""我想成为什么样的人"等问题几乎会引起每个青少年的思索。青少年的主要任务是建立一个新的同一感或自己在别人眼中的形象，以及他在社会集体中所占的情感位置。这一阶段的危机是角色混乱。

这种同一性的感觉也是一种不断增强的自信心，一种在过去的经历中形成的内在持续性和同一感（一个人心理上的自我）。如果这种自我感觉与一个人在他人心目中的感觉相称，很明显这将为一个人的生涯增添绚丽的色彩。

埃里克森把同一性危机理论用于解释青少年对社会不满和犯罪等社会问题上，他认为，如果一个儿童感到他所处的环境剥夺了他在未来发展中获得自我同一性的种种可能性，他将以令人吃惊的力量抵抗社会环境。在人类社会的丛林中，没有同一性的感觉，就没有自身的存在。如果青少年建立了自我同一性，会在人格中注入"忠诚"的品质。如果青少年没有形成一种积极的自我同一性，那么他们就会产生角色混乱，表现为不能选定一个正确的生活角色，不能确定自己是谁、干什么等。

青少年必须仔细思考，积累有关他们自己及社会的知识使自己拥有同一性，并借此做出种种尝试性的选择，最后致力于某一生活策略。一旦这样做了，他们就获得了一种自我的同一性，标志着这个发展阶段取得了满意的结局。

6）成年早期（18～25岁）：亲密感对孤独感

此阶段的发展任务是使青年获得亲密感，以避免孤独感，体验爱情的实现。埃里克森认为，只有具有牢固的自我同一性的青年人，才敢于承担与他人发生亲密关系的风险。因为与他人发生爱的关系，就是把自己的同一性与他人的同一性融为一体。而没有建立自我同一感的人，往往离群索居，害怕与他人过于亲密，不愿与他人交流思想和情感，从而个体就会产生孤独感。建立亲密关系有自我牺牲或损失，只有这样才能在恋爱中建立真正亲密无间的关系，从而获得亲密感，否则将会产生孤独感。这一时期的青年男女已具备能力并自愿准备去分担责任、相互信任、生儿育女等。埃里克森认为，发展亲密感对是否能满意地进入社会有重要的作用。

7）成年期（25～50岁）：繁衍感对停滞感

此阶段的发展任务主要是使成年人获得繁衍感而避免停滞感，是体验关怀的实现。当一个人顺利地度过了自我同一性时期，以后的岁月中将过上幸福充实的生活，他将生儿育女，关心后代的繁殖和养育。这里的繁殖不仅指个人的生殖力，而且包括个人的生产能力和创造能力等。本阶段的个体既要生育、抚养和指导下一代，又要不断工作以创造事物和思想，这样才能富有创造力。反之没有繁衍感的人，其人格贫乏和停滞，是一个自我关注的人，他只考虑自己的需要和利益，不关心他人（包括儿童）的需要和利益。在这一时期，人们不仅要生育孩子，同时要承担社会工作，这是一个人对下一代的关心和创造力最旺盛的时期，人们将获得关心和创造力的品质。

8）成熟期（50岁以上）：完善感对绝望感

此阶段的发展任务主要是使老年人获得完善感，避免产生失望和厌恶感，是体验智慧的实现。衰老过程中，老人的体力、心力和健康每况愈下，当老人们回顾过去时，可能怀着充实的感情与世界告别，也可能怀着绝望走向死亡。如果对自己的一生做出肯定和满意的回答，觉得一辈子活得很有价值，生活很有意义，那么他们就能够完全接受自我，获得一种完善感。反之，如果他们回顾的是一种失望和未达到目标的生活，那么他们就会产生一种绝望感，进而会恐惧死亡。

埃里克森认为，在每一个心理社会发展阶段中，解决了核心问题之后所产生的人格特质，都包括了积极与消极两方面的品质，如果各个阶段都保持向积极品质发展，就算完成了这阶段的任务，逐渐实现了健全的人格，否则就会产生心理社会危机，出现情绪障碍，形成不健全的人格。

（2）成人的自我调控

每个人的一生都在不断地完善自己的人格，那些童年或原生家庭带给我们人格的影响，有的也会在不断地自我调控中逐步完善。自我调控系统是人格中的内控系统或自控系统，由自我认识、自我体验和自我控制或自我调节三个子系统所构成，它的作用是对人格的各种成分进行调控，保持人格的完整、统一、和谐。

1）自我认识

自我认识是对自己的洞察和理解，包括自我观察和自我评价。自我观察是指对自己的感知、思维和意向等方面的觉察；自我评价是指对自己的想法、期望、行为及人格特征的判断与评估，是自我调节的重要条件。

如果一个人不能正确地认识自我，看不到自己的优点，觉得处处不如别人，就会产生自卑心理，丧失自信心，做事畏畏缩缩，止步不前。相反，如果一个人过高地估计自己，也会骄傲自大、盲目乐观自信，导致做事情失败。因此，在生活中，我们要对自己有一个合理的认识，这样才能克服一些不切实际的想法，全面的认识自己，在生活中、工作中就能寻找到适合自己的生活方式和工作内容。

2）自我体验

自我体验是伴随自我认识而产生的内心体验，是自我意识在情感上的表现，是主我对客我所持有的一种态度。如果客我满足了主我的要求，就会产生积极肯定的自我体验，即自我满足。反之，如果客我没有满足主我的要求，则会产生消极否定的自我体验，即自我责备。

例如，某人完成一项工作，结果没有取得最终的成功，但是自己认为已经尽了最大努力，发挥了该有的水平，在过程中学到了很多知识和技能，即使最终的结果没有成功，但是也产生了积极的自我体验。再如，当高考成绩公布的时候，一考生考了560分的成绩，家长对这个成绩比较满意，而考生本人可能很沮丧，认为自己没有发挥好，这就是客我没有满足主我的要求，而产生了消极的自我体验。所以我们要学会调控主我与客我的关系，而大部分情况下还是要通过调节使积极的自我体验多于消极的自我体验，这样才会使心理健康保持在正常的水平。

3）自我控制

自我控制是指个体自主调节行为，并使其与个人价值和社会期望相匹配的能力，它可以引发或制止特定的行为，如抑制冲动行为、抵制诱惑、延迟满足、制订和完成行为计划、采取适应社会情境的行为方式。自我控制是自我意识在行为上的表现，是实现自我意识调节的最后环节，包括自我检查、自我监督、自我控制等。通常我们会为了趋近某一目标做出相应的行为，可能还会压抑自己的欲望，这就反映了我们的自我调节。

生活中的很多行为都需要自我控制，往往自我控制会与很多问题行为相对应。例如，戒烟的人总是失败，也可能是当一个人产生负性情绪时，吸烟可以缓解负性情绪。虽然人们都知道吸烟有害健康，但是可能会认为戒烟会打破自己现在的生活方式，得不偿失，所以导致戒烟失败。再如，酗酒也是一种自我调节的失败，人们郁闷时会借酒消愁，高兴时会举杯畅饮，这时候饮酒反而成了一种调节情绪的方式。再如，一些冲动型消费和不合理的超前消费也是自我调节的失败，有的人穿名牌、用名牌却负债累累，这便是个体缺乏足够的力量来进行自我调节。在生活中我们可以采用以下一些方法来提高自我控制能力。

①适时补充能量。有研究表明，自控力下降和大脑前额皮脂缺乏能量有一定的关系。

②多做一些意志力的锻炼。一件小事每天坚持做下去，养成良好的习惯。

③明确动机。在感觉自己坚持不下去的时候想一想出发的原因，找到最初的动机。

④尝试改掉一些坏习惯。如睡前玩手机、熬夜等不良行为。

⑤自我强化。每达到一个目标给予自己一点物质的或精神的酬报或奖励。

⑥寻求合适的社会氛围。例如，喜欢喝酒的人想减少喝酒的行为，可以多与不喝酒的朋友在一起，而减少与喝酒朋友会面的次数。当与不喝酒的朋友在一起时就会喝一些非酒精饮料，在这种氛围中就减少了喝酒的次数。

大千世界，芸芸众生，唯有人性最为复杂。人格是怎样形成的至今为止仍是一个争论不休的话题。人格的发展受遗传、社会文化、原生家庭环境、童年经历、受教育环境、自我调控等诸多因素的影响，我们在认识自己的基础上不断地完善着自己的人格。也就是说，人格是先天与后天共同作用形成的。心理健康的人可以客观地分析自己，不会把先天的局限视为阻碍个人发展的因素，而是依旧有效地利用自己的资源、发挥长处、改善自我，努力地去认识自我、接纳自我、延伸自我、创造自我。

第七章

压力缓解
——让灵魂跟上自己的脚步

　　节奏快的城市生活、繁重劳累的工作任务、纷繁复杂的人际关系，往往会让我们感到紧张不安、身心疲乏、不堪重负，给我们带来越来越多的紧迫感、郁闷感和失落感。也许我们并不是天生的工作狂，然而迫于生活与竞争的现实压力，我们却总是无法让自己停下来。在许多人的内心中都难免产生一种恐惧：一旦自己脚步放慢，等待自己的命运可能就是被淘汰！于是这些人不停地工作、不停地应酬，换来的是身心疲惫、神情恍惚、精神空虚。所以，积极地面对压力，学会管理压力，让灵魂跟上自己的脚步，就成了现代人的必修课。

1. 压力的本质与识别

（1）压力测试

压力测试方法，如表7-1所示：

表7-1 压力测试

问题	选项			
1.我发现自己经常为很细微的事情而烦恼	不适用	偶尔适用	经常适用	最适用
2.我似乎神经过敏	不适用	偶尔适用	经常适用	最适用
3.若受到阻碍，我会感到很不耐烦	不适用	偶尔适用	经常适用	最适用
4.我对事情往往会做出过度反应	不适用	偶尔适用	经常适用	最适用
5.我发现自己很容易心烦意乱	不适用	偶尔适用	经常适用	最适用
6.我发现自己很容易受刺激	不适用	偶尔适用	经常适用	最适用
7.我感到自己长期处于高度警觉的状态	不适用	偶尔适用	经常适用	最适用
8.我感到自己很容易被触怒	不适用	偶尔适用	经常适用	最适用
9.我觉得自己消耗很多精力	不适用	偶尔适用	经常适用	最适用
10.我觉得很难让自己安静下来	不适用	偶尔适用	经常适用	最适用
11.受刺激后我感到自己很难平心静气	不适用	偶尔适用	经常适用	最适用
12.我神经紧张	不适用	偶尔适用	经常适用	最适用
13.我感到很难放松	不适用	偶尔适用	经常适用	最适用
14.我感到忐忑不安	不适用	偶尔适用	经常适用	最适用
15.我很难忍受工作时受到阻碍	不适用	偶尔适用	经常适用	最适用

续表

问题	选项
计分方法	选"不适用"计1分,"偶尔适用"计2分,"经常适用"计3分,"最适用"计4分。
得分	结果
15分以下	没有压力。
16~30分	有轻度压力,需调试自己的情绪。
31~45分	有中度压力,除自我调节外,还应当寻求心理咨询师的帮助。
46~60分	已经处于重度压力之下,建议寻求心理治疗师或精神科医生的帮助。

(2) 压力

压力一词最早是物理学中的术语,本意是指施加在物体上的力量。所以有人认为压力就是工作、压力就是学习、压力就是人际交往,仿佛压力就是一件、一件具体的事情或活动。

压力一词成为表述人类心理状态的流行语始于著名生理学家汉斯·塞利（Hans Selye）的《生活中的压力》一书,他在其中报告了自己的研究结果,阐释了人在慢性压力下的生理反应及其与疾病的关系。关于研究的部分内容及研究的一些影响,我们在下文中还会有更详细的阐述。

如今,压力一词被用来描述人们在面对工作、学习、人际关系、个人责任等的要求时所感受到的心理和精神上的紧张状态。这也成为了一个约定俗成的观点。压力一词是一个非常概括性的词语,是一个统称,要想清楚地了解压力,需要先了解它具体包括的三个概念,即压力源、压力强度和压力反应。

1) 压力源

如果压力就是一件或者一系列导致紧张的事件,那么同样一件事情,在不同的时间个人感受到的压力却完全不同。即使压力就是一件或者一系列导致紧张的事件,同样一件事情,不同的人感受到的压力也会不同。

当然,不是事件会引发压力感,它本身并不是压力。所以,我们将这些具有威胁性或伤害性,并因此带来压力感的事件或环境称为压力源。

生活中的压力源可能存在于人们自身,也可能存在于环境中。心理学家对构成压力的各种生活事件进行分析,提出了以下四种类型的压力源。

①躯体性压力源：通过对人的身体直接刺激而造成身心紧张状态的刺激物，包括物理的、化学的、生物的刺激物。如过高或过低的温度、微生物、变质食物、酸碱刺激等。

②心理性压力源：来自人们头脑中的紧张性信息，包括心理的冲突与挫折、不切实际的期望、不祥预感以及与工作责任有关的紧张等。心理性压力源与其他类型压力源的显著不同之处在于，它直接来自人们的头脑中，反映了心理方面的困难。生活中的压力事件处处可见，但为什么有的人无动于衷，有的人却耿耿于怀，区别常常源于人们内心对压力事件的认知。如果过分夸大压力事件的威胁，就会制造一种自我验证的预言：我会失败，我应付不了。长此下去，就会产生慢性压力感，而畏惧压力。

③社会性压力源：造成人们生活方式上的变化，并要求人们对其做出调整和适应的情境与事件。社会性压力源包括个人生活中的变化，也包括社会生活中的重要事件。个人生活的改变常常会给人带来压力。心理学家霍曼和瑞希编制的《生活改变与压力感量表》，列出了43种大部分人都可能经历的生活事件。由400位不同职业、阶层、身份、年龄的人对这些事件产生的压力大小打分，发现其中24个项目直接与家庭内人际关系的变化有关。人类最主要的压力源是人际关系，它是造成压力的最主要来源。

④文化性压力源：最常见的是文化性迁移，即从一种语言环境或文化背景进入另一种语言环境或文化背景中，使人面临全新的生活环境、陌生的风俗习惯和不同的生活方式，从而产生压力。若不改变原有习惯，适应新的变化，常常会出现不良的心理反应，甚至积郁成疾。例如，出国留学，如果缺乏对环境改变所应有的心理准备，没有一定的外语水平，在异国文化背景下就难以适应，无法交流，难以沟通，因此不得不中断学业或引发疾病的事例也是时有发生的。

2）压力强度

我们还会按照压力源是否单一或复杂，来介绍压力源的强度。

①一般单一性生活压力源。在日常生活中，人们会不可避免地遭遇各类生活事件，这些事件是人们在生存和发展过程中无法回避的，如入学考试、完成困难的任务以及遭遇从未经历过的恋爱、婚姻、就业、失业、亲人亡故、迁居、旅游等事情。

如果我们在某一时间段内，经历着某一种事件并努力去适应它，而且其强度不足以使我们崩溃，那么，我们称这一压力为一般单一性生活压力。

②叠加性压力源。叠加性压力源是严重的和难以应对的压力，叠加性的压力源有时会同时发生，就像我们熟知的"福无双至""祸不单行"；有时会相继出现，就像我们熟知的"屋漏偏逢连夜雨""倒起霉来喝凉水都塞牙"。有的人可能在"四面楚歌"中倒下，有的人也许刚刚进入第一组压力的衰竭阶段就又被第二组压力击垮。叠加性压力源给人们造成的危害比较大。

③破坏性压力源。破坏性的压力源又称极端压力，其中包括战争、大地震、空难、遭到攻击、被绑架、被强暴等。在实际生活中，此类压力并不罕见。早在第一次世界大战期间，心理学家就发现了所谓的"战场疲劳症"，"越战"之后，人们将这类的"战场疲劳症"纳入了"创伤后应激障碍"。

3）压力反应

在应对压力的早期，部分人群通常会出现一些细微的症状，我们会称其为压力反应。如略微的焦虑和伤感，容易生气、疲劳或紧张不安。或许我们自己也会发现身心上的变化。下面来看看人在压力下常有的症状，这些症状能帮助我们在早期识别出自己的压力来。

①认知上的反应。压力之下，我们可能会感觉难以保持聚精会神，观察能力降低，经常遗忘正在思考或谈论的事情，甚至刚进行一半就停止了。记忆范围缩小，面对非常熟悉的事物时记忆力和辨别能力下降，实际的反应速度减小，弥补的尝试又可能导致莽撞的决策。上述因素会使我们在处理和认知事物时错误百出，做出令人质疑的决策，没有能力准确地估计现存的条件，也没有能力预料未来的后果。对现实的判断缺少效率，客观公平的评判能力降低，思维模式变得混乱无章。

②情绪上的反应。压力之下，焦虑感让我们正确处理意外事件和抗拒事情的能力下降。我们可能会发现自己有时候过于戒备或是好强，甚至有故意挑起事端的倾向，可能会因为想要逃离现在的生活而感觉自己孤立无助，可能会因为一点小小的失败而抬不起头来，自责不已，可能对做好事情的信心所剩无几。

③行为上的反应。忙忙碌碌的生活不仅是压力的导火索，也是其症状之一。压力之下我们在工作上花的时间越来越多，而花在休息和自我保健上的时间却越来越少，从而渐渐使我们面容憔悴、饮食失调。在忙忙碌碌中，我们选择吃

快餐的时候更多了，含糖或者含咖啡因的饮料也喝得更多了，也许还会比以往更频繁地吸烟、喝酒、吃巧克力。这一切都说明我们自己正在设法应对压力。或许我们已经发现自己胃口大减或暴饮暴食，同时也许会发现，随着自己变得越来越不耐烦，也更加易怒和好辩。我们不耐烦的脾气又导致情绪暴躁、疏忽大意，工作及生活上的失误和意外越来越多。而这些行为对自己和他人来说都是危险的。

④生理上的反应。

生理上最先出现的就是睡眠质量下降或者睡眠失律，这让我们睡醒之后仍然觉得持续疲惫，同时这也让我们睡前焦虑不安。随着抵抗力下降，病毒在我们体内肆虐。流鼻涕、喉咙疼，使我们似乎在经历着一场永不休止的感冒。消化系统也有点靠不住了，腹泻或是便秘随之而来。或许，这时我们比以往更加容易头疼，头疼后通常还会出现颈部和背部的疼痛。上述的所有病症让我们的注意力下降，为没法完成或者处理手头上的工作而焦虑不安。压力之下我们还会有许多其他的症状，如眼皮不自主地跳动等（上述症状同样可能是其他疾病的症状，如不确定请及时就医）。

观察压力源、压力强度、压力反应，就可以帮助我们识别出自己是否处在压力中。

2. 压力与心理健康的关系

（1）压力影响心理健康的生理机制

从前，我们祖先的生活环境相当残酷。每天清晨，狮子、熊，还有其他硕大凶残的动物睡醒起来思量着的是下一餐的美食。与此同时，每天清晨，我们的祖先醒来后思量着的是如何避免落入恶兽的口中，因为他们知道自己没逃掉的话就永远别想睡了。这是我们人类最早体验到的压力。

幸好我们的祖先存活了下来，子子孙孙繁衍至今。但我们祖先的子孙，也就是我们现在这一辈，还遗传着应对压力"抵抗或者逃跑"的反应机制。现在当我们的大脑探测到压力时，其产生的反应跟我们祖先当时的反应是一样的。探测到压力后，大脑会释放出20到30种不同的应激激素到我们的血液中，这些激素会对我们产生巨大的影响，而且我们对压力的本能反应就源自这些激素。

这时我们会变得感觉敏锐、呼吸短促、心跳加快、肌肉紧绷，随时准备采取行动来应对麻烦，同时我们又会紧张流汗、焦虑不安、想要赶紧逃离麻烦。因为压力，交感神经系统超负荷工作，同时我们的身体也会自动关闭其他负责免疫、修复、消化、睡眠、性功能的神经系统，以免消耗更多的身体资源。

因此，压力会让我们紧张焦虑、心跳加快，而且它还会让我们食欲大减、难以入眠、心脏压力增大、免疫能力低下。

（2）压力影响心理健康相关研究的故事

压力状态下注入血液的应激激素是科学家所称的压力反应的一部分，如前所述，这组生理变化影响到了我们身体的许多系统，从心血管系统到神经系统。虽然这组变化的目的是为了帮我们，但我们对这组压力反应如同压力一样，更害怕，而不是更欢迎。多数人都视压力反应和压力为敌人，要尽可能地减小,然而,事实真的如此吗?

1)匈牙利内分泌专家汉斯·塞利研究的故事

压力取得了一个"坏"名声与匈牙利内分泌专家汉斯·塞利的研究有关。他选用了"压力"一词指他对小白鼠做的事情,也指小白鼠们的应对反应,压力科学就这样诞生了。塞利把他职业生涯的后半段都用来传播"压力"这个词,在全世界巡讲,教授其他科学家和医生关于压力的概念。他被视为压力的"教父",并获得10次诺贝尔奖的提名。

这项研究发生在1936年,塞利往实验室小白鼠身上注射了从奶牛卵巢里分离出来的荷尔蒙。他希望通过观察发生在这些啮齿动物身上的变化,来辨识荷尔蒙的作用。结果白鼠们染上了出血性溃疡,免疫系统的所有部分都缩小了,它们成了可怜的病老鼠。为了探究原因,塞利继续控制研究,给一些小白鼠注射了盐水,另外一些注射了从奶牛胎盘分离出来的荷尔蒙。结果两组白鼠表现出了相同的症状。他又尝试了其他的提取物,白鼠们也都生病了。最后,塞利认为白鼠们生病不是因为被注射的东西,而是注射的过程。也就是说,被针扎是让白鼠生病的原因。塞利发现,他可以通过让白鼠遭受任何不舒服的体验而制造出同样效果:将其暴露在极热或极寒的环境里,强制其运动不允许休息,用噪声不停骚扰,甚至喂食毒药,还对部分小白鼠抽取其脊髓。48小时内,白鼠们肌肉紧张,消化道溃疡,然后免疫系统失灵,甚至死亡。

在这份研究之前,塞利曾经是一名医生。那时候,他观察了许多被诊断患上了某种疾病的患者,那些患者身上还出现了其他的一些症状——没胃口、高烧、疲倦、透支,这些症状不是那种疾病的典型表现。但他们看起来却被这些虚弱拖垮了,毫无斗志。塞利将这些症状命名为"生病综合征"。几年后,塞利开始了实验室研究,染病垂死的白鼠让他想起了以前的病人,他推测那些患者大概是日积月累的生活压力让他们的身体变得虚弱。从这儿开始,塞利从老鼠实验向人类压力跨出了一大步。他猜测蔓延在人群中的许多情况,如从过敏到心脏病,就是他在老鼠身上观察得到的结果。塞利从老鼠到人类的跨越只是理论性的,不是实验性的,他毕生都在实验室研究动物。但这没有阻止他观察人类,随着他在逻辑上的跨界,塞利做了个永远改变人类对压力的思考的决定。他选择以远远超越实验室小白鼠研究的方式来定义压力。他认为,压力是身体对施加在它之上的任何要求的反应。不仅仅是对毒物注射、创伤或残忍实验条件的反应,而是对任何要求行动或调整的事物的反应。通过以这种方式定义压力,塞利为现代压力研究奠定了基础。但塞利真正带给世界的是压力有害身心健康这个理念。

汉斯·塞利留下的压力研究遗产,十分依赖实验室动物研究,而不是以人类为对象。到今天为止我们听到的压力负面影响,很多都源自对实验室老鼠的研究。虽然有足够的科学依据证明,严重或创伤性的压力会损害人类健康,但是那些老鼠经受的压力,即严重或创伤性的压力不是人类的日常压力。所以,塞利也最终认为,不是所有的压力体验都会让你着急上火,他开始讨论用良性的压力来对抗负面的压力。他认为,"压力一直都在,重要的是确保它对你和他人有用"。但遗憾的是,塞利的工作已经在大众和医疗界深深植入了压力的恐惧,如果我们也认为压力不可避免的后果就是像小白鼠那样的结局,那么我们就会担忧。

2)俄亥俄阿克伦医院创疗中心研究的故事

20世纪90年代末期,俄亥俄阿克伦医院的创疗中心做了一次非同寻常的实验。刚刚从严重汽车或摩托车事故中幸存下来的患者,在医生的要求下往杯子里排放尿液。尿液样本是创伤后应激障碍(PTSD)研究的一部分。研究人员想知道,根据创伤后立即检测到的压力荷尔蒙水平,能否预测创伤后应激障碍的产生。事故后的一个月,55名患者中有9个得了创伤后应激障碍。他们脑海里回放事故场面,还做噩梦。他们不开车,远离高速公路,或拒绝谈论发生的一切,以避免想起那场事故。另外的46个患者没有这样的痛苦。而那些更具抗挫折能力的患者,相对于患了创伤后应激障碍的患者而言,他们当时检测出的压力荷尔蒙——皮质醇和肾上腺素水平更高,而不是更低。

阿克伦创疗中心的事故幸存者项目仅仅是几个研究中的一个,还有一些研究表明,更强烈的压力反应可以预示,患者会从创伤事故中更好的恢复。事实上,预防或治疗创伤后应激障碍最有前景的新疗法之一,就是控制压力荷尔蒙的剂量。例如,《美国精神病学杂志》的一个案例报告就描述了压力荷尔蒙是如何治疗一个50岁老人的创伤后应激障碍的。他是5年前一次恐怖袭击的幸存者,每天接受10毫克皮质醇注射,连续3个月后,他的应激障碍症状降到了想到那次袭击不再变得非常痛苦的程度。同样,医生们已经开始控制那些要做有创手术的患者的压力荷尔蒙。这个举措已经证明在高风险心脏手术的患者中,可以缩短重点护理的时间，最小化手术后压力症状，提升术后6个月后的生活质量。压力荷尔蒙已经成为传统医疗手段的补充，治疗前接受一剂压力荷尔蒙，可以有效降低焦虑和恐惧。

3）斯坦福生物心理学家凯伦·帕克研究的故事

斯坦福生物心理学家凯伦·帕克研究了早期生活压力对人和松鼠猴的影响。为了给小猴子施压，她把它们和母亲分开，每天放在独立的笼子里1个小时。很明显，分离让猴子感到痛苦，但比其他动物研究的方法更人道。

当把小猴子和母亲分开时，帕克预测早期的生活压力会导致情感不稳定。但恰恰相反，压力提升了抗压能力。长大后，童年经受过压力的猴子，相较得到更多庇护的猴子，焦虑更少。它们在新环境中更愿意探索，对新东西会表现出更强的好奇心和勇气。它们能更快解决研究人员给的脑力挑战，以前受压的猴子甚至表现出更强的自控力。所有这些影响都持续到了成年。早期的生活压力把小猴子放在了不同的发展轨道上，这些小猴子的特点是好奇心更强、更坚韧，帕克的小组甚至研究了早期生活压力对这些小猴子成长中的大脑的改变，这些与母亲分离的小猴子的前额叶皮质层面积更大。尤其是，早期生活压力增强了前额叶皮质层的某个区域，该区域作用是抑制害怕反应，加强对冲动的控制，提升正向的驱动。帕克和其他科学家认为，童年压力同样可以创造更具抗压性的人类大脑。最重要的是，这是大脑适应压力的自然功能，而不是偶然现象或不正常的结果。

（3）压力与心理健康

无论何种压力源，无论压力源的强度有多大，也无论我们的压力反应是什么，压力总是会给我们带来三种类型的体验，对应着不同体验，我们又将压力进行了以下分类。

1）正性压力

正性压力是好的压力，产生于个体被激发和鼓舞的情境中。坠入爱河便是一种正性压力，邂逅电影明星或著名运动员也是一种正性压力。一般而言，属于正性压力的情境都是令人愉快的，因此，它们不被视作威胁。

我们会受到内啡肽、肾上腺素、睾丸素和多巴胺等多种激素的刺激。这些化学物质一起提升了我们的自信和力量，使我们更乐于追求目标，采取任何能激活感觉良好的行动。某些科学家称其为压力"兴奋和光明"的一面。这在跳伞者跳出飞机，以及情侣陷入爱河中时，都能观察得到。如果你观看势均力敌的比赛时有过心悸，或者在截止日期来临前匆忙赶工，你就能了解压力的正性方面了。

2）中性压力

中性压力是些不会引发后续效应的感官刺激，它们无所谓好坏。听到一则远方偏僻角落发生了地震的新闻，便属于中性压力。

3）负性压力

负性压力即不好的压力，经常被简称为压力。负性压力又可以分为两类：急性压力和慢性压力，前者来势汹汹，但会迅速消退；后者出现的时候不甚强烈，但旷日持久（如几小时、几天、几星期、几个月）。

下面是一个急性压力的例子。我们坐在一个重要考试的考场上，笔在考卷上划过，留下了胸有成竹的答案，感觉是那么的自信。突然，一道20分的大题跳到我们眼前。我们的头脑突然一片空白，想起了过往考砸的那些情景，我们心跳加速，双手颤抖，手心出汗。我们迅速集中了注意力又读了几遍题干，快速检索头脑中曾有过的经验。发现只是虚惊一场，重新整理思路，提笔作答。在几分钟之后，我们的心脏恢复了平静，手心又干燥了，威胁解除了。急性压力的强度仿佛洪水猛兽，但仅仅是短暂的一刻。

在适应这类压力的过程中，虽然付出了许多生理和心理的资源，但是只要没有崩溃，那么，承受人在经历过一次压力之后，就会提高和改善自身的适应能力。以往的许多研究证实，经历过各种压力而未被击垮的人，可以积累许多适应压力的经验，从而有利于应对未来的压力。人们的日常经验也可以证实，自幼处境困难的人，成人之后，更能吃苦耐劳，应对各种压力的能力相对较高。

也正如沃尔特·坎农所观察到的，当我们的交感神经系统启动时，或战或逃的反应模式就开始了。为了让自己更警觉，准备行动，交感神经系统会指导全身集聚能量——肝排出脂肪和糖为血液加油；呼吸加深为心脏导入更多氧气；心跳加速将氧气、脂肪和糖输送到肌肉和大脑；压力荷尔蒙，如肾上腺素和皮质醇，帮助肌肉和大脑更有效地接收和使用能量。通过这些方式，我们的压力反应使自己做好准备，应对面前存在的任何挑战。这部分压力反应会带给自己非凡的能力。有数不清的新闻报道过这类神奇现象，包括俄勒冈州两个十来岁的黎巴嫩女孩的故事，她们抬起了三千磅重的拖拉机，救出了被压在下面的父亲。虽然她们不知道怎么找到了行动的力量和勇气，但性命攸关时，身体给了她们能量。来自压力的能量，不仅仅能帮我们的身体行动，也能点燃我们的大脑，使我们的肾上腺素唤醒感觉，瞳孔放大接收更多的光，听力更加敏锐。大脑会因压力更快分析感知到的事物，不再分心，不重要的事项不予考虑。总之，压力能够集中你的注意力，使你获取周遭更多的信息。

慢性压力则不会那么强烈，但可能持久得让人无法忍受，如整个学期忍受和一个态度恶劣的室友住在一起；信用卡账单虽然每月都在付，但还是越来越厚；一个讨厌的老板，使你的工作变得比奴隶还要凄惨；生活在一个你无法忍受的城市里；与男友、女友或丈夫、妻子维持不咸不淡的关系，难以继续下去，但分开唯恐更糟。

因为身体总是要被危险不断地唤起，因此，慢性压力常常被视作痛苦的源泉，而我们常说的与疾病有关的压力也正是这种压力。虽然这种慢性的压力体验会导致我们的消极情绪的产出，但我们不是汉斯·塞利的小白鼠，那些动物遭受的慢性压力是最坏的一种，无法预测，不能掌控，完全没有意义。如我们所知，我们自己生活的压力，很少符合汉斯·塞利小白鼠的描述。即使在最痛苦的情境下，人类依然有找到希望、做出选择和创造意义的天生能力。这就是为什么在生活中，压力导致的结果通常包括勇气、成长和坚强的原因。

3. 如何缓解与释放压力

如果我们能把压力反应看作身体充满活力,并准备好应对这一压力的信号,那么我们的心脏虽然仍然在怦怦直跳,但这种跳跃其实是一种更健康的心血管系统活动方式,它实际上就和我们开心和受到鼓舞时的跳动方式相似。那些学会将压力视为有帮助的人,他们所感受到的压力反应就会极大降低,就会少了一份焦虑,多了一份自信。因此,让我们的心理更加健康的不是清除掉压力源和压力感受,而是让我们在它们面前变得更好。

尽管压力是生活的自然组成部分,但如果压力持续的时间过长、强度过大,就会成为一种对人们的危害。有一个运用于运动成就领域的耶基斯—多德森法则,可以很好地解释正性压力、负性压力以及与健康之间的关系。如图7-1所示的那样,当压力增加时,积极压力(即正性压力)会逐渐转化为消极压力(即负性压力),绩效或健康状况随之下降,生病的危险加大。

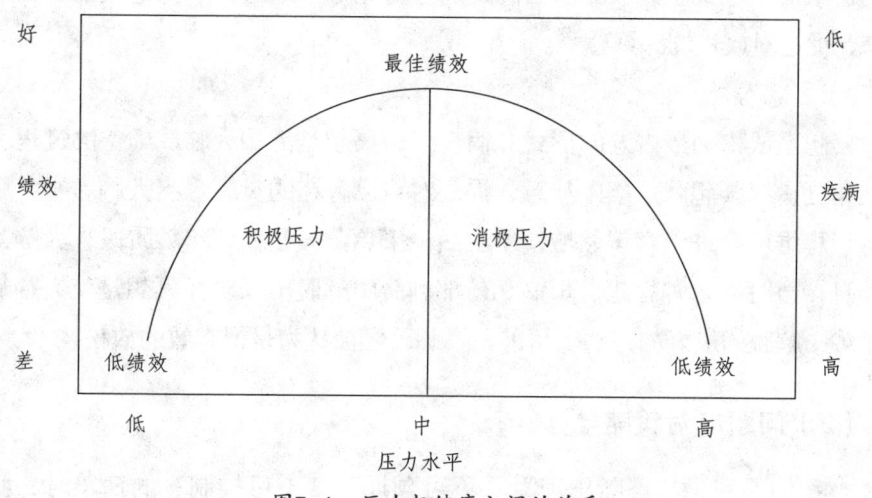

图7-1 压力与健康之间的关系

(1) 情绪应对策略

当我们的情绪震荡比较剧烈时,可以设法尝试控制自己的情绪反应,以适应这种压力情景。例如,一个哀伤的人可以听音乐分散注意力,可以散步放松,或向别人寻求情感支持。这类缓解情绪的方法有很多,我们列举以下一些最常用的方法。

1)横膈膜呼吸

横膈膜呼吸无疑是最简便的放松训练,因为呼吸是我们无须思维或犹豫的日常行为。简言之,横膈膜呼吸就是有控制的深度呼吸。当个人在重新组织思路、镇定自己或者调动能量应付挑战性任务的时候,深深地叹气或者大口呼吸是有着象征意义的。普通呼吸不同于横膈膜呼吸,它强调胸腔的扩张。然而,横膈膜呼吸还包括下腹的运动。练习瑜伽时这种技术被称为调息法,或者生命力、能量的存储,呼吸外的呼吸。

2)渐进式肌肉放松

肌肉紧张是压力的最常见症状。对压力最初的神经反应引发了肌肉兴奋,使身体准备好面对痛苦。肌肉可以通过下面三种方式收缩:向心(缩短)、离心(伸长)和等长(没有可见的长度变化)。压力引发的肌肉收缩最初表现为等长,几乎观察不到变化。但是,过一段时间后,肌肉等长收缩开始表现出缩短的迹象。渐进式肌肉放松的目的是通过对比每一个选定肌肉群收缩和放松的状态,促进对放松的深刻感受。

3)冥想

冥想是放松的最古老的形式。简言之,冥想是清扫大脑或虚空的过程。从专业角度讲,冥想就是集中注意,提高对自己存在的觉察。当大脑虚空之后,无意识思维就会进入意识领域,给生活带来启蒙。在任何年龄阶段,大脑都需要休息,暂时从各种思想、烦恼和外部刺激中解脱出来,而冥想是使大脑从感觉超载中解脱的最好的办法。目前,冥想已经被认为是很有效的放松技术。

(2) 问题应对策略

当我们遇到了"不断出现""不可预期""不可控制"的情境时,我们可以先判断一下它真的就是那样吗?有时候我们感到威胁并不意味着我们真的会有危险，心理学家认为，人或动物在他们（它们）不能控制自身的环境时，或者他们（它们）认为不能控制自身的环境时，极有可能进入压力状态。换言之，"认为不能控制"和"真的不能控制"同样能使人感到有压力。因此，当我们回答"在这种情况下我能做什么"这个问题时，如果答案是"我没有任何办法"，那么我们就可以体验到一种紧张情绪的压力。所以，问题应对策略就是尝试设法控制或改变造成心理压力的情境。

1）制订行动计划或关注下一个阶段

行动计划能够帮助我们逐步实现愿景、目标，在行动过程中做出重要的改变。与愿景、目标不同的是，行动计划是具体的，是始终关注可行性的。在行动计划中，我们可以先确定进行哪些变化，然后描述会怎样实现这些变化。研究指出，行动计划在促成变化方面至少有两方面的作用：

一方面，一个有效的行动计划需要按时间顺序列出实现这些变化需要完成的各项任务。行动计划要求清楚地说明我们希望完成的任务。当我们有特定的、具体的目标时，更容易做出明显的变化。通过把要完成的目标写下来，我们便做出了承诺。通过把目标与其他人分享，我们在完成目标的过程中会变得更有责任感。

另一方面，行动计划能够预见问题和确定资源。花时间运用新知识去解决问题往往是困难的，因此很容易又回到原先熟悉的方法中。通过预先想到可能的挑战，我们能有更好的思想准备，并建立起有效的支持系统，准备好与行动计划主题相关的资源，在需要时能够及时寻求到帮助。

2）认知重构

无论事情本身是什么样子的，人们对它的认知都可能被扭曲和放大，甚至完全背离本来面目，这被称作认知扭曲，它会将日常的小问题变为巨大的怪物。我们已从各个角度进行尝试，以对付这些"压力怪物"，包括减少或操纵感知的信息，通过各种放松技术来控制压力反应。或许应对技巧是最值得提倡的，但是最初很难运用，因为这要求顺利地改变对环境的压力知觉，而这种知觉已造成了愤怒和恐惧情绪。这种知觉的变化是通过改变认知来实现的。认知是一个包含了各种思考和推理技能的心理过程。将当前的思维架构顺利地转变为比较不具有威胁性的知觉，即从一种消极的、自我击败的态度调整到一种积极的态度，这种转变将使顺利解决问题的第一步成为可能。

认知疗法源于艾利斯，他将认知疗法称为理性情绪疗法（RET）。他的前提假设是：压力相关行为是由知觉造成的，而这种自我击败的知觉是可以改变的。所有输送至脑的信息都要经历一个解释的过程，当足够的刺激被解释成具有威胁性的时候，就会演变成大量的消极思维。艾利斯认为，一旦感知到相当数量的压力，它将减弱理性思考的能力。结果，通过以这些非理性思维为基础的心理对话，一种自我击败的态度得以日复一日、年复一年地被强化。艾利斯相信，可以通过教育和训练，使人们顺利地将消极或压力相关的知觉（非理性思维）转变为积极的态度，而这又会降低知觉的压力强度。

3）创造性的问题解决

创造性可能是一个人在抵抗压力中最有价值的应对技能之一，创造性的问题解决，就是使用创造性的能力来描述一个问题，产生想法，选择和精选解决方法，实施并评价其有效性。正如实现快乐的途径有很多种一样，对于每一个问题，都有许多解决方法。一些方法可能比另外一些更加可行、更加有效，但是很少有过只有一个解决问题的方法。可能这就是创造性的问题解决中最重要的概念。创造性解决问题的第一步就是在纸上写下一切，然后使得其他的步骤简单一些。

（3）可否同时选择两种策略

在某些情境中，这两种应对策略有互补作用，因此，同时采用这两种策略是可能的。当情绪平静下来后会使你更容易找到一种方法来解决问题。例如，当你走上讲台发表讲演之前，你做了几下深呼吸，运用情绪应对策略来减轻焦虑，使自己感觉好一些。等情绪较为平静后，你再运用问题应对策略来提高成功的可能性，如再看一遍自己准备好的补充材料，这些内容将使你的讲演更为充实，也使你更为自信。

在另一些情境中，同时使用这两种应对策略则可能会使问题更加难以解决。例如，当你必须做出抉择而又面临困难时，你体验到一种难以承受的压力。此时，有一些临时性方法也许能帮助你暂时缓解一下情绪。但是，如果你不计后果地采用了某些不恰当的问题应对策略，反而可能会使最后解决问题的难度增大。

一般情况下，如果我们遇到的压力源是"可控"的，那么采用问题应对策略将更为有效；如果我们遇到的应激源是"不可控"的，那么采用情绪应对策略将最为合适。当然，我们这里提到的三种情绪应对策略和三种问题应对策略只是应对策略中的一小部分方法。

压力并不是一个二分变量，不可用大和小来区分，我们更倾向于把压力看作一个连续的变量，是个逐渐由弱到强的过程。到目前为止，为了能够提高我们在实际生活中应对压力的能力，我们讨论的压力应对策略都是针对生活中的日常压力，无论它们有多强，也无法和实验室小白鼠曾经历的压力相比较。

但我们人类也会经历一些非常规的破坏性压力，如拷问、飞机失事、亲人逝去、自然灾害等，当事人会出现更为严重的创伤性体验，如噩梦、闪回、失眠、易怒、惊恐、悲痛、麻木、焦虑、抑郁等。当创伤性压力很严重并反复发生的时候，这些反应会留给当事人几个月或几年的情感痛苦，也会造成心理的损害。如果你或你周围的人觉得难于处理这种严重的情感痛苦，可以考虑向心理学家或其他专家寻求帮助。

第八章

社交心理
——心理健康的重要标志

　　人既有自然属性又具有社会属性,而人区别于一般动物的重要特征就是人的社会属性,这就决定了人主要是社会性动物。在社会生活中,人几乎每天都要与他人交往。人际交往是人类生存和发展的需要,是人格健全发展的必经之路,是身心健康和生活幸福的重要保障,是学习和事业成功的关键。因此,培养良好的人际交往能力是人一生发展的重要课题。人际关系犹如一张网,虽无形却作用巨大,虽隐身却常显威,没有这张网你会寸步难行,而结好这张网你会受用终身。20世纪最伟大、最成功的心灵导师和成功学大师戴尔·卡耐基曾说:"一个人事业上的成功,只有15%是因为他的专业技术,另外的85%要靠人际关系和处世的技巧。"

1. 人际关系的建立

（1）人际关系的含义和组成

1）人际关系的含义

人际关系的概念非常宽泛，有广义与狭义之分。广义上的人际关系泛指人们在社会交往过程中所形成的各种关系，如经济关系、政治关系、法律关系等。狭义上的人际关系主要指个人与个人之间通过相互交往和作用而形成的一种心理关系。本章所讲的人际关系主要是指狭义的人际关系。

人际关系是社会关系的一个侧面，表现为人与人之间的亲疏、好恶……反映了人们在相互交往过程中物质和精神的需要能否得到满足的心理状态，折射出人与人之间的心理距离，即心理相容度。一般而言，如果交往双方的社会心理需要都能获得满足，那么交往双方的心理距离就比较近，能保持一种亲近的、信赖的、友好的关系。反之，人与人之间的心理距离就比较远，人际关系也较为疏远，甚至敌对。

2）人际关系的心理组成成分

任何一种人际关系都包含认知、情感和行为三个相互联系又相互作用的心理因素。其中，人际认知是指与人际关系有关的一切认知活动，人际关系的主体通过知觉、记忆、思维、表象、想象等，实现人与人之间的相互认同和相互理解，而认知成分就是人际关系形成、发展和改变的基础。人际情感是指人际关系主体的需要是否得到满足而产生的情绪、情感体验，反映在人际交往过程中就是对人际关系及其对象的喜欢、厌恶、欣赏、反感、欢迎等各种情绪表现。据此而言，情感因素是人际关系的核心，是衡量人际关系好坏的晴雨表。人际行为是指人际关系主体在相互交往过程中的外在表现，包括举止、语言、表情、手势等具体行为，也包括行为意向。行为成分是人际关系的调节杠杆，交往双方可以通过行为建立、调节、修补、完善人际关系。人际关系的三个组成成分是相互联系、相互作用、相互影响的。但是，在不同的人际关系中，各种成分所占的比重是有差异的。例如，在同学关系中情感的成分比较突出，而在社会活动中行为成分起着重要的作用。

（2）良好人际关系的建立与发展过程

良好人际关系的建立与发展需要经历一个长期积累和演化的过程，具体而言，要经过定向、情感探索、感情交流和稳定交往这四个阶段。

1）定向阶段

定向阶段是人际关系建立的必经阶段，也是人际交往的初始阶段。在大千世界茫茫人海中，并非所有人都会成为我们的交往对象，形成人际关系。只有那些能够激起我们兴趣的人才能引起我们的注意。一般而言，能引起人们注意的因素主要包括外表、言谈、举止、修养等方面的独特性和审美性。注意之后要有选择，选择要比注意更加理性。我们通常会从自身的需要和兴趣出发去选择自己的交往对象，并与其保持良好的人际关系。如一个外表漂亮的女性可以引起人们对她的高度注意，但是，如果人们知道她极端自私、喜欢说闲话，就会理智地选择与她保持距离。在这一阶段，人们还会通过一些试探性的行为来与其进行初步沟通，从而判断这段关系是否可以继续下去。在初步沟通的过程中，初始印象的作用非常重要，但沟通内容常常是一些浅层的信息。

2）情感探索阶段

在情感探索阶段，随着交往双方谈话范围越来越广泛，发现的共同心理领域越来越多，自我暴露的广度和深度也在逐渐增加，彼此的信任度也不断提高，双方在此时都有了一定的情感卷入。但此时，双方的话题仍然要避免触及私密性领域，自我暴露也并不涉及自己根本的方面。在这一阶段，彼此关系的延续或中断，不会给交往双方带来过多的困扰。

3）感情交流阶段

在感情交流阶段，随着交往频度和深度的日益增强，交往双方关系的性质发生了实质性的变化，彼此的信任感和安全感得到确立，心理距离大大缩短，开始将对方视为朋友，谈话内容开始涉及自己的隐私，并有较深的情感卷入。如果关系在这一阶段破裂，就会出现焦虑、烦躁、痛苦等负面情绪，给交往双方带来相当大的心理伤害。

4）稳定交往阶段

在稳定交往阶段，人际关系发展到了一个极高的水平。交往双方情感联系越来越密切，心理距离越来越小，在心理上逐渐有了依恋和融合，甚至允许对方进入自己高度私密的个人领域，最终发展成为知己，抑或恋人。但是在现实生活中，大多数人际关系都停留在第二、第三阶段，进入第四阶段实属不易。

人际关系的建立与发展是一个由浅入深、逐渐深入的过程，所经历的四个阶段并非截然分开的，有时候是相互交叉与重叠的。

（3）良好人际关系建立的基本原则

马克思说过，人生离不开友谊，但要得到真正的友谊却是不容易的，友谊需要用忠诚去播种，用热情去灌溉，用原则去培养，用谅解去护理。因此，要想建立良好的人际关系，交往双方必定要遵循一定的原则。从心理学的角度而言，人与人之间的交往应遵循以下原则。

1）尊重原则

尊重是良好人际关系建立的基本原则。美国著名心理学家马斯洛提出的需要层次理论认为，人有五个层次的基本需要，依次为生理需要、安全需要、归属和爱的需要、尊重的需要、自我实现的需要，无论是谁，无论地位高低，渴望受到尊重的心理需要是一样的。

尊重包括自尊和尊重他人两个方面，其中自尊就是在各种场合自尊自爱，维护自己的人格，而尊重他人就是尊重他人的人格、习惯、情感和价值。在现实生活中，交往对象形形色色，有的比自己优秀，有的不如自己；有的是自己喜欢的类型，有的则不然。但不论如何，我们必须尊重对方，只有这样，才能受到别人的尊重。正如古人所云："敬人者，人恒敬之。"尊重对方与自己的共同点容易，但接受对方的差异却不容易，所以我们尤其要学会尊重对方与自己的相异之处。当然，尊重也并不意味着刻意抬高别人，更不是吹牛拍马、阿谀奉承，而是发自内心的平等相待，恰到好处的肯定与认同。

2）诚信原则

诚信是做人的基本素养，是中华民族的传统美德，更是建立良好人际关系的基石。想要获得他人的信任，自己就必须做到诚信，没有诚信的人是不值得交往的。诚信有两层含义：一方面，言必信，即讲真话，不说假话。如果一个人满嘴胡言，常常说假话骗人，到头来就会形成"狼来了"的效应。另一方面，行必果，即说到做到，信守承诺，做不到的事情不轻易许诺，一旦许诺，就要千方百计、不遗余力地去做到。如经过努力依然做不到，就应该诚恳地说明原因，以赢得对方的理解。

当今社会对人的诚信有了更高的要求，不少地区都为个人和组织建立了诚信档案。诚信是一个人的无形"名片"，是为人处世、安身立命的根本原则。

3）宽容原则

金无足赤，人无完人。在建立人际关系的过程中，因误会、不理解而产生矛盾是不可避免的，这就要求我们遵循宽容原则，对非原则问题不斤斤计较，能够宽以待人、求同存异，做到"宰相肚里能撑船"。宽容是建立良好人际关系的润滑剂，是化解矛盾、隔阂和怨恨的溶解剂，有助于我们"化干戈为玉帛"，赢得更多的朋友。

宽容并不是软弱、怯懦的表现，相反，它是有度量、对自身力量充满自信的表现。据史书记载，当初曾受胯下之辱的韩信，功成名就后，召见了令自己受胯下之辱的屠夫，封他为中尉，并且告诉诸将说："这是位壮士，当年他侮辱我的时候，难道我杀不了他吗？杀了他也不会让自己扬名，所以就忍了下来，以至于有了今天的成就。"这是宽以待人、以德报怨的典范。

4）互利原则

来而不往，非礼也；往而不来，亦非礼也。礼尚往来、互惠互利，是良好人际关系得以建立的重要原则。互利指在交往过程中，双方既能满足自我的需要，也能满足他人的需要。如果在交往过程中，一方的需要能够得到满足，而另一方的需要得不到满足，这种交往就会被弱化，甚至中断。只有交往双方的需要都能获得满足，其关系才会继续朝良性的方向发展。人际间的互利既包括精神上的互利，如相互关心、心灵慰藉等，也包括物质上的互利，如相互帮助、共同获利等。据此，在现实生活中，想拥有好人缘，就尝试尽可能多地满足他人的需要，给他人带去更多的快乐。

2.
人际关系与心理健康的关系

（1）良好的人际关系有助于个体心理健康

世界心理卫生联合会曾明确提出心理健康的标准为：身体、智力、情绪十分协调；适应环境，在人际关系中能做到谦让；有幸福感；在工作和职业中，能充分发挥自己的能力，过着有效率的生活。由此可见，在心理健康的标准中，人际关系是重要的一个方面。

心理学研究认为，建立良好的人际关系非常有利于个体的心理健康。良好的人际关系不仅能够满足个人的需要，同时也有利于健康情绪的产生，对人们的身心均具有保健作用。反之，恶劣的人际关系则会对个体的心理健康造成不良影响。

著名心理学家马斯洛指出，人人都具有这样一种基本需要：他需要归属于一定的社会团体，需要得到他人的爱与尊重，这些社会需要是与吃饭穿衣等生理需要同等重要的缺失性需要，它非得被满足不可，否则，将会使主体丧失安全感，进而影响心理健康。

美国心理学家沙赫特做过一个实验：他以每小时15美元的酬金先后聘请到5位志愿者进入一个小房间去生活。这个小房间除提供必要的物质生活条件外，没有任何社会信息（包括报纸、电话、其他人等）进入。结果，其中1个人在屋里只待了2小时就出来了，3个人待了2天，只有一个人待了8天。这位待了8天的人出来后说："如果让我再在里面待1分钟，我就要疯了。"实验证明，没有一个人愿意同其他人隔绝。良好的人际关系也是人们心理需要的重要组成部分。医学心理学研究结果表明：长期孤独、独处的人慢慢会变得精神忧郁、变态，其寿命比乐观、开朗、爱交往者要短。1992年7月29日，40岁的意大利洞穴探险家蒙塔尔只身下到一个200米深的洞穴里，独自生活一年。洞穴里各种设施齐备：有足够的食物，有卧室、卫生间、工作间，还有一个小小的植物园。但是，那里没有人事纠葛。一年后，蒙塔尔重返地面时，体重减轻了21公斤，脸色苍白，反应迟钝，弱不禁风，大脑混乱，情绪低落，说话结巴，很多词汇都忘了，与原先的他判若两人。

人际交往是个体健康成长的共同需要，几乎每个人都渴望拥有良好的人际关系，如果自己的人际交往状态是良性的，符合个人的愿望和需要，就更容易产生积极的情绪，体验到幸福感。但是，如果自己总是处于一种不良的人际关系中，人际交往的需要得不到满足，就会增加挫折感，引发内心矛盾和冲突，情感上的孤独、惆怅、空虚就会经常出现，从而带来一系列不良的情绪反应。此外，良好的人际关系也为个体有效地控制和调节自己的情绪提供了条件。当我们情绪愉快时，与人分享可以使快乐增倍，提升我们的幸福感；当我们情绪痛苦时，与人倾诉可以宣泄不良情绪，使痛苦减少。由此可见，情绪状态会直接影响到人的身心健康。

人际关系不仅是健康成长的基本条件，同时也是治疗心理障碍的一个重要资源。很多严重精神障碍及危机的干预理论，虽方法不同、技术各异，但有一个共同点，那就是需要配合支持治疗。支持治疗，其中最重要的支持是来自周围亲人与朋友的关心和理解。当一个人悲观失意、抑郁不快时，有亲人的安慰与关怀，会使他倍增精神慰藉，从而获得战胜困难的勇气。相反，如果亲人冷言冷语，也许会使他跌入失望的深渊，甚至走上轻生的绝路。心理学研究表明，一个有自杀倾向的人，其心理上最迷茫的时期会持续两个小时左右的时间，如果在这个紧要时期有亲密友人的陪伴，帮助他从极度心理困惑期摆脱出来，就会风吹云散，雨过天晴。

（2）个体心理健康影响人际关系培养

人际关系与心理健康是相辅相成的，一方面人际关系能够对个体心理健康起到积极的促进作用，另一方面心理健康也影响人际关系的协调性。人本质上是社会性动物，为了确保人与人之间的交往能够顺利地进行和开展，需要加强个体之间的合作与支持，这就依赖于人际关系的协调。一般而言，心理健康水平越高的个体，与别人的交往越积极，越符合社会的期望，在人际交往中越倾向于以诚待人、正直谦虚、宽容大度，能够信任和支持周围的人，并在人际交往中更能保持积极向上的友好态度，从而获得良好的人际关系。相反，如果个体的心理问题较多，那么他在人际交往中只会带来严重的人际矛盾和冲突，不利于人际关系的培养。一般而言，一个自卑的人往往在人际交往过程中会表现得缺乏自信、举止退缩、敏感多虑。由于自卑者在人际交往过程中希望自己形象完美，害怕出丑、受挫、遭人拒绝或被人耻笑，于是他们便将自己的内心世界封闭起来，结果使自己在交往过程中体验到不安，人际范围也较为局限。一个自负的人往往会在人际交往中表现出夸夸其谈、傲气轻狂、盲目乐观、固执己见、以自我为中心、很难顾忌对方的感受等行为，结果就是他容易出现人际交往障碍。个性成熟的人都同别人有良好的交往与融洽的关系，他们可以很好地理解别人，容忍别人的不足和缺陷，能够对别人表示同情，具有给人以温暖、关怀、亲密和爱的能力。

3. 如何加强人际交往与沟通

千人千面,每一张面孔的背后都有一颗跳动的心。与人交往看似面对的是一张张面孔,但实际应对的却是一颗颗美妙的心灵。只有采取恰当的人际交往心理策略和人际沟通技巧,走入对方的内心深处,把握人的心理脉搏,洞悉人性背后的心理秘密,才能真正赢得人心,从而掌握人际关系的主动权。

(1) 了解人际交往的心理效应

心理学研究发现,在人际交往中存在着一些非常有趣的心理效应,是我们完全可以在日常生活中充分观察到的,它们影响着人际印象的形成,对人际关系的建立与发展意义重大。

1) 首因效应

首因效应也叫第一印象效应,是指初次与人交往时所形成的深刻印象,很大程度上影响着彼此今后的交往关系。第一印象好,继续交往的积极性就高。反之,第一印象不好,继续交往的积极性就不高,未来很难产生友情。古语有云:"新官上任三把火""恶人先告状""先发制人""下马威"等都是不乏利用首因效应占得先机的经典案例。在现实的人际交往过程中,第一印象往往取决于对方的容貌、体态、言行举止等表面特征。

了解了首因效应,我们知道在与人交往时要争取给对方留下好的第一印象,为以后的交往打下良好基础。但也要注意到,第一印象一般是通过短时间接触形成的,其真实性有待验证,因此在与人交往的过程中,既不能因第一印象不好而全盘否定,又要防止为表面的堂皇所迷惑,要学会用全面、发展的眼光看人。

2) 近因效应

近因效应是指在多种刺激相继出现的时候,印象的形成主要取决于后来出现的刺激，即在与他人交往的过程中，我们对他人最近、最新的认识占了主体地位，掩盖了以往形成的对他人的评价，因此，也称为"新颖效应"。多年不见的朋友，在自己的脑海中印象最深的，其实就是临别时的情景；一个朋友总是让你生气，可是谈起生气的原因，大概只能说上二三条，这也是一种近因效应的表现。

在人际交往过程中，首因效应和近因效应往往同时存在并发生矛盾，心理学家对此做过专门研究，结果表明：当两种矛盾的信息连续出现时，首因效应突出，而当两种矛盾的信息间断出现时，近因效应更为明显；在与陌生人交往时，首因效应影响更大，而在与熟人交往时，近因效应影响更大。总之，在与他人进行交往时，既要重视第一印象的形成，也要注意后续印象的管理，这是维持良好人际关系的重要技巧。

3）晕轮效应

晕轮效应也叫光环效应，是指人们在认识交往对象时，由其所具有的某个特别突出的特点而形成整体印象，从而美化或丑化对象形象的心理倾向，犹如日、月的光辉，在云雾的作用下扩大到四周，形成一种光环作用。人们常说的"情人眼里出西施""爱屋及乌""一叶障目，不见泰山"等都是晕轮效应的典型表现。

晕轮效应实际上是个人主观推断泛化的结果，在人际交往过程中，如果某人具有某个突出的坏品质，他就会被认为一切都不好，一种消极否定的光环会将其笼罩，别人对其优点与成绩会视而不见。反之，如果某人具有某个突出的优秀品质，这一特征就会变为光环被扩大，他就会被认为一切都好。"追星族"的产生便是如此。因此晕轮效应提示我们要客观地对待人和事，同时还要充分利用自己的优势制造光环效应，以增加自己的人际吸引力。

4）刻板印象

刻板印象又叫定势效应，是指社会上对某类人或事物产生的一种比较固定的、共同的、笼统的看法和印象。这是一种群体现象，反映的是群体的共识。例如，人们往往认为女性是柔弱的、感性的，男性则是坚强的、理性的；北方人一般是身材魁梧、正直豪爽的，南方人则通常是小巧玲珑、精明能干的；老年人比较古板、守旧，年轻人比较时尚、贪玩等。

刻板印象实际上是一种认知偏见。它的形成是人们长期以来根据现象和经验对某一类型的人积累下的共识,有助于对某一群体做出概括的了解,使得我们在获得少量信息时就能对他人做出判断,很大程度上简化了人际认知的过程,有其合理性。但是,即使同一类人,每个人也都有其自己的个性,刻板印象不一定适用于每一个人,容易导致对人的认知偏差。因此,在人际交往过程中要避免定势效应,对具体的人应作具体的分析和对待。

5) 投射效应

投射效应是指在与人交往时把自己的感情、意志、特性等转移到他人身上,并认为别人也是如此的一种心理倾向。例如,一个心地善良的人会以为别人都是善良的;一个经常算计别人的人就会觉得别人也在算计他;自己喜欢的东西,别人也一定喜欢;自己讨厌的东西,别人也一定讨厌。这都是典型的"以己之心,度人之腹"的表现。

由于投射效应,在人际交往过程中,人们常常以自己的标准去衡量对方,失去了人际沟通中认知的客观性,从而导致主观臆断并陷入偏见的泥潭。辩证地、一分为二地去对待别人和对待自己,是克服投射效应的有效方法。

综上所述,人际交往中的一些心理效应是普遍存在的心理现象,有其心理学上的道理,不能忽视,也无法抹杀,它们会对人际交往带来不同程度的影响。因此,因势利导,扬长避短,方可使人际关系变得更加令人满意。

(2) 善用人际沟通的技巧

在当代社会生活中,人们除了睡眠,大多数时间都处于与人联系、沟通信息、交流情感的过程中。有效的人际沟通对个体的生存及组织的管理都具有十分重大的价值,有效的人际沟通也是营造良好人际关系的重要途径。因此,学习并善用人际沟通技巧对人际交往有着非常重要的意义。

人际沟通是指人与人之间的联系过程,是人们在共同的活动中彼此传递信息、沟通思想和交流情感的过程。人际沟通主要通过语言、表情、手势、体态以及社交距离等来进行。想成为一位沟通高手,必须掌握沟通的技巧。常用的沟通技巧包括听、说、读、写,其中听是基础。

1) 积极倾听

西方有句俗语:人长着两只耳朵却只有一张嘴巴,就是为了少说多听。现实生活中多数人都是喜欢说,不喜欢听,加之现代生活节奏快,使人们越来越缺乏倾听的耐心。事实上，在人际沟通中，只有做一个好的"听众"，才能把握沟通的主动权；只有懂得善用倾听的技巧，才能处处受到欢迎。因为，倾听不仅有利于我们准确捕捉交谈的信息，同时倾听本身就等于告诉对方，你是一个值得我倾听你讲话的人。这表现出了对别人的尊重，无形中就能满足对方自尊的需要，从而加深彼此的感情。

听的繁体字写作"聽"，字的左部是"耳"和"王"，意为"耳为王"，强调用耳朵听是人与人交流中的重中之重；字的右上部是"十"和一个横放的"目"，意为用眼去看；字的右下部是"一"和"心"，意为专一地用心去听。说明倾听不是单用耳朵，还得用眼睛，更得用心，做到专心、耐心、虚心、会心。专心，即要集中精神，认真倾听对方的发言，通过听其言、观察其举止来了解对方的真意。注意，期间不要东张西望、心不在焉或手里忙其他事情，要不时地做出一些回应，要与对方经常交流目光，用眼神和表情表示你正在专心倾听对方说话，但是不要死盯着对方的眼睛，给对方造成压力感。耐心，就是听别人讲话要沉稳、有毅力，切勿匆忙瞎评论，应该在确定知道别人完整意见后再做出反应。虚心，即要表示出真诚，真心地对对方的谈话表示出兴趣，在交谈中遇到自己有疑义的地方多用"能不能""是不是""我可以这样理解吗"等提问的方式与对方交流感受，以确认自己的理解是否正确。如果不赞成对方的观点，可以以婉转的口气告知。会心，是指在倾听中保持敏捷的反应，要鼓励、引导对方把话说下去，可以采用提问、赞同、适时插话、复述对方话头、发表简短评论及使用非语言因素等方法，做出及时反馈。

2）有效的语言沟通

"良言一句三冬暖，恶语伤人六月寒。""一样话，十样说，一句话让人笑，一句话让人跳。"这两句话告诉我们要注意运用语言沟通的技巧。语言沟通技巧运用得好，就能优化人际关系。相反，如果不注意语言表达，往往在无意间就出口伤人，产生矛盾。那么，要怎样与人进行有效的语言沟通尼？

①寻找对方感兴趣的话题。心理学研究显示，情感可引导行动。积极的情感往往会产生理解、接纳、合作的行为效果，而消极的情感则会带来排斥和拒绝。因此，在人际沟通中要善于找到对方的兴趣所在，只有这样，才能更利于达到沟通的目的。

②及时回应沟通对象。人际交往是双方的共同参与，如果只有一方表达，而另一方没有回应，沟通则不能达成，交往也会随之中断。因此，当别人跟我们说话时我们要及时回应，可以通过简述对方所说的话进行回应，也可以对其情感进行回应。

③采用开放式提问。开放式提问的目的是让对方打开话题，把事情说得更清楚、更具体，以便于对对方的情况了解得更全面、更准确，这有利于继续交谈，并使交谈更加自由和开放。开放式问题常常用"什么""怎么样"这样的词来发问。例如，当看到好朋友在流泪，可以这样问他："发生了什么事，让你这样难过？"

④使用具体性表达。沟通时要尽量用具体性表达，避免使用太概括性的语言。当表达具体时，可以让对方更加了解自己，避免产生误解；当对方在交谈中表达不够具体时，可以使用一些问话，使对方能具体表达，有助于弄清问题，达到深入沟通的目的。例如，当对方说："人都只顾自己！"具体化的回应是："你指的是什么人啊？""发生了什么事让你产生这种想法呢？"

⑤恰当地称赞对方。人际交往是个互动的过程，交往双方在心理上总是希望从对方那里得到肯定。一般而言，人们总是喜欢那些喜欢自己、给予自己正确评价的人。所以，要学会说"你真漂亮""你太能干了""你真棒"等赞美别人的语言。要知道，真诚的赞美在沟通中往往能获得出乎意料的沟通效果。

⑥善用幽默。幽默是一种人生态度，更是一种沟通技巧，能折射出一个人善良、美好的心灵。培养自己幽默的性情，能在交往时使人放松心情、减轻压力、提高愉悦性，还可以使沟通双方的满意度增加。在人际交往中，幽默的语言往往会激发别人的兴趣，还可以启发别人的智慧，用幽默化解冲突既不会造成损失，也不会伤害到别人。

3）成功的非语言沟通

美国心理学家梅拉比安曾提出了这样一个公式：信息的全部表达=7%语言+38%声音+55%表情。其中，声音和表情都是非语言表达的符号。因此，我们可以说非语言沟通是人际沟通中一个不可或缺的沟通方式。非语言沟通是指通过眼神、姿态、表情、动作、声调等语言之外的方式的沟通。非语言沟通相对于语言沟通，具有丰富性、隐含性、形象性、直观性等特点，能发挥语言沟通无法替代的作用。因此，在人际交往中，我们不但可以"听其言、观其行"，更可以"观其行、知其言"。这就需要我们做到如下几点。

①从表情体察内心。面部表情具有极其丰富的含义，可以帮助我们传达出人的内心的各种真实状况。心理学研究发现，当语言和表情发生冲突时，表情更能反映真实信息，因为表情是未经过理性加工的、最接近人的内心世界的真实表达。例如，蹙眉皱额表示关注、不满、恼怒或心情不畅；瞪大眼睛、张开嘴巴，表示惊奇、意想不到；皱鼻表示不悦、不满、受到挫折等。善于利用丰富的表情，可以在人际沟通的过程中给人留下良好的印象，而真诚的微笑是最有益于人际交往的面部表情。

②由身体表达识别内心。身体的一举一动都能表明我们的内心情绪情感，一个人的心境、情绪常常通过身体的姿态和动作表现出来。例如，身体自然放松表示开放自己，双臂紧抱并低着头表示保护自己；振臂高呼可能表示激动或愤怒；两手摊开、手心向上并摇头表示无奈等。身体的姿态和动作虽然是一种无声语言，但它同有声语言一样也具有明确的含义和表达功能，有时甚至可以达到有声语言也达不到的效果，正所谓"此时无声胜有声"。手是人类身体最灵活的部位，也是传情达意最有力的手段。例如，竖起拇指或鼓掌表示敬佩、称赞；不停摆手表示反对；握紧拳头寓意愤怒或焦躁；招手是想让人过来，挥手则表示再见或让人走开；挠头表示有不解之处，拍额头表示忽然醒悟等。比较而言，握手是人际交往中用得最频繁的手势语。对方向你伸出手，你也伸手握住他的手，这表示你的交往诚意；你伸出两只手握紧他的手，这表示你的热情；如果你懒懒地握对方的手，或者干脆手也舍不得伸出去，那就意味着你不想与他交朋友。在沟通中，恰当地使用身体语言，可以配合语言更好地与对方沟通，而细微地观察对方表达时的身体姿态，则可以帮助我们觉察其语言背后的真实情感。总之，读懂身体语言有助于建立良好的人际关系。

③听声音识别情感。言语中的语气、语调等都包含了丰富的沟通内容。心理学研究发现，一句话的含义常常不是取决于其字面含义，而是取决于弦外之音。例如，一个人说话如果语气热烈，我们可以判断出他很高兴；但如果他的语气很平淡，那么即使他在叙述一件值得高兴的事，我们也会认为这没什么好高兴的。因此，在沟通过程中一定要根据实际情况采取恰当的语调来表达自己的想法，让声音同样传递出丰富的情感。

(3)掌握人际交往的艺术

人际交往是一门学问,也是一种艺术,我们只有学习以下与人交往的技巧才能够掌握这门艺术。

1)努力建立良好的第一印象

如前所述,人们获得的第一印象是最为深刻的,对以后的人际交往有重大的影响。所以,我们在与人交往时,一定要争取给对方留下良好的第一印象。卡耐基在其著作《怎样赢得朋友,怎样影响别人》一书中提出了给人留下良好印象的六条途径:真诚地对对方感兴趣;微笑;多提对方的名字;做一个耐心的倾听者,鼓励对方谈论他们自己;谈符合对方兴趣的话题;以真诚的方式让对方感到他很重要。

2)恰当地把握人际距离

人际距离是指个体之间在进行交往时通常要保持的距离。人际距离可分为四种:亲密距离(0.5米以内),通常用于父母与子女之间、情人或恋人之间,此时双方均可以感受到对方全部的身心;个人距离(0.5~1.2米),用于朋友之间;社交距离(1.2~3.7米),用于具有公开关系而不是私人关系的个体之间,如师生关系等;公众距离(3.7~7.6米),用于进行正式交往的个体之间或陌生人之间。因此在人际交往中要保持恰当的距离,这样既能避免因误入别人的个体空间而惹人生厌和自讨没趣,也能避免因离对方太远而有拒人千里和装腔作势之嫌,从而有助于增进人际关系。

3)培养同理心

人际交往的一个关键因素就是能否用"同理心"来认识和处理问题。同理心也叫同感、共情,指能从对方角度看问题,能设身处地地考虑问题。当我们表达出同感时,交往对象就会感到我们是理解他的,会获得一种安全感,从而更加开放自己,使双方的关系得以提升。但对别人有同理心并不是一件容易的事情,它要求一个人很敏感,能够清晰地从自己的经历中找到与对方相似的经历,并能将这种经历与具体的情绪反应联系起来,从而体验到对方的情绪状态,在对方说话和做事时,很有分寸地向对方表示自己的理解和同情。

4)学会拒绝别人

良好人际关系的建立并不意味着要一味地迎合对方,人际交往中适当的拒绝也是很重要的。每个人的能力有限，喜好也各不相同，如果盲目地顺从对方就会使这种交往变成负担，给自己造成不必要的压力。因此，为了长远、真诚、有效地发展人际关系，在超出我们能力范围的时候，我们要有说"不"的勇气和信心。但我们拒绝对方时，态度要中肯，以求得对方的理解。

5）妥善处理人际冲突

人际冲突是人际交往中的一种对立状态，表现为两个或两个以上相互关联的主体之间的紧张、不和谐、敌视，甚至争斗的状态。一般而言，冲突本身无所谓好与坏，但在处理方式上却有好坏之分，最终可能产生积极或消极的影响。对于人际冲突的处理，主要把握三个方面：一是对事不对人。在发生冲突或争执时，将焦点放在事情本身，客观分析冲突的起因与双方对错，不将冲突扩大化。二是给情绪降温，做合理的让步。在发生人际冲突时，双方都处于一种激情状态下，很容易说出伤害彼此的话而造成无法挽回的局面。此时，做出适当的让步不失为一种明智的选择。三是当时当地解决冲突。发生人际冲突时，要直面问题，坦诚以待，立即处理，不要逃避，更没必要记仇。

第九章

生活习惯
——心理健康的基石

　　生活方式是人们长期受一定文化、民族、经济、社会、风俗、规范等影响而形成的一系列生活习惯、生活态度和生活制度,包括饮食习惯、衣着习惯、运动习惯、作息习惯、个人嗜好、认知方式和业余时间的行为活动等,不同地区有着各自不同的生活方式。世界卫生组织(WHO)指出,健康有四大基本要素,即遗传、环境、医疗条件和个人生活方式,而各要素对健康所起的重要程度也有所不同,遗传占15%、环境占17%(社会环境占10%、自然环境占7%)、医疗条件占8%、个人生活方式占60%。同时这一组织也曾宣称,21世纪对人类最大的威胁是生活方式病,即生活方式疾病将成为全世界的头号杀手!

1. 现代人的生活方式

（1）现代生活方式病

随着时代的变化、社会的发展，我们的物质生活也有了很大的改善，随之也诞生了各式各样的不健康的生活方式。这种不健康的生活方式最终形成了危害生命健康的"生活方式疾病"和"现代文明病"。在这里，我们将现代文明病与生活方式病"合二为一"，称为现代生活方式病。

1）生活方式病

目前，医学界已将生活方式医学列为医学中的一个分支，在很多医学院、医院以及有关生活方式的医学期刊，都推崇以健康生活方式为主的整体医学。日本近代预防医学之父日野原重明医生早就发现，癌症、心脏病等都是由于不健康的生活习惯导致的，他把以上疾病统称为"生活习惯病"。

生活方式病是一组慢性的非传染性疾病，多为人们采取的与现代文明不相协调的错误生活方式所造成的。生活方式病又称为"富贵病"，其发生进展与不良生活方式有明确的因果关系。

2）现代文明病

现代文明病是由于工作压力增大、生活节奏快、膳食营养失衡、缺乏运动，导致的危害健康的疾病。医学专家将现代文明病分为："结构病""能量过剩病""精神疾病"三大类。

结构病是人的身体结构由于长期缺乏力的刺激或受到的力的刺激不合理而引发的一类疾病，包含脊柱疾病、关节病、骨骼疾病等；能量过剩病是人体长期能量摄入相对过剩所引起的一类疾病，有心脑血管疾病、肥胖及脂肪肝、糖尿病等；精神疾病是指在各种生物学、心理学以及社会环境因素影响下大脑功能失调，导致认知、情感、意志和行为等精神活动出现不同程度的障碍为临床表现的疾病。

（2）不良的生活方式

在我们的生活中，有许多利于健康的好习惯，也有不利于健康的坏习惯。好的习惯我们应该继续保持，坏的习惯我们应当及时改掉。以下是我们生活中常见的不良生活方式。

1）饮食方式病

饮食方式病指我们在平时生活中对食物的属性了解不够，或在食用时不注意方式，如搭配不当、暴饮暴食、吃零食过多、贪食等。在生活条件提高的情况下，各种疾病高发。例如，高血压、心脏病、糖尿病、直肠癌等。究其原因，很多疾病与我们的饮食习惯有着直接的联系。

不良的饮食习惯主要有五种：

①挑食和偏食是引起人们营养失衡的主要原因之一，导致人们容易生病或过度肥胖。

②长期食用精米细面。现在很多人都会选择精米细面作为日常主食，虽然精米细面的口感很好，但这些食物在加工过程中流失掉了人体所需的纤维素，正是缺乏这些物质的摄入，引起了人们肠道的疾病。

③饮食不卫生，乱吃零食、街边小吃，也是现代人的"生活方式"。零食、小吃的种类和味道的多样化吸引着人们的味蕾，但这些食物的卫生状况令人担忧。食用不卫生的食物会引发人们胆道炎性病变，长期吃零食也会引起人们胃溃疡等。

④晚餐"大餐化"，过于丰富。很多上班族为了犒劳忙碌了一天的自己，晚餐会吃得过于丰富。殊不知，长期晚餐食用过多或过晚，容易导致结石。

⑤不吃早餐是目前生活中最普遍的一种现象。不吃早餐的原因有很多种，有些人生活节奏较快来不及吃早餐或者随便对付一下，就去上班了，而也有部分人是为了减肥而不吃早餐。然而，研究表明不吃早餐的人反而会容易发胖，且患糖尿病和心血管病的概率也较大。不吃早餐会导致大脑亚健康，这样大脑活动就会出现障碍，同时也会影响消化系统。长此以往，易患上慢性疾病，而且会损害身体多种器官，破坏人体正常代谢。

2）作息不规律

睡眠是人们自我修复的休整过程。白天的工作和生活使身体在使用的过程中产生了一定的消耗，人体在睡眠的时候会分泌相关的激素来恢复身体机能。

若身体得不到良好的休息和睡眠,就会出现内分泌系统紊乱、免疫力下降的情况。不良的睡眠习惯有以下三种表现:

①昼夜颠倒。这种不良的睡眠习惯会打破人体的生物钟规律,导致新陈代谢功能和免疫系统功能下降,是引发肥胖、糖尿病、心脏病、抑郁症等现代病的根源。

②长期睡眠不足。不同年龄段对睡眠时间的需求不同,但保证每日睡眠的充足是必须的。目前,熬夜已经成为了很多人的一种常态。一方面,社会竞争越来越激烈,我们的压力也是随之增加,需要花费更多的时间去学习、去工作,从而使我们通过熬夜、通宵去完成工作和学习。另一方面,熬夜的过程给了我们突破规则限制的自由感,能够满足我们的"延迟折扣"心理以及"拖延症"心理。但睡眠不足的不良影响长期积累下来,会加速人们衰老,引发多种疾病。通常,缺乏睡眠的人表现为思维迟钝、工作效率低、身体素质欠佳,还有可能患有慢性疾病。

③睡眠过多。睡眠不足不能满足我们每日的睡眠需求,而睡眠过多也会降低睡眠质量。睡眠过多容易加重脑睡眠中枢的负担,使各种生理代谢活动降到最低水平。

3)缺乏运动或不运动

"累"已成为了许多上班族的普遍现象。其实,很多疲劳感不仅是因为工作劳累所形成的,生活中的很多因素都会使我们的精力下降,从而使我们的身心感到疲累。而运动恰恰是能够为机体保存并提供工作和生活上所需要的能量的。法国哲学家伏尔泰说过"生命在于运动"。然而,科技的发展为生活带来了很多的便利条件。例如,电脑的广泛应用,使得很多设备机械化、自动化、智能化,代替了很多体力劳动,家务劳动也为电器化的家用设备所替代,使得我们在生活中失去了很多劳动的机会。这种现象造成现代人"缺乏运动或不运动"。我们这种白天坐在办公室、晚上窝在沙发、缺乏运动的状态,是导致心脏病、糖尿病、过度肥胖等现代文明病和一些癌症的主要原因。生活便利、条件富足而产生的现代文明病给人们的健康带来了巨大的威胁。

4)其他不良行为

对健康影响较大的不良行为除了饮食不合理、作息不规律、缺乏运动之外,吸烟、酗酒等也是常见的不良行为方式。吸烟、过量饮酒等是个人行为,但吸烟导致其他人"吸二手烟"就成为危害公众健康的问题。香烟燃烧的过程中产生的烟雾中包含10多种有害物质，长期吸烟会对人体造成很大的伤害。大量资料表明，吸烟能增加患多种肿瘤的危险性，会对呼吸道系统产生危害，甚至会让人产生心理依赖。过量饮酒引发的交通事故、社会治安案件也是典型的社会问题。此外，酗酒会导致记忆力减退，还可能引起脂肪肝、肝硬化等肝脏疾病。

2. 生活方式与心理健康的关系

进入21世纪，现代化步伐加快，物质文明极大的丰富，精神文明也在进一步发展，我们的生活方式发生了极大的变化，追求健康成为越来越多人民群众的必然选择。健康不仅是没有疾病，而是我们在身体上、心理上以及社会适应能力上均能保持最佳的状态。当下，我们正在或已经进入一个"没有心理健康就没有健康"的时代。现代科学证明，良好的生活方式是人类身心健康的重要保证，是具有积极意义的卫生保健措施之一，良好的生活方式对我们的心理健康有益，而不良的生活方式将会影响心理健康的发展。良好的生活方式是积极个性的表现，也给健康的心理提供了能量的来源；不良的生活方式不仅反映了某些个性缺陷，更为消极的和不健康的心理提供了滋生的土壤。我们来看一下，饮食、睡眠质量和体育锻炼是怎样影响我们的心理健康的。

（1）饮食与心理健康

饮食营养与心理健康有着十分紧密的联系。心理学家及营养学家经过几十年的研究发现，人的心理和情绪状态会受食物因素的影响。美国科学家发现，含糖量高的食物对忧郁、紧张和易恐行为有缓解作用，这可能与体内血管收缩素5-羟色胺有关。当人摄入碳水化合物之后，这种血管收缩素便会在大脑中不断增加，从而使人的精神状况变得极佳。

我们的饮食习惯是如何影响心理健康的，具体取决于摄取的内容。并非所有食物都是平等的，每种食物都有不同的影响。例如，喜欢甜味食物的人更具亲社会功能，比如协助、分享或志愿精神，这可以促进人们的心理健康。研究还表明，不同的饮食对精神疾病患病率有不同的影响，不良的饮食与焦虑、抑郁等情绪障碍的恶化之间存在联系。通过合理地配置饮食营养，对改善人们心理状态至关重要。因此，应当结合人们的实际情况，综合考虑人们的年龄、身心状态、所处地区等方面，明确人体所需的各种营养素，合理地配置饮食营养，进而保障人体的身心健康。

（2）睡眠质量与心理健康

人类约有1/3的时间是在睡觉中度过的，睡眠有消除身体和大脑的疲劳、消除压力、防止老化、预防疾病和提高学习效率等作用。有研究表明，睡眠质量对心理健康的影响，主要表面在四个方面：①失眠引发的一系列身体不适，如倦怠思睡，精神不振，注意力分散，头脑昏沉，反应迟钝等降低了人们的工作和学习效率，抑制了大脑的创造性思维；②失眠引起的情绪不稳，沮丧焦虑会影响人与人之间的交往，造成人际关系的紧张，而不良的人际关系又会加重失眠，而由于失眠对身体和精神产生的不利影响，又增加了工作时意外事故的发生，会对社会和家庭造成巨大损失；③失眠与嗜睡的危险性极大，造成嗜睡的原因可能是睡眠质量差，睡眠时间不够，作息时间无规律，如长时间加夜班，生活时间过长等，还有饮食习惯有问题，如睡前喝茶或咖啡等；④失眠会引起交感神经功能亢进，新陈代谢加快，影响身心功能恢复，导致机体免疫力下降，从而引发疾病。

（3）体育锻炼与心理健康

近年来，越来越多的学者关注到心理健康与体育锻炼之间的相互促进关系。不同的体育锻炼对我们主观幸福感的增强程度是不同的。不同程度，不同强度的体育锻炼对主观幸福感的提升程度也不同。体育锻炼可以调节我们的负面情绪以及缓解压力。相关心理学家的研究结果表明，运动时，我们的大脑右半球会感到兴奋，会处于一个比较愉快的气氛中，从而使我们感觉到快感和愉悦。因此坚持体育锻炼，能有效缓解我们的紧张感以及消除身体中的疲劳感。

我们可以根据自己的疲劳程度和情绪类型选择适合自己的体育锻炼方式，通过适当的体育锻炼，不仅能够缓解身心疲劳，释放心理压力，更有助于幸福感的提升，同时在体育锻炼中需要不断地克服各种主观以及客观的困难，这对处理生活、工作中的问题，都具有积极的帮助。因此来说，在一定程度上体育锻炼可以培养出人的良好意志品质。另外，体育锻炼被公认为一种良好的心理治疗方法。

3.
如何保持良好的生活习惯

健康的生活方式并不是一日养成的。不少人认为生活习惯是个人生活小事,殊不知,个人生活方式是影响人们身心发展最重要的因素,也是人们能够支配、安排的最大的"权力"。只要你支配好手中的"权力",那么你的健康将由你自己做主!

(1)坚持健康的饮食

1)健康的饮食原则

来看一下,健康的饮食都要遵循哪些原则:

①遵照WHO的合理膳食原则,健康饮食应是平衡膳食。进食的能量比例大致是碳水化合物(糖类)约占总热量的50%,蛋白质占总热量的10%~15%,脂类占总热量的15%~20%,其余为食物纤维等。

②尽量摄食多种不同颜色的新鲜蔬菜、水果,以增加有益健康的食物纤维、维生素、抗氧化剂及植物营养素。

③尽量少吃血糖指数(GI)高的白米白面,代之以GI低的粗粮、杂粮类食物。

④少吃猪、牛、羊类红肉,代之以鱼、禽蛋类及豆制品。

⑤摄食"好"油脂(如橄榄油),减少"坏"油脂(如猪、牛、羊油及"反式脂肪"),尽量不用植物油煎、炸、炒,以避免生成"反式脂肪"和其他致癌物质。

⑥控制食盐量。

⑦每天饮足量的水,以绿茶为好。

⑧避免摄入有农药和重金属污染的食物。

⑨控制食量,八分饱足矣(食欲缺乏者除外)。

2)饮食要有规律,身体才能健康

已有研究发现，胃肠道内有控制节律的起搏器，位于胃的上部分，因此饮食也应按照人体生物规律，按时就餐，若饿一顿、饱一顿，或饮食时间混乱，则会直接或间接的影响消化道的功能。饮食规律化是早、中、晚三餐间隔有序，晚餐最好在就寝前3~4小时进行。为此，晚餐要早点吃，而且要少吃，而早餐必须吃好、吃饱。因为上午是人体活动最多的半天，必须及时补充足够的营养，所以早餐应吃饱。中国人在生活实践中早已得出了"早饭要吃饱，中餐要吃好，晚上要吃少"的适用于人体代谢的规律。

3）饮食过程中，不宜一心二用

我们总是一边看电视、看手机，一边吃饭，这都是一心二用的行为。在吃饭的时候，应一口一口用心咀嚼，充分享受食物的美味，使食物在胃肠道内充分消化、吸收。细嚼慢咽能够充分释放食物的营养成分并控制饮食用量。吃饭时，饭菜的颜色和味道会刺激大脑的食欲中枢，从而产生饥饿感，细嚼慢咽可过度食欲高峰，不会吃得太多。而"狼吞虎咽"的饮食习惯，会使人通过多吃来满足大脑所产生的食欲。除此之外，良好的就餐心情也是必要的。饭前应短暂休息，忘掉烦心杂事，以一个好的心情去享受美食。

（2）养成良好的睡眠习惯

1）优质的睡眠

①入睡快，能10分钟左右入睡。

②睡眠深，呼吸深长，不易惊醒。

③无起夜或偶尔起夜。无惊梦现象，或醒后很快忘记梦境。

④觉醒快，醒后精神很好。

⑤白天头脑清醒，工作效率高，不困倦。

2）良好的睡眠习惯

要养成晚上10点以前睡觉，天明起床和午睡的习惯，而且要保证每天睡足7~8小时。睡眠时间与我们的生物钟同步可提高睡眠质量。午睡是我国人民的良好习惯，午后睡上短短的一觉可消除上午的疲劳，使人头脑清醒，精神振奋，工作效率得以提高。午睡时间最好控制在30~60分钟之内。

3）睡前应注意的事项

睡前不宜多思，睡前一定要避免过度用脑思虑，担心悲忧，否则容易造成入睡困难，睡眠质量不佳，多梦易醒等。如钻研工作思考难题，回想各种不愉快的事，观看恐怖和催泪的作品，都是造成人们失眠的罪魁祸首。如果脑子太乱，应先上床静坐一会儿，把大脑放空，均匀呼吸，把一切都放下，想象美好的事物，听听轻柔舒缓的音乐，这有助于放松心情，达到入静状态。

睡前不宜饱食，有些人晚上要吃宵夜，但要注意不可吃得过饱，尤其是不要吃高热量的大餐或刺激性食物，否则易造成腹胀不适，影响睡眠质量。如果常常失眠，可喝一杯温热的牛奶，对促进睡眠有好处，不宜喝咖啡、浓茶等。

卧室应环境幽雅，灯光暗一些，甚至完全暗黑，隔绝噪声。此外，被褥要温暖舒适，不冷不热，室内温度不宜过暖，稍凉一些为好，枕头应高低合适。

静坐冥想是帮助人们入睡很好的办法。专家指出，如果实在难以入睡，不要勉强自己在床上苦苦挣扎，辗转反侧只会更加焦虑难眠。此时不妨起身静坐冥想，想象一些熟悉且向往的景象，如一片绿油油的草地开满鲜花等。也可以起床做些轻松的、温和的活动以帮助自己放松躯体和神经，使自己更好地入睡。

（3）保持适当的运动

一般而言，爱好体育锻炼的人寿命相对较长，生活质量也高。但职业运动员除外，职业运动员在锻炼和比赛过程中强度大和受伤的原因，寿命未必长。因此，适量的运动才是健康长寿的必要条件，养成良好的运动习惯会让你终身受益。

1）合理选择运动项目

非运动员应选择"低度有氧项目"，尤其是到了中年时期人的体能有所下降，不宜做强度较大的运动，应选择适合自己身体特点的健身运动。低强度的有氧运动能够促进人体新陈代谢，提高机体恢复效率。女性锻炼重在腹肌和盆骨等部位，可选择八段锦、踢腿掰腿、跳舞、健美操等运动项目；身体肥胖者可选择慢跑、步行、游泳、骑车等运动；体弱者可选择散步、打太极拳等。

2）科学安排运动量

运动负荷是人体在运动活动中所承受的生理刺激。运动负荷过小，刺激不能引起机体效能反应，达不到强身健体的作用；运动负荷过大，机体负荷超载，就会出现肌肉劳损，伤害身体。因此，适度的运动是体育锻炼的首要原则。不同体质的人所适应的运动量也有所不同，运动量应以个人不感到疲劳为宜。一方面是要确定适宜的锻炼强度，另一方面就是选择适度的锻炼时间。

3）运动要持之以恒

有效的运动必须遵循"运动三原则"，即持之以恒、适量适度、脑体并动。一部分人对运动的作用认识不足，认识不全，导致不能坚持。另一部分人常常以各种借口来逃避运动，三天打鱼两天晒网。但是，要想运动发挥功效必须长期坚持。如果每天锻炼的时间有限，但只要每天坚持，也可以达到锻炼的效果。

4）运动的误区

①平时不锻炼，周末打突击的运动方式不利于健康，甚至会伤害身体。这种运动不仅起不到锻炼的作用，反而会破坏组织功能，劳损韧带，造成筋骨疼痛。偶尔参加运动或突击性的锻炼，突发性死亡率最高。要知道，运动习惯不是一蹴而就的，应循序渐进地进行。

②家务活不等于运动。家务活虽然种类很多，但与体育锻炼是两种事，它缺少有氧性、柔体性和娱乐性，所以家务活不可以替代锻炼。

③运动过度有害。运动神经专家指出，长期剧烈运动导致体能大量消耗，会引起中枢神经系统功能下降，对大脑造成伤害。运动过程中机体血液重新分配，会使大脑的血液和氧供应减少，导致脑机能的下降。国外神经科学家研究指出，运动对大脑有益，但运动过度就会伤害大脑，而且运动不当不仅有伤智力，还会引起疾病，如运动性肠胃炎、运动性贫血等病症。

（4）戒烟、少量饮酒

很多吸烟者知道吸烟有害健康，很想戒掉，但总是戒不掉，便认为自己已经成瘾无法戒掉。而研究证明，吸烟不会成瘾，也不是难以戒除的，只要有毅力、有决心就能戒除。我们可以把戒烟的过程分为以下步骤去进行：第一步，分析自己的吸烟习惯，在一天24小时中点烟、吸烟的时间点以及吸烟的原因；第二步，下定决心，将为什么戒烟的理由写下来，使自己相信戒烟是一件值得去做的事情；第三步，在最初戒烟的困难时期，可以尽量食用代替香烟的食物或分散注意力去做一些别的事情；第四，可少量服用戒烟药，戒烟药可帮助戒烟者缓解戒烟时期的痛苦；第五，要享受不吸烟给你带来的乐趣、好处。戒烟的方法有很多种，只要认识到吸烟的危害性，决心加毅力可以使每个人把烟戒掉。

不少人长期饮酒，觉得已成习惯，没有多大的伤害。但长期饮酒肯定会导致慢性酒精中毒。不过，饮酒与吸烟不同，我们反对长期大量饮酒，但少量饮酒对身体健康有益无害。饮酒不可以饮用高度白酒，葡萄酒和啤酒最为适宜。每餐酒精含量不可超过15克，相当于50～100毫升葡萄酒或一听啤酒。所以滴酒不沾大可不必，少量饮酒较好，千万不可超量。

第十章

婚姻家庭
——幸福生活的源泉

20世纪50年代，人们主张婚姻自由，对于包办婚姻、婚姻中的陋习等要求废除，男女青年更希望自己的婚姻自己做主。其实父母受到传统婚姻观念的影响，他们往往对于孩子的婚姻有着强制性的干涉，于是孩子和父母之间的冲突不断在家庭当中上演。改革开放之后，我国由传统的计划经济向社会主义市场经济转型，多元价值并存的社会变革使人们的婚姻家庭观念发生改变。婚姻的多元化得以呈现，人们对于不婚族、丁克家庭等有了更多的接纳、理解和包容，人们更加追求自由和自我价值的实现。同时在婚姻关系当中，不仅为彼此负起责任，也为家庭负起责任，夫妻双方共同担当起对孩子的教育抚养责任和对双方老人的赡养责任。婚姻关系的确立，将恋爱中的双方的亲密关系上升到合法的地位，如果婚姻关系不是以爱的基础为前提，那么在未来的婚姻生活当中，就会很容易发生变动。而走进婚姻时爱的契约，意味着彼此的爱情不是短暂的，而是持久的、恒定的。可以说，想要拥有幸福生活，家庭稳固是前提。

1. 婚姻家庭的意义

（1）家庭是社会的基本细胞

婚姻家庭是社会的重要组成部分，家庭的稳定关系到社会的和谐稳定，家庭的组织形式和整个社会的伦理观念都反映了社会生产关系。

随着社会的发展，传统的家庭观念受到冲击，亲子关系紧张、养老矛盾突出等，成为当前家庭领域面临的问题，也是影响家庭和谐社会稳定的主要因素，因而家庭问题成为社会问题的一个重点。

在我国传统文化当中，家是小国，国是大家，家族是家庭的扩大，而国家更是家族的扩大和延伸。在庞大的家族当中，长者具有绝对的权威。他们更像一个家族当中的家君，传承着家族家风，并且对于有违例者，具有惩罚的权力。要想改造社会，先从家庭的改造入手。家庭作为社会的一个细胞，从传统向现代变迁的过程当中承担着重要的角色。

（2）现代婚姻具有多元性和广泛性

绝大多数个体通过家庭融入社会，一生中大部分时间都在家庭当中度过。社会结构与文化部分，通过家庭得以传承和延续。家庭当中的道德规范，和其他制度一起构成了人类社会活动的规范体系。家庭作为社会的基本细胞，将个体与社会联系起来。所以家庭无论是对于个体还是社会，都有着非常重要的意义。

民法典的颁布和实施，对于夫妻双方的责任权利以及种族的延续提供了保障。每个人都不是一个独立的存在，出生后，父母的养育以及成年之后融入社会，都需要一个稳定的家庭和社会环境。如果一个人在家庭的养育环境当中，没有被充分的关注和回应，没有得到父母的积极肯定，甚至是在父母的争吵打骂当中成长起来的，那么他们长大后就可能会形成不健康的人格结构，在适应社会方面出现诸多的困难。

大部分家庭是处于一种稳定均衡的系统内的，家庭内的成员相互依赖而结合在一起，其中任何一方的变动，都会对整个家庭的系统产生有益或者是有害的影响，如果家庭当中，成员之间不能够耐心地沟通和交流，无序的状态就会直接影响到家庭成员的精神状态，使他们不能很好地投入工作或者是学习生活当中。想要拥有幸福的家族，就要整明白婚姻家庭关系、家庭和谐的含义、家庭和谐的意义。

1）婚姻家庭关系是一种社会关系

家庭关系是以经济基础为依托，同时在政治、法律、道德、宗教的框架下进行。每个家庭都是社会的缩影，小家庭的稳固和和谐，会带来整个社会的稳定与和谐，从某种程度来看，婚姻家庭的发展，影响着社会历史进程的变化。

婚姻家庭的血缘性、社会性和历史性，统一于社会物质资料的生产方式和人的社会实践活动。人类在发现自然、改造自然的过程当中，进行物质的生产和自身的生产，从而逐步形成了婚姻家庭。而一个人作为个体的发展，除了在原生家庭当中受到父母的养育之外，他的社会属性也大部分是在婚姻家庭当中完成的。

如果一个人在婚姻生活当中和家人的关系处于激烈的矛盾和斗争状态，那么很难说他在社会化的过程中，能够得到很好的整合与呈现。所以恩格斯强调，婚姻家庭的本质是血缘性、社会性和历史性的统一。恩格斯站在唯物主义的高度，将婚姻家庭置于社会发展的历史长河当中，以爱情、婚姻、家庭为主线，研究了三者的紧密联系。

爱情是婚姻的基础，婚姻是爱情合法化的根本性的保证，而婚姻和血缘的联结就形成了家庭。家庭作为社会的基本单元，随着社会的发展而发展，它像一个生命体，会经历由不成熟到成熟的发展过程。

在漫长的婚姻生活当中，双方都在各自的工作岗位上成就着自己，如果一方成长过快，另一方很难跟进，家庭就很可能呈现出不和谐的状态，只有比肩前行，夫妻双方的爱情，才可能永葆新鲜。他们在互动当中，体验着爱情的甜蜜以及享受这种爱所带来的快感。而家庭的稳固，在以爱情为前提的情况下，就会更加的历久弥新。

2）家庭和谐的含义

在心理层面，家庭和谐就是要通过加强沟通，理解彼此，及时交流，在自身不能解决问题的情况下，需要社会的帮助来缓解家庭成员之间的矛盾。在家庭微观环境当中营造内在和谐稳定的家庭关系，会使家庭成员在处理矛盾的时候有一定的心理弹性，更多地理解和接纳对方的一些非原则性的问题。家庭成员之间的心灵得以交融，在遇到困难的时候就能够彼此协商，帮助对方创造良好的心理环境，让家庭成员有更多的幸福感、获得感、价值感、存在感。

在思想意识层面，家庭和谐意味着彼此的尊重，特别是在处理重大议题的时候，要充分考虑到对方的想法和观点，在相互协商的情况下达成某种共识。我国受到传统文化的影响，在亲子关系当中，父母总是处在高高在上的位置，他们忽略了用发展变化的眼光看待孩子的成长，所以当孩子到了青春期的时候，他们常常忽略孩子意志意识的变化，致使亲子关系矛盾突出，没有充分尊重到孩子的想法。和谐的亲子关系是以尊重为前提的，家庭成员之间应互相关爱，彼此理解，荣辱与共，形成良好的、积极向上的价值观念。

在道德方面，家庭和谐主张男女平等，尊老爱幼，夫妻之间以勤俭持家为主，彼此商量，形成互敬互爱的良好家庭氛围。

家庭的和谐包括性爱、平等、民主、自由、责任、宽容、进取、科学八个要素。和谐的家庭环境对于一个孩子的健康成长意义重大，任何一个孩子生下来都是一张白纸，他生活的环境，对他未来的人生有着决定性的影响。父母的争吵，一方面让孩子在学习的过程当中心烦意乱，另一方面则会让他习得一种与人争吵进行沟通的模式，这对于以后孩子融入社会是十分不利的。

3）家庭和谐的意义

家庭和谐对于夫妻的健康也有着很大的影响。每一个人都是社会中的人，在社会化的过程当中总是会遇到这样或者那样的困难，当有烦恼能够回到家庭中与丈夫或者妻子去诉说的时候，内心的焦虑就会缓解了大半，这对于一个人身心的健康起着非常大的作用。

家庭的和谐对于老人也有着非常大的影响，而且这是他们晚年幸福生活的决定因素之一。有的老年人在晚年的时候特别的达观，能彼此关爱，看淡生死。他们对于孩子有着更多的理解、尊重和接纳，他们更加明晰自己所处的位置，以及清楚如何安排好自己的生活。

也有很多老人的晚年生活过得并不快乐——他们为儿女们瞎操心，有解决不完的事情。其实，他们的固执对于子女的生活也有着非常大的影响。大家庭对于小家庭的过度控制，会让孩子感觉到无可奈何，他们一方面想挣脱原生家庭对他们的控制，另一方面也会在内心承载着对于挣脱原生家庭之后的自责心理。家庭和谐幸福，是以彼此理解尊重和明晰边界为前提的。家庭作为社会的基本单元，幸福指数提高了，那么社会的稳定就会增强。也就是说，我国社会和谐的实现有赖于千万个家庭的和谐，和谐社会的构建，应该从和谐家庭建设着手。

和谐家庭也有着丰富的内涵，它不仅仅包括家庭成员中的自我意识、边界意识，同时也包含着家庭与社会的关系、家庭与自然的关系。

近年来，离婚率上升的趋势越发明显，而影响家庭稳定的因素很多，传统的婚姻观念受到冲击，婚外情、婚外性、歧视女童、家庭暴力、亲子冲突、老人赡养等问题凸显，甚至有些家庭由于男女经济地位上的不平等，造成了对于经济地位低下一方的歧视。在有些家庭，丈夫对妻子隐形的歧视时有发生，男主外女主内的现象在很多家庭当中有一定的普遍性，有的男人认为自己挣钱养家付出更多，对妻子做家务不认可，这些都成为夫妻沟通的主旋律。同时由于双方成长的原生家庭背景不同，对于共同养育一个孩子的理念也并不一样，双方过于强势而没有有效沟通，那么在教育孩子方面，就会出现非常大的差异，而这就会让孩子处在两难的境地。

而有的夫妻为了争夺在家庭中的地位，也会在教育孩子的方法上得以显现。还有的小夫妻在生养孩子之后忙于工作，不得不把老人请来照看孩子，但是由于彼此养育孩子的观念不一样，有的老人过于强势，导致老人与儿女之间出现各种矛盾，年轻夫妻在找不到更好的解决矛盾的方法后，常常会让老人回到老人自己的家里而请保姆照看孩子，这就会让老人感觉到自己是没有价值的，并对儿女心生芥蒂。

可见家庭是建立在婚姻和血缘关系的基础之上的，它具有不同的历史形态，是历史的产物，同时也根植于社会当中，是一种社会性的组织制度形式。

2. 夫妻关系冲突对孩子的影响

夫妻关系隶属于亲密关系，是一种特殊的人际关系，是一切家庭关系的基础和起点，是人在自然属性和社会属性的基础上实现的两性结合，有合法的性关系和特殊的情感交集，并共同承担家庭生活的重担，彼此支持、信任、理解、接纳生儿育女抚养后代和赡养老人的任务。

夫妻关系的好坏直接影响到家庭的和谐稳定、亲子关系的依恋形成。夫妻双方不仅承担着社会责任，还得对整个家族的和谐负责，而更为关键的是要对孩子的成长负责。如果一个家庭里，夫妻关系长期维系在各种冲突中，就会对孩子产生以下一些影响。

（1）夫妻关系冲突孩子易产生自卑心理

有研究表明，中国儿童心理问题发生率高达12%～16%，心理疾病患病率则为2%左右。父母之间关系是否和谐，对于孩子能否健康成长起到至关重要的作用。孩子与父母之间互动的模式以及父母之间的互动模式，对于他未来与社会人的互动，以及在婚姻当中与配偶的互动能起到非常大的作用。

孩子较小时，在父母争吵的过程当中，他们无法知道父母之间是因为什么争吵，他们之间发生了什么，但他们内心是有感知的，他们常常希望通过自己的优秀表现来化解父母之间的矛盾。

但是这样的想法常常会让他们感觉到起不到太大作用，甚至对于他们的优秀表现父母也常常置若罔闻，那么他们的成功在父母那里没有得到肯定，渐渐地，他们就会产生自卑的心理，他们会认为自己做得不够好而产生自责，而成年之后他们则会形成很多的人格缺陷、社会适应性障碍等各种问题，从而导致他们心理健康异常等。

（2）夫妻关系冲突孩子易引发情绪问题

夫妻关系不合，会使孩子在读书阶段以及进入成人社会后，更多地表现出焦虑、躁狂、抑郁、退缩、对于规则的挑战、攻击性以及反社会行为等，有的孩子为了使自己能够减少因父母争吵对自己带来的伤害，他们会躲在一个角落里，希望父母能够停止争吵，但当他们发现所有的方法都无法阻止父母的争吵时，那么他们就会采取一种解离的方式对父母的争吵置若罔闻。所以成年之后，他们想要跟人建立关系是十分困难的，因为他们无法感知到他人的情感部分，厚厚的防御阻止了他们和其他人建立关系的能力。

有的人在成年之后，理性思维是很强的，但是在与人沟通互动的过程当中，却很难看到他的情感部分，所以他很难把亲密关系以及亲朋好友的关系，向日益亲近的方向发展。

（3）夫妻关系冲突易引发孩子婚姻代际传承

有的人并不认同父母之间的关系，希望在自己的婚姻当中是和谐的、美满的，但是随着婚姻关系的日益推进，他在成长过程当中内化的父母沟通的争吵模式，在婚姻当中得以显现，他们自己也很奇怪，为什么就变成了父母的样子，那是因为在他们成长的过程当中，在父母的冲突当中他们习得了不当的人际交往模式以及破坏性的冲突解决策略，在他们的内心中内化了父母直接以争吵的方式去解决问题的模式，所以成年之后与人交往的时候，他们也是以一种争吵的模式进行，并且把这样的模式带进了夫妻关系当中，而他的子女也是看着父母的沟通模式长大的，所以就形成了代际传承。

这样的一种模式已经变成了他们潜意识的一部分，所以到了婚姻生活当中就会不由自主地呈现出来。

（4）夫妻关系冲突影响孩子安全感的建立

夫妻之间的冲突也会影响到一个人安全感的建立。在夫妻争吵模式下长大的孩子，他们对于周围的人缺乏信任，感觉他们是不可靠的，而且在与人交往的过程当中，他们常常存在恐惧心理，严重的会形成社交恐惧症。

他们在与父母互动的过程当中形成的是不安全依恋，有时候父母争吵会把责任推到孩子身上，对孩子有更多的打骂。在这种家庭里成长的孩子，在学校一旦与人发生一些矛盾，往往回到家中得不到父母的支持和肯定，父母对于他的痛苦情绪，不会及时地去关注和回应，会让他感觉到自己在父母那里是不重要的，是不好的，是因为自己的错误导致了事件的发生。

所以我们常常会看到有的孩子长大之后，自卑心理和自责的心理非常严重，他们很容易产生抑郁情绪，他们对周围的人、事、物是不关心的，是无感的。

他们在父母的冲突过程当中，承载了父母关于冲突及其附带的压力，而他们最终产生心理问题的主要原因是对父母之间冲突的不恰当归因以及由于应对不良而呈现出的病态症状。

孩子在面对父母冲突的时候，会在内心对这个冲突进行评价，思考婚姻问题产生的原因，并且合理化自己对于父母冲突的想法，然后习得一种应对的模式，而这样的应对模式，往往是以病态的方式呈现的。

当孩子与社会融入成为一个问题时，父母才开始反思自己的行为。但是这个时候孩子的人格已经初步建立，如果父母没有很好改变的话，孩子就会很难走出抑郁心理，在社会当中也很难实现自己的价值。

3. 夫妻关系对工作的影响

一个人的关系领域主要包括个人的领域和社会的领域，对于成年人来讲，社会领域是工作，而个人领域是家庭，家庭和谐与否对于工作有着很大影响。有研究显示婚姻质量的高低与个体工作满意度的波动有着显著的相关性，在自主创新、人际关系、权威议题、加薪提升等方面，有着不同程度的影响。

（1）良好的夫妻关系对工作有促进作用

夫妻关系和谐，双方会更容易抒发内心的幸福感，在沟通和交流当中就会激起积极的情绪反应。情绪反应是指情绪刺激或情绪事件引起的个体生理唤醒、外部表现或主观体验。同时情绪也会激发身体的反应，激发内在能量，使个体拥有昂扬的斗志和创新精神。积极的情绪反应，会激发人们更好地处理工作中的人际关系，对于领导安排的工作和在团体当中承担的责任，有积极的心态，能够很好地完成任务。

情绪是一种对正在进行的环境中好的和坏的信息的生理和心理反应的组织，它依赖于短时或连续的评价，它能激发起个人的主观体验、外部表现和生理唤醒。

一个人的存在需要多种资源，家庭成员的支持是重要的组成部分，当家庭成员对他具有积极的肯定支持和关注的时候，他在外面受到了委屈也会被家人察觉，这让他感觉自己不是一个人在承担痛苦。同时家人的理解也会给到他强大的内在支持，让他在面对困难的时候，能够拥有积极的心态去解决困难。

（2）家庭关系支撑分为两个部分

家庭关系支撑分为两个部分：一个部分是主观的、可见的实际支持。如在重要的节日互送礼物、在对方需要物品的时候主动购买等。当拿到对方礼物的时候，他会感觉到对方非常在意自己，而且他也会感觉到对方和他同在。

我们常常会看到，夫妻双方送给彼此非常重要的礼物，他们会随时带在身上，从某种程度上来讲，那不仅仅是一个礼物，更是对方随时关注自己，跟自己在一起的见证。

另一部分是情感支持。我们常常会发现，有的夫妻之间沟通很少，下班之后彼此拿着手机，对方在外面受了怎样的委屈，有着怎样的困难，自己并不知晓，而且常抱怨对方不跟自己沟通。如果对方跟自己谈困惑的时候，得到的都是指责、抱怨和批评，他内心的痛苦在你这里得不到满足和支持，就是在消耗他的内在能量，他内心的体验是不爽的。如果连自己的亲人都不能给到自己想要的，这样的感受就会让他更加沮丧，所以他就会封闭自己，不再跟配偶有沟通的愿望。

这时，情绪就存在他的身体里，如果不能够及时得到疏解的话，第二天上班的时候，他就会感觉到心情是烦躁的，身体是疲惫的，在单位不想和人说话，也不想做事情。我们是单位中的一员，要承担相应的责任，如果此时领导对他所做的事情批评或者同事对他做的事情指责和抱怨，就有可能引爆他的情绪。这样，不仅仅他的工作完成是个问题，而且也会影响到他和领导及同事的关系。

这样的工作环境，会导致他的内心更加烦躁，情绪无处发泄，回到家里他有可能就会向配偶表达自己的愤怒，而正性的沟通无法建立起来，就可能会以争吵的方式来呈现。而如果配偶不能够理解他，就会让争吵升级，第二天去单位的时候，情绪就更加糟糕。在这样的一个情绪体验下，完成正常的工作任务都有可能是艰难的，更别说对于工作的积极创造和主动性的激发了，所以就会形成恶性循环，让人更加的萎靡不振，对人和事就更加不感兴趣。

（3）人在单位里的三个需要

人是社会中的人，每个人都是单位整个系统中的一分子，在单位里每个人都有三个需要：情感需要、尊重需要、归属需要。如果一个人的人际关系很糟糕，那么这三点就很难满足到他。因此，在单位里他会感觉到自己是被排斥的，不被接纳的，是另类的。

一个人最大的痛苦不是被人轻视，而是被群体排除在外，这样的糟糕体验，很难使他在工作当中有突出的表现。同时消极情感是意志系统的一个方面，它往往会让人产生一种回避的倾向，使人本能地出现远离危险、痛苦或惩罚的情景。严重的可能会使人产生退却行为，不喜欢去单位上班，一个人躲在家里，行为功能受损，时间久了可能会引起各种精神病症。这样的人在工作当中很难获得存在感和价值感，内心时常会产生无力感和抑郁情绪，这样的状态会使其家庭关系更加恶化，思维更加固化，更关注自己消极的情绪情感体验，高估遇到事情的风险，甚至会使其产生灾难性的想法，这会让其陷入一种防御的状态。

相反，同事之间的关系是亲密的，沟通是顺畅的，个人的情感需求、理解支持、单位归属感就会得到满足，内心就会产生积极的心理体验，内心就是欣喜的、幸福的、有朝气的，这时就有力量和勇气来承担各项任务。

大量的研究显示，同事的尊重支持会使人产生积极的情感，家庭支持会营造一种积极向上的氛围，让人在工作和家庭生活当中的满意度大大提升，并且从公众和婚姻当中更容易获取乐趣，而工作和婚姻当中获得的乐趣反过来又能增加人的积极情感。

爱尔兰积极心理学家艾伦·卡尔（Alan Carr）认为，幸福至少包括两个方面，一方面是情感成分，即对欢欣、得意、满足等积极情绪的情感体验；另一方面是认知成分，即对生活、工作等各个方面满意程度的认知评价。

积极情绪会产生一种预判，告诉我们好事即将发生，同时积极情绪，也会扩展一个人的注意力范围，使人内心更加平和，视域更加开阔，从而在工作中更多地注意单位的人和事，对周围的人和事保持更加开放和接纳的态度，对工作中出现的难题更敢于挑战。在这种状态下，人的思维更加地发散，灵感也能在创新当中不断地涌现，这更加有助于一个人的成长和发展。

4.
如何经营幸福婚姻和美满家庭

婚姻幸福与否，直接影响到一个人的幸福感。两个人虽因爱而结合，但时间久了往往就会被柴米油盐酱醋茶消磨了原有的爱情，致使曾经亲密无间的两个人因琐事而争吵。那么，我们该如何经营婚姻，让婚姻持续稳定，维持亲密关系呢？

（1）心中有个他/她

结婚成家之后，所有重大的决定都与另一个人的存在有着息息相关性，所以当你做出一个决定的时候，正常情况下，一定是两个人共同商量的结果。但是我们常常发现夫妻当中，有的人会过度地控制，决定做的事情会忽略对方的感受，这就会让对方感觉到自己在家庭中是没有位置的，久而久之，就会引发争吵。所以在家庭当中做出一个决定的时候，一定要考虑到对方的利益和感受以及对方的权利，如果家庭当中的事情是夫妻双方共同商量的结果，他们就会在这个商量的过程当中有一种成就感和存在感。

曾经有一对夫妻，经过十几年的打拼，家庭的经济状况已经很好了，但是妻子在成长过程当中，受父母的影响对金钱过度节省，而丈夫一直想买一个一万多元的电视，和妻子沟通了很久依然没有达成。起初丈夫还是耐心地和妻子沟通，后来他的忍耐达到了一定的极限，有一天他就把电视机和音响搬回到家中。妻子看后大吵大闹，以至于夫妻双方闹到无法沟通的地步，致使丈夫搬到单位去住，两个人的冷战无法调和。

在这个事件当中，我们看到了妻子僵化地坚持自己的想法，没有用发展的眼光去看待家庭，现在的经济状态已经很好了，一万元的电视对于他们的家庭来讲，是轻而易举能够做到的事情，而妻子却忽略了丈夫的感受，使丈夫的期待没有被满足，他感觉到非常的失望和失落，通过冷战的方式来向妻子表达自己在家庭中的地位以及权利。

（2）信任是夫妻关系亲密的前提

进入婚姻时间久了，两个人往往会忽略了彼此的情感投入，少了往日的温情，特别是丈夫或者妻子成功之后，另外一方仍然是原地踏步，这时自卑的心理就会导致其对对方的不信任。如对方下班回来晚了或者是跟朋友吃饭，另一方常常很焦虑，难以做事情，频繁地拿起手机想给对方打电话，询问他在哪里，跟谁在一起，种种举动都代表着对对方的不信任。

还有的人会查对方的手机微信以及QQ等，想知道对方跟谁在一起，甚至有的人希望对方一天的行动都要跟他汇报，否则就会认为对方把自己当作了一个玻璃人。

当一个人所有的隐私都不存在的时候，他必然会产生焦虑，时间久了，他就会远离对方。从心理学上来讲，如果你不相信对方，是自己的一个投射，认为自己是不可爱的，没有价值的，不配拥有的，就很容易把这部分的痛苦投射到配偶身上，然后通过跟踪追查的行为呈现出来。但是这样的结果往往会令对方避恐不及，导致夫妻关系的破裂。可见，这种心理的危害有多大。而彼此信任才是夫妻关系稳定的基石。

（3）拥有夫妻时间

在生活中常常会发现，有的夫妻工作很繁忙，回到家里又只顾躺在沙发上看电视或看手机，忽略另外一方的存在。两个人一天都在单位上班，晚上回到家中要尽量不去看手机，安静地听对方分享遇到的新鲜事以及单位的一些事情。要知道，倾听是非常好的安慰，会让对方感觉到被理解接纳，从而产生一种价值感和存在感。这样，如果一个人在外面受到了伤害，家里就像加油站一样，会让他充满了能量。

但是很多夫妻并不会沟通，也不会去倾听，当一方在外面受了委屈回到家述说时，对方常常是一句话，"怎么就你事儿多"，述说者听到这样的话往往就不再想说下去了。所以我们要先学会倾听，理解到对方的不容易，而且在倾听的过程当中要讲述自己的感受和想法，给对方一个参考，从而使他做出一个选择。

（4）拥有相同爱好

爱好是我们缓解焦虑和压力的最好方法之一，夫妻之间共同去打球、散步、旅游等，都会增加二人之间的沟通机会，使彼此可以切磋技巧和能力，分享内心的感受。

有时一方可能不喜欢另一方的爱好，如有的男人喜欢去钓鱼，但是妻子却喜欢逛街，那么妻子也要适当地妥协一下，偶尔陪他去钓鱼，体会他在钓鱼过程中的乐趣，而丈夫钓上一条大鱼，野炊食用，也增添了生活情趣。

当然，丈夫也要腾出一些时间陪妻子逛街。要知道，那种两人同在的感觉会增添两个人对初恋时光的美好回忆。所以即使双方的爱好不同，也要偶尔妥协一下，参与到对方的爱好体验当中，感受夫妻同在的幸福感。

（5）接纳对方，而不是改变对方

好的婚姻可以使夫妻双方互相欣赏，可以支持对方的希望和抱负，成为对方的坚强后盾。但很多家庭的情况是，一方总是指责抱怨另外一方无能，还拿对方与他人进行比较，使夫妻双方陷入没完没了的无意义的争吵中，而在争吵过程中消耗了彼此的能量，让原本想奋斗的一方也没有了动力。

大量的研究表明，夫妻之间的绝大部分争吵是没有办法解决的，争吵的主要原因是没有接纳对方。而对方成长过程当中的点滴进步，都给予肯定，才是夫妻关系日益亲近的最好办法之一。

有的人控制欲比较强，希望对方的想法爱好等都会按照自己的想法去进行，总是想方设法地改变对方，但是每一个人成长的环境是不一样的，所受教育以及价值观有着根本区别。在这种情况下，好的婚姻应是求同存异，非原则性的问题要给予对方更多的理解、接纳和包容。

改变一个人往往是以失败而告终，不如去接纳他与自己不一样的地方。争吵意味着这不是我的问题，是你的问题，只能让冲突升级，如果夫妻双方没有觉察和反思，那么争吵就会成为他们夫妻沟通的常有模式，这样的模式周而复始，并且会代际传承，使儿女习得这样的夫妻沟通模式。

有的男人在争吵过程中，常常是败于下风，所以他们惯常的模式是冷战离家出走。冷战会让夫妻关系表面平静，本质问题依然留存，夫妻之间的沟通中断。

冷战也是对对方的轻视，这会使愤怒的一方更加抓狂，所以有的人会通过摔东西来发泄自己的愤怒，如果他不能管理好自己的情绪，就会陷入情绪被淹没的状态中，导致夫妻关系更加疏远。现实中，没有人会在一个不再获益的关系里久留，久而久之，婚姻就亮起了红灯。

在85%的不幸婚姻中，丈夫大都是冷战者，夫妻之间要么在同一个屋檐下各过各的生活，要么丈夫搬去单位居住，这样就会使夫妻很难共同完成一些活动，如共同教育孩子，与孩子共同玩耍，一起参加朋友聚会、家庭聚会等。一旦这种状态使得他们在内心已不再有彼此，而且已经习惯了不再沟通的模式，他们婚姻的这座大厦就岌岌可危了。

（6）赞美和肯定是润滑剂

每一个人都喜欢被赞美和肯定，在夫妻关系当中也是如此。当妻子穿上一条新裙子，丈夫投以温柔的目光，说很漂亮，而且丈夫的声音是温情的、友好的，目光是赞美和欣赏的，这就为夫妻之间的沟通架起了桥梁。

在生活当中争吵的夫妻常常是在表达着自己为家庭的付出，没有被对方看到，因此，适当地去感谢对方为家庭做的贡献以及家庭拥有他的重要性，可以有效缓解矛盾。

有的夫妻认为，对方确实做得很多，但不需要表达。而实际情况是，夫妻之间更需要感谢对方所做的事情，因为当你表达出来之后，他就会感觉得到了你的认可，他内心的存在感和价值感就会得以提升，那么以后他就会更加努力地去工作和为家庭做出贡献。

另外，有的配偶总是指责对方做得不够，对方完成了一件事情，又有另外一件事情需要去完成，永远无法休息，所以他就会认为无论我怎么做他都无动于衷，索性他什么也不做了，这在心理学上叫习得性无助。

指责和抱怨永远无法去改变一个人，相反欣赏和赞美一个人，往往会使对方的行为发生改变。如同教育一个孩子一样，你鼓励他的时候，他一定会按照你说的方向去发展，所以内心希望配偶成为什么样的人，你就把他赞美成什么样的人，最后他真的就有可能会变成你想要的样子。

（7）夫妻争吵有底线

漫长的婚姻生活，夫妻双方没有争吵是不可能的（争吵是负性情绪累加的结果）。其实，争吵并不可怕，可怕的是让沟通中断。

有的夫妻在争吵过程当中辱骂、贬低对方，这就会让对方更加的暴怒，同时会把多年前的事情一遍又一遍地翻出来，甚至有的人每次都会把多年前发生的一件小事讲出来，不依不饶。这就会让另一方非常抓狂，他们说得最多的一句话就是你有完没完，而在情绪当中的另一方就更是歇斯底里。

所以争吵还是要就事论事，之前已经发生的事情不要再提及，在矛盾发生的时候不去累加，使双方经过沟通进行整合。我们常常会发现，夫妻争吵之后的冷战，一方会说当时吵架的时候，另一方骂了他一句话让他无法接受，这句话是让他特别痛苦的。所以矛盾冲突即使发生了，我们依然要有一些理智，不要去揭对方的短。当我们遵守了这样一些规则，并且在争吵之后能够很快冷静下来，和对方去沟通，夫妻的关系才会历久弥新。

（8）依恋类型影响夫妻关系的亲密程度

心理学家约翰·鲍尔比把依恋分成三种类型。

一是安全型。当父母离开房间时，婴儿会安静地玩耍；当父母返回时，婴儿能够主动地寻找父母，并且很容易在父母的安慰下平静下来。

二是焦虑－抵抗型。大约有20%或者是更少的儿童，在父母离开的时候，他们会感觉到不安，在分离之后会变得极为痛苦，当父母重新与他团聚的时候，他很难平静下来，并且出现相互矛盾的行为。一方面他们想得到安慰，另一方面他们又想惩罚擅离职守的父母，表现出对父母既想亲近却又疏远的矛盾心态。

三是回避型。大约有20%的儿童显得不会因为父母离开而过于痛苦，并且在父母回来的时候并不会主动与父母接触，有时会把自己的注意力转向其他的物体。

儿童一般在出生一年之内与父母形成依恋关系，而早年与父母形成的依恋模式，直接影响到成年之后他与其他人互动的模式。父母对于婴儿需求的敏感与否，都会无形中在婴儿的心里产生影响，使婴儿在成长过程当中形成内部的工作模式，这种模式内化了依恋对象和自己以及两者关系的内在表征，最后转变为一种无意识自动化的运作。这种行为模式一旦形成就具有了很强的保持自我稳定的倾向，对人们成年后的人际关系以及在婚姻当中的夫妻关系，都会产生长期的影响。

在儿童整个的成长过程当中，他看到了父母之间的互动模式，并且把这样的互动模式内化成自己家庭夫妻互动的模式，在自己成家之后便会复制过来，成为自己潜意识的一部分。

如果夫妻二人一方的内心是焦虑型的并处于回避模式，他就不懂得与安全型依恋模式的另一方如何相处，前者往往会对对方过度地干预和控制，后者对于前者的情感反应，则无法及时回应，从而导致夫妻双方很难理解彼此，关系更加疏离。

在夫妻互动当中，个体倾向于用自己的内部工作模式去理解对方，与早年父母互动具有一定的相关性。安全型依恋的人，更喜欢与他人交往，很容易发展出轻松信任的人际关系；回避型焦虑的人经常会怀疑和迁怒他人，不容易形成信任和亲密的人际关系；焦虑–矛盾型依恋的人与他人的关系常常变得紧张和过分依赖，表现出对于他人的过分贪求。所以在婚姻生活当中，无论是回避型依恋还是焦虑–矛盾型依恋，都要进行自我成长，而且在婚姻生活当中既要独立又要与配偶形成亲密的连接。

（9）养育孩子观念要统一

有的父母在养育孩子当中会呈现出诸多的矛盾，比如，一个对孩子过于严厉，另外一个对孩子过于宠溺，这样，当严厉的一方教育孩子的时候，另一方就会过来百般阻挠，让孩子的内心特别焦虑，使他不知道应该听从谁的，也不知道谁是对的。

所以夫妻一方在教育孩子的时候，另一方如果认为不对，也应该在事情结束之后单独跟配偶去沟通，并且达成一致意见。而当孩子出现各种问题的时候，夫妻也应共同想办法去解决，而不是互相指责抱怨，导致矛盾升级，最终使孩子在中间受到更大的伤害。

第十一章

中医心理
——"形神合一"是健康之本

在人类历史的长河中,中华文明独树一帜。在灿烂的中华文化当中,中医是一颗璀璨的明星,有着几千年历史的中医,为中华民族的繁衍昌盛做出了不可磨灭的贡献,而且其整体观念的自身特点,注定了它保障人类心身健康的使命。中医不仅在养生保健方面值得借鉴,而且在预防治疗某些疾病方面也表现出色。无论是基础理论还是古代医案对情志致病机理及治疗方法中医都有记载,中医把人当作一个整体来看待,历来对人的心理健康与生理健康同样重视。

1.
中医心理健康的相关概念

(1) 情志

1) 七情，指喜、怒、忧、思、悲、恐、惊七种情绪体验和表现。

2) 五志，指喜、怒、思、悲、恐五种情志，它们分属于五脏，即喜为心志，怒为肝志，思为脾志，悲为肺志，恐为肾志。

3) 情志，是机体对所处环境状态的情绪体验和表现。七情超过了人体自身的调节范围会对人体造成损害。

(2) 情志的相关概念

1) 相关定义

神志，是指人的精神、意识及思维活动。七情的具体含义为：

①喜是人对感知到的信息产生的一种轻松愉悦高兴的情绪体验和相应的生理行为表现。

②怒是人对感知到的信息所产生的一种愤怒而带有敌意的情绪体验和相应的生理行为表现。

③忧是人对感知到的信息所产生的忧心忡忡的情绪体验和相应的生理行为表现。

④思是人对感知到的信息进行思考分析和评价以及解决问题的思考过程，包括内在的情绪体验和外在的生理行为表现。

⑤悲是人对感知到的信息所产生的一种哀伤、悲痛的情绪体验和相应的生理行为表现。

⑥恐是人对感知到的信息所产生的一种惊恐、畏惧及不安的情绪体验和相应的生理行为表现。

⑦惊是人对感知到的信息所产生的一种紧张惊慌的情绪体验和相应的生理行为表现。

2）情志病症与心身疾病

情志病症，是指在疾病发生、发展与转化的过程中，情志因素起主要作用的一类疾病，包括心理疾病、心身疾病、精神疾病。

心身疾病又称心理生理疾病，是一类表现为躯体症状，但在发生、发展、转归和防治方面与心理社会因素有密切关联的疾病。

2. 中医心理健康的基本观点

（1）形神合一论

中医学把人体看作一个形体与精神活动的统一体，而不是把形与神分开看待，各自剖析，也充分体现着中医的整体观念贯穿于养生保健辨证治疗的整个过程。

中医学认为神、魂、魄、意、志分别属于心、肝、肺、脾、肾五脏，心藏神，肝藏魂，肺藏魄，脾藏意，肾藏志。

1）心藏神：指心具有主宰五脏六腑、形体器官的一切生理活动和精神意识思维的功能，心主血脉，把营养物质输送给各个组织器官，血液循环的正常运行，是各脏腑组织器官发挥正常功能的保障。

2）肝藏魂：中医认为肝具有藏血的功能，血是精神思维意识活动的物质基础，魂是随心神活动所做的思维意识活动，如肝血不足，则出现失眠或睡则做梦，梦境纷繁，甚至醒后困倦，情绪低落的情况。

3）脾藏意：思维意志活动为脾所主，思虑属于人体的一种情志活动形式，思虑过度可以导致脾的运化功能失常，精气不升，头晕目涩，不思饮食。

4）肺藏魄：肺吸入自然界的清气，与血混合，提高血的营养功能以供脏腑组织器官，化生精气，增强各组织器官的功能，而魄为人体精气所化生，蕴藏于肺。

5）肾藏志：志指情志、志向、记忆，要想使志坚定不移，要依赖于人体精气的充盛，而肾藏精，是人体精气的发源地与收藏者，所以肾的强弱会坚定志的状态。

（2）情志致病机理

1）心神功能紊乱

情志是在心的统率下，与各脏腑器官协调作用而产生的。人在受到过度的刺激后，心神受扰，甚至紊乱，心不能正常统率协调各脏腑器官，各脏腑器官就不能正常发挥其应有的功能作用，进而使人产生疾病。

悲忧太过，伤于肺，导致肺主气的功能不利，会使人出现胸闷气短、咳嗽等症状。

喜太过，即高兴过度，会伤心，主血脉的功能受损。古代书生范进，考举人多年不中，最终中举，因大喜过度，出现心神涣散而疯癫。血脉运行不利，其他脏腑缺乏血液的营养，就会使人产生各种病症，如精神失常、心悸、失眠、多梦、头晕、乏力、口舌生疮、胸闷气短等。

思虑过度，伤及脾，导致脾的运化功能失常，会使人出现不思饮食、大便溏稀或便秘等临床症状。

大怒，先伤及肝，常出现头晕目眩、胸胁乳房胀痛，进而伤及其他脏腑。伤及胃可出现吐血，伤及肠会出现腹痛便血，伤及脑会出现眩晕，甚至昏迷，而临床常见的是高血压患者在大怒时出现脑出血。

惊恐过度，先伤及肾，导致肾的功能失常，可出现大小便失禁、尿频、遗精、阳痿、早泄等症状。

总之，情志异常可引起机体生理功能改变，因为它涉及全身各个系统。

2）气机功能失调

人体气机升降出入正常，是气血运行通畅，脏腑器官发挥正常功能的保障。过度的情志刺激可以引起气机升降出入失常，导致各种疾病的发生。怒则气上，因为愤怒会导致气的升发过度，而血随气升，会出现面红耳赤、头晕目眩，甚至会出现脑出血。恐则气下，惊恐过度可出现气的升提不足，产生晕厥、大小便失禁。思则气结，思虑过度气机郁结，会出现乏力，胃肠消化功能减弱，不思饮食。

3）精、气、血、津液失常

精、气、血、津液是构成人体和维持人体生命活动的物质基础，人体的生命活动在气的推动下，使津液、血、精的营养输送到各脏腑组织，使各脏腑器官发挥正常功能。情志调畅，气血调和，脏腑功能健旺，则精、血、津液的生成运行与营养代谢正常进行，而情志不调，则会导致气机失调，使津液、血、精的代谢紊乱，从而使人产生各种疾病。

精、气、血、津液不足：中医认为脾是人出生后提供人体所需营养物质的主要脏器，思虑过度，气机郁结，会影响脾化生气血的功能，进而导致肺气不足，肝血虚，肾精亏，使人出现乏力、失眠、头晕、脱发、咽干目涩、月经量少、大便干燥、皮肤干涩脱屑、瘙痒等症状。

精、气、血、津液阻滞：气郁则气的运行、血和津液这些液体的功能不足，可出现液体停滞，变成痰，凝结于体内脏腑组织，形成病理产物，出现某些病症，可以使人出现哭笑无常、情绪低落、口吐清水痰涎、神昏谵妄等症状。而血液停滞则会形成瘀血堵塞大脑，可使人出现言语不清，肢体活动不利，甚至瘫痪在床且二便失禁，堵塞心脏，缺血，甚至梗死。

气郁，表现为结膜充血，口干咽痛，皮肤、耳鼻生疮，舌肿痛，口唇疱疹，口腔溃疡。火过旺则水就会减少，表现为津液相对的不足，使人出现低热，心烦易怒，潮热盗汗，尿少而赤等。

经络不利：经络是运行全身气血，联络脏腑形体官窍，沟通内外上下，感应传导信息的通路系统。人的生命活动中，每时每刻都有信息的发出、接收、交换与传递，而经络就是信息传递的载体。气的运行正常，也是经络发挥正常功能的保障，如果气郁则经络阻滞，可出现疼痛麻木。常见的有生气后出现乳房胀痛，腹胀腹痛，上肢麻木疼痛，胁肋疼痛，甲状腺疼痛等。

（3）情志致病的特点

情志病涉及了内、外、妇、儿、眼、耳鼻喉、皮肤等各临床科室，涉及全身各系统，如消化、呼吸、循环、神经、内分泌、泌尿等系统，可导致高血压、冠心病、哮喘、甲状腺功能亢进、胃溃疡、尿频、阳痿、痤疮、湿疹、抽动、秽语综合征、不孕症、月经不调、青光眼、失眠等。情志病的病程长，易复发，如抑郁、焦虑不容易消除，所处环境不易改变，不良刺激反复出现，造成情志病反复发作。情志内伤往往会伤及多个脏器。情志病与体质有关，如贫血易出现失眠、抑郁、焦虑、恐惧等症状；肾虚易出现恐惧；心气虚易产生悲伤情绪，心气充实则好喜笑。情志过激易加重病情，如哮喘遇到气机郁结过度，会加重哮喘，而冠心病者则会加重心肌缺血。

3. 中医维护心理健康的方法

调神是中医预防疾病的重要措施，对心理疾病的预防非常重要。调神先要避免外界环境的不良刺激，再提高自身心理的适应能力。

（1）清静养神

静则神藏，清心寡欲。恬淡虚无的状态，能使人体气血平和，气机调畅。心静则神安，神安则人体内的真气和顺，内火不生，正气不虚。当今社会，信息量大，物质丰富，人们受到极大的诱惑，内心不再像以前一样平静，而为名利私欲所激荡，就会使人产生失眠、焦虑等症状。这就需要人们清静养神，而养神的方法重在能够静，主要是指心静和心无外物，因为心为五脏六腑之大主，心主神明。在这种保持静的状态下，有效地减少了精与气的耗损，而精与气是维持生命存在的物质基础，也是预防疾病与病后康复的重要物质，所以清静养心，养心则养神，神足精自充，即精神满满，正气充足，免疫力强大，遇到传染病、流行病，不容易被感染，即使染病也病情较轻易于康复。清静不是呆呆地静止不动，而是要在动中求静，也就是说在人的一生当中，在做任意一件事情的过程中，应当精神专注，静下心来，不为外物所扰。

（2）养神方法

1）闭目养神。我们常见的养神方法是闭目养神。眼睛是心灵的窗户，闭上眼睛纷繁复杂的外界事物就不会刺激眼球，进而扰动心神。心不动，神不摇，五脏六腑，四肢百骸就会各行其道，各司其职，有条不紊地进行着人体的生命活动。可见，只有闭上眼睛才有利于调整散乱的经气，使之回归到正常的状态。气是精的物质功能行使者，神是气的外在表现，只有气的运行恢复正常，机体才能发挥正常的各项机能。

2）四时调神。春季阳气升发，宜养肝疏肝，培育阳气；夏季阳气旺盛，自然界的火热与人体的内热互扰，这时人们最易采取过度寒凉的应对措施，来度过酷暑，其实这是错误的，因为我们人体的阳气在夏季也升散于外，不同于秋冬季节阳气闭藏于内，所以不可过度泻火；秋季燥热寒凉，温差变化大，要及时增减衣物，饮食宜滋阴润肺；冬季寒冷，宜补养阳气，增加营养，多晒太阳，生活规律，不可扰动阳气，更不要过度消耗，因为有一分阳气，便有一分生机。

3）保持心情快乐。喜则气和志达，气血通畅，意志和精神专注，魂魄不散，愤怒不起，五脏不受邪。心为君主之官，五脏六腑之大主，心主喜，所以养心是养生的重要内容。可采取适度的运动，使气血运行保持通畅，肢体脏腑组织协调，长期静止不动使机体功能退化，不能够适应生活所需，会产生悲观失意等不良情绪。听音乐调整情绪，通条百脉。人作为社会的一员，不可避免地要与他人合作，要合作就要学会与人相处，而只有愉快地与人相处，游刃有余地立足于社会，正确地认识社会与自身，学会自我调节，才能保持愉悦的心情。

4）培养兴趣爱好。好的兴趣爱好是良好的情绪调节剂，如听书、读书能使人沉浸于书中描写的情景当中，暂时忘却现实生活中的烦恼与不快。

5）制定目标。气属阳，性喜升，要想让气保持旺盛，就要有积极向上的想法，实现了则心气更加充实。这就需要人们制定一些目标，通过实现目标来提升阳气。制定目标要可实现，不可太过高远，否则会适得其反。要知道，"不积跬步，无以至千里""九层之台，始于垒土"。毕竟只有每个小目标实现了才能最终实现大目标，站立于九层高台之上，放眼千里。

（3）用中医的望诊察异常

通过照镜子，用望诊的方法可以观察到自身的面部表情，是呆板还是喜悦，是眉头紧锁还是喜上眉梢，然后可根据表情调整行为和认知来及时调整心理状态；望舌，看到舌质紫黯，推测体内多有气血瘀滞，可能是因为之前气滞不舒，气滞导致血瘀，最终可形成饮食积滞不化，甚至发展为肿块。饮食积滞，可见舌苔厚腻，此时要及时调畅气机，并且同时用消食化瘀的中药。如果肝气郁结严重，可见面色青黯，易暴怒，而暴怒则肝阳上亢，出现面红耳赤，这时要及时降逆顺气，以免发生脑出血或上消化道出血。

第十二章

职业心理
——提升职业幸福感

职业与人们的生存和发展密切相关，职业本身又具有实现心理健康的功能，但是在竞争日趋激烈的现代社会，职场不仅是成长的平台，还是人生拼杀的战场，影响着一些职业人的身心健康，随之带来职业发展的困局。职业心理健康是实现健康中国必不可少又至关重要的一环，我们要不断提升自身心理素质，运用心理学因素预防心理问题、掌握心理调适技术、促进身心健康、提升职业幸福感。

1. 如何认识职业心理健康

职业是指人们所从事的服务于社会的工作。大多数人是为了生活而工作，通过工作，人们利用专门的知识和技能，获得合理的报酬并作为主要生活来源，为社会创造物质财富和精神财富。同时职业也会满足人们的精神需求，即使不为生计而烦恼，人们也会有工作的动机，通过职业和工作掌握知识和技能，促进个人的发展和表达自己的社会价值。因此，职业是人们参与社会分工的主要途径，是社会生活的必要组成部分。

（1）职业特征与心理需要

职业具有经济性，也称为功利性。职业和工作可以满足人们的生活和心理需要，它能够充实时间，为人们提供具有连续性、稳定性的事务，保障人们的物质需求和安全需求。

职业具有规范性。职业和工作具有相应的内部规范操作性要求和职业伦理规范。职业的规范性体现了职业专业性的要求，这在某种程度上规定了人们的生活方式和行为模式。例如，医务工作者以救死扶伤、治病救人为己任，不谋私利、不畏风险、不辞辛劳、千方百计为患者解除病痛，把维护患者生命、增进人类健康作为崇高职责；公务员要坚定信念、忠于国家、服务人民、恪尽职守、依法办事、公正廉洁。不同职业特征会影响人们的兴趣偏好。

职业具有技术性。不同职业有不同的技术要求，这就需要职业人具备相应的知识技能，满足智力需求，不断学习与成长。

职业具有社会性。不论是职业内还是职业间都涉及人与人之间的关系，人们不仅可以通过职业活动获得自我需要的满足，还可以在职业活动中满足社会需要，而职业劳动成果也会表现出相应的社会价值。因此，职业为人们提供了与人交往的机会，帮助我们与他人建立友谊和职业关系。工作上的成就也会给我们带来自尊、自信和心理上的充实感、精神上的满足感。

职业具有时代性。由于科学技术的变化，人们的生活方式、思维模式、习惯等因素的变化导致职业会具备一定的时代烙印。随着科学技术的快速发展，社会生活瞬息万变，对职业人的成长要求也越来越高。

心理学家亚伯拉罕·马斯洛（1954）提出，人们工作是为了满足五种基本需要。五种需要像金字塔一样，从低到高排列，依次为生理的需要、安全的需要、归属与爱的需要、尊重的需要和自我实现的需要。第一，生理的需要是最基本的一步，我们通过工作获得生存的满足，购买生活必需品获得物质资料，如食物、房屋等。第二，我们在工作中获得相应的薪酬和收入以保障安全稳定的生活，保证自己的安全感。第三，人人都有归属的需要，需要担任重要的社会角色，为社会做出贡献。工作中我们认识他人并与他人相处，共享兴趣，形成一定的团体，实现个人对团体的认同，是满足归属需求的重要途径。第四，工作上的成就和努力带给人们满足和动力，可以让我们熟练掌握某种技能，获得职位的提升，实现自我的价值，并获得他人的尊重。第五，自我实现的需要是人的需要层次中最高层次的需要。马斯洛认为自我实现的需要，"可以归从对于自我发挥和完成的欲望，也就是一种使它的潜力得以实现的倾向。这种倾向可以说成一个人想要变得越来越像人的本来模样，实现人的全部潜能的欲望"。自我实现的人对天赋能力、潜力等能够充分开拓和利用，这样的人能够实现自己的愿望，对他们力所能及的事总是尽力去完成，表现了一个人的创造性、自觉性和道德水平。因此，工作的价值也体现于此，真正自我实现的人能够在职业活动中充分挖掘自己的潜能，自觉自发地发动创造力解决问题，让自己全身心地投入实现自我工作价值的乐趣中。

综上，职业与我们的生活息息相关。我们之所以工作，是要满足我们的生活需要，要担任重要的社会角色，也要完成有意义的人生任务。

（2）职业心理健康

健康包括身体健康和心理健康。职业心理是人们在职业活动中表现出的认识、情感、意志等相对稳定的心理倾向或个性特征。职业心理健康是指从业人员在工作场所或工作状态中的心理健康状态。这是一种高效而满意、持续的心理状态，主要体现为从业人员的五大心理状态：职业压力感、职业倦怠感、职业方向感、组织归属感、人际亲和感都是积极均衡的。它不仅关系到从业人员自身的健康幸福,也关系到企业与社会的和谐稳定发展。可以说,心理健康是人们健康幸福的重要内容。

从业人员的职业心理健康标准是:

1)有适度的安全感,有自尊心,对自我的成就有价值感。

2)适度地自我批评,不过分夸耀自己,也不过分苛责自己。

3)在日常生活中,具有适度的主动性,不为环境所左右。

4)理智、现实、客观,与现实有良好的接触,能容忍生活中挫折的打击,无过度的幻想。

5)适度地接受个人的需要,并具有满足此种需要的能力。

6)有自知之明,了解自己的动机和目的,能对自己的能力做客观的估计。

7)能保持人格的完整与和谐,个人的价值观能适应社会的标准,对自己的工作能集中注意力。

8)有切合实际的生活目标。

9)具有从经验中学习的能力,能为适应环境而改变自己。

10)有良好的人际关系,有爱人的能力和被爱的能力。在不违背社会标准的前提下,能保持自己的个性,既不过分阿谀,也不过分寻求社会赞许,有个人独立的意见,有判断是非的标准。

心理健康是职业成功的内在保障。古往今来,要使自己立于不败之地,除了具有强健的体魄,还必须具备强大的心理资本。希望、乐观、坚韧、自信是人们自强不息的持久精神动力。美国西点军校号称是培养商界领袖、将军、精英人士的摇篮。在西点军校中最昂贵、最有价值的课程——"野兽"计划就是教学员如何练就超级强大的内心。积极心理学家达科沃斯通过对历年"野兽"计划中的学生调查发现,最终完成该计划的学生大部分都有极为成功的事业和美满的家庭,而他们成功的秘诀,就是"野兽"计划让他们成了富有激情、韧性和进取心的人。

心理健康可以促进企业生产力。员工是企业最宝贵的资源,其精神面貌、心理状态直接影响企业发展。受到心理问题困扰的员工容易出现失落、抑郁、焦虑等情绪,患上上班恐惧症、职业枯竭症、职业倦怠症等常见职业心理疾病,从而导致工作热情低下、旷工与离职率增加,最终影响工作效率、服务水平和企业绩效。据统计，幸福的员工比不幸福的员工绩效高出16%，而且幸福感强的员工也更有合作精神、创新精神。

心理健康可以提升企业的软实力。员工心理健康是企业文化建设的重要内容，也是企业软实力的构成要素。企业发展需要调动每位员工的积极情绪，激发他们的正能量和创造力，进而提高组织的凝聚力、战斗力和竞争力。同时，员工在工作中展现出的优秀个人素质和良好精神风貌，也树立和展示了良好的企业形象。

2. 常见的职业心理问题

随着我国经济社会快速发展、市场竞争加剧和工作生活节奏加快，人们的精神压力与日俱增，由此导致的个体心理行为问题及其引发的社会问题日益凸显，职业人群沦为心理亚健康的重灾区。据东湖大数据发布的《2016职场人心理健康数据报告》显示：78.9%的职场人饱受焦虑煎熬，61.4%患有抑郁症，59.4%患有强迫症，57.9%认为自己不幸福。可见，心理健康问题已成为当今职场人难以回避的问题。

（1）职业倦怠

职业倦怠指个体在工作重压下产生的身心疲劳与耗竭的状态。职业倦怠最早由弗雷登伯格（Freudenberger）于1974年提出，他认为职业倦怠是一种最容易在助人行业中出现的情绪性耗竭的症状。随后马勒诗（Maslach）等人把对工作上长期的情绪及人际应激源做出反应而产生的心理综合征称为职业倦怠。一般认为，职业倦怠是个体不能顺利应对工作压力时的一种极端反应，是个体伴随于长时期压力体验下而产生的情感、态度和行为的衰竭状态。

在职业倦怠状态下，人们将会体验到一种持续的身心疲惫。情绪上表现为高度焦虑，烦躁易怒，悲观沮丧，对前途丧失信心，没有工作热情，甚至有失去生命力的感觉。情绪表现是职业倦怠的核心维度，常常会出现明显的症状表现。认知上会倾向于消极地评价自己，成就体验低，会夸大工作中可能遇到的困境。躯体上会常伴有头痛、疲倦、全身无力感，莫名其妙地大动肝火、嗜好大增，常通过大量饮酒、吸烟、服用镇静剂来排解压抑。行动上会感觉什么都懒得去做，职业角色模糊，工作效率低，失误多。人际关系上冷漠孤僻，对他人不信任，无法进入和谐的工作关系。

职业倦怠产生的原因很复杂。马勒诗（Maslach）和莱特（Leiter）于1997年提出了职业倦怠的工作匹配理论。他们认为，员工与工作在以下六方面越不匹配，就越容易出现职业倦怠，包括：工作负荷、控制、报酬、社交、公平和价值观冲突。例如，长期枯燥又高强度的工作压力会让员工疲于应付，无法保持持久的工作热情；在工作中缺乏足够的掌控感和话语权，无法表达自己的诉求会导致员工产生无力感；薪酬与付出不匹配，或薪酬过低无法保证自身生存需要时，会导致员工缺乏稳定感和安全感，对组织认同度低；员工之间、员工与上下级之间没有积极的关系，会对工作效率产生致命影响，人际关系不和谐会导致情绪内耗增加，无法保证工作有序、有效开展；工作环境中涉及的薪酬、职位差异等除具备激励作用外，还要考虑到评价要公平，如果存在不公平现象，就会影响组织形象，降低员工的组织承诺，使员工产生情感衰竭；职业中的价值导向要统一，这能够产生组织凝聚力，如果发生价值观冲突会导致员工缺乏归属感。除此之外，职业所处的物理环境（如噪声环境、野外工作等）、职业性质、管理制度等外在因素都可能产生工作倦怠。员工自身的人格特质也是影响职业倦怠感产生的重要因素。通常情况下，自我评价偏低、追求完美主义、容易紧张急躁、外控型性格、心理素质差、自我强度不够的人容易出现职业倦怠。此外，员工个人所面对的突发性生活事件或长期的慢性压力刺激源（例如疾病、离异、失业、经济压力等），也可能是职业倦怠的导火索。

职业心理小测验

【职业倦怠量表MBI-GS】

请您根据自己的感受和体会，判断以下感受在您所在的单位或者您身上发生的频率，并在合适的数字上划〇。

	0 从不	1 极少	2 偶尔	3 经常	4 频繁	5 非常频繁	6 每天
情绪衰竭（该维度的得分=所有题目的得分相加/5）							
1.工作让我感觉身心俱惫							
2.下班的时候我感觉精疲力竭							
3.早晨起床不得不去面对一天的工作时，我感觉非常累							

续表

	0 从不	1 极少	2 偶尔	3 经常	4 频繁	5 非常频繁	6 每天
4.整天工作对我来说确实压力很大							
5.工作让我有快要崩溃的感觉							
玩世不恭(去个性化) (该维度的得分=所有题目的得分相加/4)							
1.自从开始干这份工作,我对工作越来越不感兴趣							
2.我对工作不像以前那样热心了							
3.我怀疑自己所做的工作的意义							
4.我对自己所做的工作是否有贡献越来越不关心							
成就感低落 (该维度的得分=反向计分后,所有题目的得分相加/6)							
1.我能有效地解决工作中出现的问题*							
2.我觉得我在为公司做贡献*							
3.在我看来,我擅长于自己的工作*							
4.当完成工作上的一些事情时,我感到非常高兴*							
5.我完成了很多有价值的工作*							
6.我自信自己能有效地完成各项工作*							

*反向计分[①]

该量表包括三部分:情绪衰竭(Emotional Exhaustion)、玩世不恭(Cynicism)和成就感低落(Reduced Personal Accomplishment)。该量表采用利克特7分等级量表,0代表"从不",5代表"非常频繁"。

得分在50分以下,工作状态良好;得分在50~75分,存在一定程度的职业

[①] 出自:李超平、时勘,分配公平与程序公平对工作倦怠的影响,心理学报,2003,35(5),677-684。

倦怠，需进行自我心理调节；得分在75～100分，建议休假，离开工作岗位一段时间进行调整；得分在100分以上，建议咨询心理医生或辞职。

【职业倦怠最常表现出来的症状有三种】

1.对工作丧失热情，情绪烦躁、易怒，对前途感到无望，对周围的人、事物漠不关心。

2.工作态度消极，对服务或接触的对象越发没耐心、不柔和，如教师厌倦教书，无故体罚学生，或医护人员对工作厌倦而对病人态度恶劣等。

3.对自己工作的意义和价值评价下降，常常迟到早退，开始打算跳槽，甚至转行。

【职业倦怠解决方法】

1.换个角度，多元思考：学会欣赏自己，善待自己。遇到挫折时，要善于多元思考，告诉自己，"塞翁失马，焉知非福"，适时自我安慰，千万不要过度否定自己。

2.休个假，喘口气：如果是因为工作太久缺少休息，就赶快休个假，只要能暂时放空自己，都可以为接下来的战役充电、补元气。

3.适时进修，加强实力：职业倦怠很多情况下是一种"能力恐慌"，这就必须不断地为自己充电加油，以适应社会环境的压力。

4.适时运动：减压的绝佳方法，运动能让体内血清素增加，不仅助眠，也易引发好心情。运动有"333"原则，就是1周3天，每天30分钟，每分钟心跳达130下。例如，快走、游泳是好运动。

5.寻找人际网络：除了同事，人要有其他可谈心的人际网络，否则容易持续陷入同样的思维模式，一旦有压力反而很难纾解。

6.说出困难：工作、生活、感情碰到困难要说出来，倾听者不一定能帮你解决，但这是抒发情绪最立即有效的方法，很多抑郁症患者因碰到困难不肯跟旁人说，自己闷闷、默默地做事，最后闷出了抑郁症。

7.正面思考：把工作难关当作挑战，不要轻视自己，要多自我鼓励。不懂就问人，或寻求外援，唯有实际解决困难，才不会累积压力。"加油，我一定办得到"跟"唉，我只要不被老板骂就好"的两种心情做出的工作绩效绝对不同。正面思考并非天生本能，可经过后天练习养成。

8.幽默感：别把老板、主管、同事的玩笑想得太严肃，职场和谐很需要幽默感。[①]

（2）与职业相关的抑郁情绪

抑郁是一种以情绪低落为主要特征的情绪障碍，抑郁症称为精神病学中的感冒。都市化、工业化进展、工作及生活节奏加快等与抑郁发病率上升密切相关。全球范围内，抑郁症被列为非致命健康损失的最大"贡献者"之一，占所有"总伤残损失健康生命年"的7.5%。中国是全球抑郁症疾病负担较为严重的国家之一。世卫组织报告提出，中国有超过5400万人患有抑郁症，占总人口的4.2%。抑郁症所造成的经济负担主要源于职业功能的损害。对于职业人群而言，抑郁症是一个严重的问题，它会导致生产率下降、无法完成自己的工作以及影响对社会的贡献。随着社会经济快速发展，工作、生活压力不断加剧，在中国，职业人群逐步成为抑郁症发病的重灾区。

因抑郁症造成误工和工作效率低下产生的经济损失，比疾病本身的治疗负担更加巨大。抑郁症带来的社会经济负担，大部分源于"误工"和"工作效率低下"。究其原因，抑郁症发病的年龄高峰为20~60岁左右，这一年龄段的患者多为职业人群。

职业环境造成抑郁的主要原因大致有：

1）工作性质与环境因素：具有时间压迫性以及人际竞争性的工作容易导致情绪低落、自我价值感降低；缺乏工作伙伴的工作环境，需要独自承担压力与责任也容易积累压力；需要频繁调动工作地点或内容的工作，需不断适应新环境与新同事，会造成生活压力；缺乏社会认同感、社会价值观评价较差的工作会造成员工的认同压力；作息时间不正常的工作会导致时间压力。

2）个性原因：自卑、自责、悲观的人更容易患上抑郁症。

3）不良生活习惯：具有不良生活习惯，诸如抽烟、酗酒、滥用药物等会引发抑郁症或焦虑症。

4）饮食：缺乏叶酸和维生素B_{12}可能引起抑郁状态。

5）其他：长期受慢性疾病困扰、具有遗传基因或家族病史，或药物因素等，都会诱发抑郁症。

---

① 引自：https://www.psy525.cn/.

【抑郁症高发的十大职业】

美国纽约布法罗的注册心理健康咨询师德博拉·莱奇博士说:"从事压力较大工作的人如果善于照顾自己且得到所需帮助就能让抑郁症得到控制。"据报道,下面十个领域的全职工作人员在一年中最有可能出现抑郁症,因此他们更应该学会关爱自己,预防心理疾病。

第一,护士或者家庭护理人员。

照顾人这个职业位居抑郁症发生率最高的十大职业榜首,据报告称,从事这个职业的人当中有百分之十一的人患过抑郁症。失业人群出现抑郁症的比率是13%,一般人群是7%。塔夫茨大学的临床心理学家、《儿童心理》一书的作者克里斯托弗·维拉德说,护理人员每天通常要给照顾对象喂饭、洗澡,还要看护一些"常常不会表示感谢的人,因为这些人要么病情严重,要么年龄太小,还不习惯这样做。这种职业压力大,要照顾病人,可是自己的内心却得不到强化"。

第二,餐饮服务人员。

位居职业护理人员之后的是在餐厅提供餐饮服务的人员。这类服务人员薪水低,工作繁重,每天找他们服务的人很多。一般工作人员中有10%报告说在过去一年中出现过抑郁症,在这一领域发生抑郁症的女性差不多有15%。德博拉·莱奇博士认为:"这是一个常常不需要感谢的职业。不仅要面对人们的粗鲁行为,还要付出很多体力。当人们抑郁的时候,很难有力量和动力去工作,如果此时你又不得不工作,困难之大可想而知。"

第三,社会工作者。

这类工作人员患抑郁症的比率这么高一点也不令人惊讶。帮助受虐待的孩子或者处于危机边缘的家庭要求很高,加之很多机构的官僚主义,令其成为一种压力巨大、一天到晚忙不停的职业。德博拉·莱奇博士认为:"有一种文化认为,要想干得好,就要付出努力,常常要做出牺牲。由于社会工作者跟需要帮助的人打交道,不付出很大牺牲恐怕是很难的。"

第四,医护工作者。

医护工作者包括医生、护士、治疗师和其他最终付出很多,回报甚少或者没有的职业。医护工作者工作时间长,没有规律,而且别人的生命往往攥在其手上。其压力之大,非几张图表所能表示出来的。德博拉·莱奇博士认为:

"他们每天要面对疾病、痛苦和死亡，并和患者家属打交道。这个职业能让人对整个世界的看法发生变化，那就是这是一个比较让人悲伤的世界。"

第五，艺术家、演艺人员和作家。

这类职业收入不稳定，工作没准时间，且很孤独。文艺创作人员也许心理紊乱的概率也高，报告说，这类人中约有9%在前一年患过抑郁症。就男人而言，这是一个最有可能与抑郁症发生联系的职业（全职工作者几乎是7%）。德博拉·莱奇博士认为："演艺人员和艺术家当中经常出现的一种症状是躁郁症。这些人当中也许还有未经诊断或者未经治疗的心理疾患。对那些喜欢艺术工作的人来讲，抑郁症并非罕见，之所以发生抑郁症，与其生活方式有很大关系。"

第六，教师。

当今社会对教师的要求似乎在不断提高。很多教师下班后还要工作，甚至要将工作带回家中。德博拉·莱奇博士认为："压力来自不同方面——学生、家长和要求达标的学校，他们的要求各种各样。这让教师很难做他们自己的事情，更难记住他们当初投身这个领域的理由。"

第七，后勤保障人员。

这个领域的人经常出现的典型问题，那就是要求高，操控程度低。他们工作在第一线，各方面都给他们发指示，而且他们又是可操控人员的最底层，用德博拉·莱奇博士的说法就是，"什么事情都能从他们那里过滤掉"。他们的日程安排没法预测，不论做了什么让人生活轻松的事情都得不到肯定。

第八，维护和地勤人员。

什么东西出了问题的时候才有人找你，你感觉如何？这基本上就是维护人员每天要面对的工作。他们工作没准点、没季节或者没时间表，上夜班则是司空见惯。经常给人收拾烂摊子，工作难度大，可是薪水却不高。德博拉·莱奇博士认为："这个职业流动性很强，用同事的话说，这类工作人员很孤独，而且工作还有危险。"

第九，金融顾问和财务人员。

压力，压力，压力。多数人不喜欢应付退休储蓄计划。可以想象每天为他人处理成千上万美元是什么滋味。德博拉·莱奇博士认为："为别人理财以及无法控制的市场要担负很大责任。还涉及犯罪，客户的金钱损失的时候，就会有人冲他们喊叫。"

第十，推销员。

尽管推销员的工作很容易导致抑郁症，而且理由一大堆，但是他们还是比上面九类人员要幸运。很多推销员是拿佣金的，也就是你永远也不会知道他们下次会拿多少钱。他们可以去旅行，也可以远离家人和朋友独自度过一段时光。如果他们独立工作，其收益也是有限的。德博拉·莱奇博士认为"收入不稳定、为工作成果而承担的巨大压力以及工作时间长"都是其成为高压力职业的原因。[1]

上文介绍的十种职业人群，都是抑郁症的高发人群，如果你也是这些人群之一，记得要注意防范。抑郁症早期，患者会出现郁郁寡欢、情绪不高等问题，这个时候就要引起足够重视。通过自我调理，大部分人的抑郁症可得到解决，如果有必要，还可以去看心理医生。

【职业相关的抑郁情绪解决方法】

1.调整认知、多元思考，树立自信心，欣赏接纳自己。

2.激活行为，主动参与到活动中，无论怎样的活动，让自己动起来，合理规划时间。

3.远离刺激源，如会令你伤感的地方不要去，对会惹你生气的人敬而远之，以避免生气；对于不可抗拒的刺激，要提高承受能力。

4.多到户外活动。研究报告指出，适度的户外运动是对抗抑郁症最有效和天然的药物。从事室内工作的人，平时每天要有两小时在室外活动，双休日最好安排两个下午到户外活动。

5.睡个好觉。睡个好觉，能预防抑郁症。长期失眠可能会导致抑郁症，如有失眠的困扰，要设法解决。

6.做到三个"不"。对今天不生气，对昨天不后悔，对明天不担心。

7.获取社会支持。一个常拥有快乐的人，80%的因素来自其良好而真诚的人际关系。

8.较严重的状态需药物的维持治疗。专业系统的全方位治疗才能帮助自己实现功能的全面恢复。

9.伴有躯体疾病的抑郁症患者应求助于医生。

---

[1]引自：http://health.sina.com.cn/.

(3) 职业心理问题与工作压力

职业心理问题产生的主要原因是工作压力。压力是在动态的条件下产生的，是因为条件的动态性使个人视为非常重要的愿望的实现具有不确定性而造成的一种生理和心理上的紧张。

压力与工作绩效之间并不是简单的线性关系。心理学家耶克斯和多德森（Yerkes & Dodson，1908）的研究表明，各种活动都存在一个最佳的动机水平。动机不足或过分强烈，都会使工作效率下降。研究还发现，动机的最佳水平随任务性质的不同而不同。在比较容易的任务中，工作效率随动机的提高而上升，而随着任务难度的增加，动机最佳水平有逐渐下降的趋势。也就是说，在难度较大的任务中，较低的动机水平有利于任务的完成。这就是著名的耶克斯—多德森定律。动机对效率水平的影响，如图12-1所示。

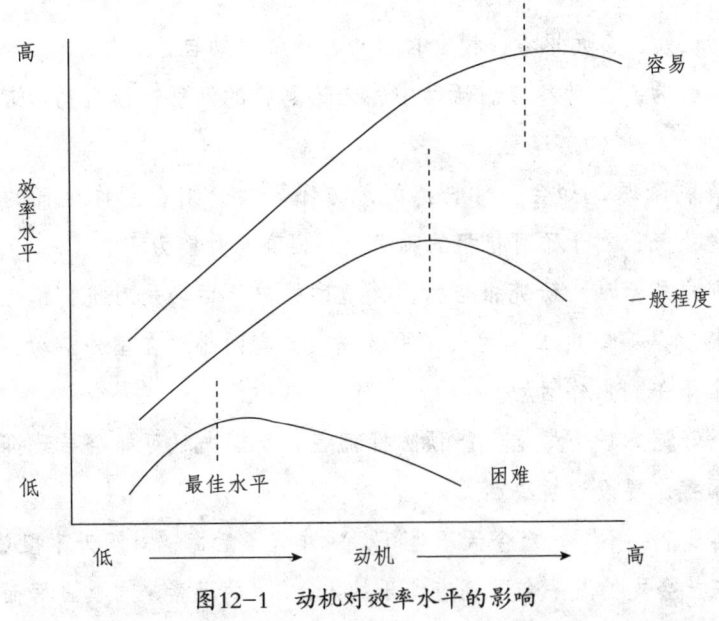

图12-1　动机对效率水平的影响

由此可见，适度的压力有助于工作效率的提升。压力不足或压力过盛都可能导致员工的动机不强，无法激发他们的工作活力。因此，当压力没有超过个人应对能力、处在能力的最近发展区中时压力会产生动力，积极地促进个人发展；当压力超过个人应对能力时则产生超负荷、消极影响，阻碍个人发展。持续、过重的压力易使人长期处于紧张、忧虑状态，从而造成员工缺勤、离职、事故率较高以及情绪低落、精神恍惚、焦虑等心理问题，直接或间接影响企业的绩效和个人职业的发展。

职业压力的主要来源有组织和工作特点、个体因素、群体因素和社会因素三个方面。组织因素方面包括角色冲突、角色模糊、角色超负荷、时间压力、低工作自主性、低能力运用、低参与、低控制、管理—监督问题、组织氛围等。个体因素方面包括个体的生理特征、心理特征和行为特征。例如，个体的性别、身体健康、个性特征、认知方式、应付方式、解决问题的能力、适应力、积极心理品质等。群体因素方面包括职业环境中的人际关系、社会支持系统。组织特色社会因素方面包括社会变迁与发展、竞争增加、技术进步、双重职业冲突等。

有研究者提出了企业员工压力来源和反应模型，如图12-2所示。将企业员工的压力来源分为外部和内部两类。企业员工的压力来源与反应模型是个包罗万象、动态的过程。模型突出了员工个体对环境的反应，以及来自外部和内部压力在一定条件下的相互影响和相互作用。

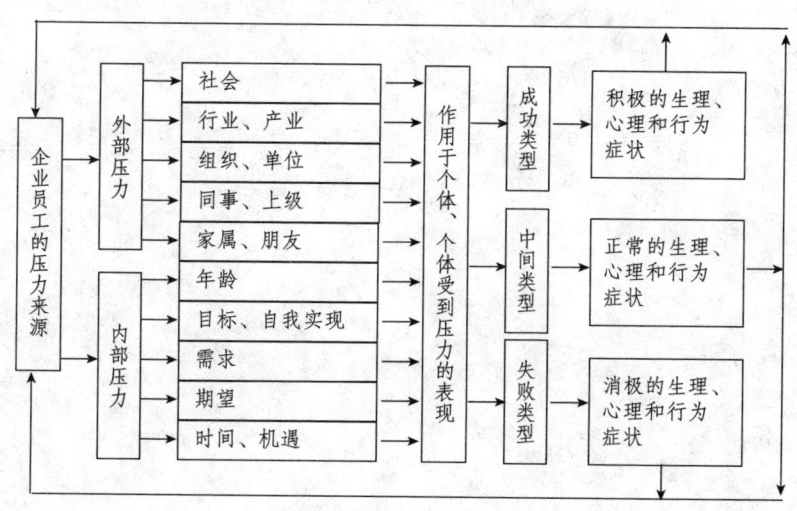

图12-2　企业员工压力来源和反应模型

【自我心理减压】

1.评估压力：压力是积极的还是消极的？可承受否？评估分析压力是对压力的认知过程，可以减压。

2.转换认知角度,使压力变动力。
3.学习应对工作压力的策略:自我放松技术、注意力转移技术等。
4.及时总结工作,妥善计划,有效地组织工作。
5.列出工作清单,按轻重缓急科学分配时间。
6.学会倾诉,与朋友家人聊天缓解压力。
7.不给自己施加无谓的压力,乐观看待一切,化消极为积极。
8.丰富个人业余生活。
9.培养自己有一个宽广豁达的胸怀。
10.正确评价自己,建立自信心。

3. 如何促进职业心理健康

（1）寻求工作意义

对工作的定位将会在很大程度上决定人们对工作及生活的满意度。心理学家埃米·瑞思尼斯基认为，人们对工作的定位大致可以分为三种，分别是任务、职业或使命感。具有不同工作定位的人，会有不同的情绪体验和工作满意度。如果一个人只是把工作作为任务或赚钱的手段，工作能回馈给个人的也只有薪酬，还容易带来更多的抱怨。因为这样的情况下，人们工作是迫于生活所需，被动的工作状态并不能体现出自我价值。如果把工作当成职业，那么人们除了通过工作获得基本生活所需之外，还会期待在工作中获得自我职业的发展，获得更高的社会价值。如果把工作当成使命，那么工作本身就是目标和意义，人们可以在工作中体会到充实和快乐。

因此，你可以首先反思一下，你现在所从事的工作或你期待所从事的工作对你来说意味着什么？事实上在工作中，比"我能做什么"更重要的是"我想做什么"？所以，如果你现在正面临着职业选择，那么试着利用MPS模式来帮助自己做出重要的决策。MPS模式指的是意义、快乐和优势。我们需要动用自己的努力和清醒的头脑利用过去的经历来思考，"什么能带给我意义""什么让我快乐"和"我的优势是什么"。比如解决难题、帮助别人会让你感觉到人生的价值；和朋友在一起听音乐会让你快乐；善于沟通和交流是你的优势。那么这三者之间的交集，比如公务员、社会工作者、教师等职位可能就是一个能使你快乐，还可以发挥自身优势的选择。

你或许已经从事着某项工作，并认为自己没有更多的职业选择，寻找工作的意义几乎是没法实现的事情。但是事实是，即使在最受限制、最乏味的工作中，我们也一样可以为工作赋予新的意义。在职业领域中我们不难看到各行各业的佼佼者们，不论是科学家、医生、工程师，还是发型师、技工、护士、清洁工，他们都在自己的行业领域中寻找到了更多的意义和快乐，在日常的工作中找到了使命感。例如，护理先驱——"提灯女神"弗洛伦斯·南丁格尔就用自己的使命感开创了护理事业和现代护理教育，使得在当时被认为非常肮脏而危险的工作——护士的社会地位与形象大为提高，成为崇高的象征。这不仅改善了病人的处境、整体医疗的状况，还给其以后的发展打下了基础。

（2）激活工作动机

动机可以解释员工在组织工作中的所有行为及其相应的基本心理过程，它是激发一系列与工作绩效相关的行为，并决定这些行为的形式、方向、强度和持续时间的内部力量。比如，工作本身的挑战性、趣味性会激活员工的内部动机，报酬、他人的认可、晋升地位等可以激活员工的外部动机。因此，从内部动机激活的角度来说，我们可以尝试探索工作本身带来的挑战，在看似重复、枯燥的工作中挖掘"创新"的可能性，通常会让人觉得斗志昂扬、精力充沛。比如，在大家都周而复始地走同样的流程时，你可以想想有没有可能通过简化某个环节既达到同样的效果又能加快效率，这个想法如果一旦被采用就会有美妙的成就感。做自己喜欢的工作，就会愿意投入更多的时间和精力而不会感到辛苦和倦怠。而一个人若是积极主动充满激情地去工作，也总能超额、超水平发挥，这是一个良性循环。从外部动机的角度来说，每一次工作任务的完成都会带来附加的价值。例如，积极的评价、丰厚的报酬、职位的提升等。通常这二者是共存的关系，我们可以通过设定具体的、有挑战性的目标来激发自己更高的成就，并通过达成目标提高自我评价，在每一次成功之后给自己一份奖励。

（3）保持积极的工作情绪

1）树立积极的心态

保持积极的心态是对倦怠进行自我调适的关键。承认自己并不能控制和改变工作中的所有事情，有些工作自己能够完全胜任，但也有些是自己做不好的。而且，职场因素有些是不可避免或难以在短时间内排除的，如激烈的竞争、失业等。

2）正视情绪

很多人最容易产生倦怠的是工作，这方面，在形成任何有效的应付策略之前，首先要对职业枯竭有明确的认识和接受的态度。我们应认识到自己在压力之下所做出的反应并不是个人能力差的表现，而是人人都可能会有的正常心理现象。不要过于责备自己，有时适度的压力反而是进步的原动力，正是有了压力才会使工作充满了刺激与干劲，压力是毒药还是良药都在我们自己的一念之间，不妨将自己的思想做一个大转变，化消极回避为积极运用，相信压力反而是成功的特效药。

3）及时倾诉

我们在受到压力威胁而产生倦怠情绪时，不妨与家人或亲友同事一起讨论目前压力的情境，把自己心理的症结点说出来，不要闷在心中，或许你的亲友会给你一个恳切的建议，使你确立更现实的目标，让你对压力的情境进行重新的审视，从而排解掉压力。而需要某些实际的帮助时，也不妨求助于领导和同事。另外，一些消极情感如愤怒、恐惧、挫折等也应及时倾吐，以得到某种发泄，这对舒缓压力和紧张的情绪是非常必要的。

（4）塑造积极的工作行为

1）进行有效的时间管理

人们觉得有很多事情做不完往往是由于没有安排好时间。有效的时间管理方法包括为所要做的事情设定轻重缓急，假如今天早上有五件事在等着你去处理，请你稍微了解一下事情的内容，把它们区分成"必须做的"和"应该做的"，看看是否真的要你亲自去处理，也许交给别人同样能够完成。在那些你"必须去做的事情"中，简单安排一下主次关系，然后着手依次去做。

2）在工作中灵活穿插节奏管理

用开始工作前的半个小时处理一些特别麻烦、你极不情愿做的事情。比如，向某个同事或客户澄清问题，就某个工作失误向上级进行解释说明等，不管多么难以进行，都应该在例行工作之前把它解决好。这个简单的方法很可能决定你一天的"压力指数"，虽然仅仅半个小时，可最难受的时间过去了，你做其他事情就可以轻装上阵。心理学家认为"松散的休息"，也可以有效提高工作的效率和效能。比如，在工作中加入一些闲暇活动：每过一小时，同事之间约好轮流讲一个笑话来驱赶工作中的疲劳;准备一些小零食在处理完一件事后慰劳一下自己,从而缓解不间断工作所带来的紧张和厌烦情绪。节奏管理的一种极端方法是干脆停下来,什么也不做。"努力工作"听起来似乎是个非常重要的事,可在你反复琢磨同一问题时也难免落入"思考的深渊",耗费了大量的精力,却制造出了不必要的焦虑与压力。这时不妨就像《飘》中的斯嘉丽一样挥挥手对自己说:"现在不要想它,明天再想好了,明天就是另外一天了。"

3) 锻炼和放松

注意劳逸结合,保证足够的睡眠。在工作中,进行适度的、有节奏的锻炼,持续5到30分钟,就能够缓解倦怠,换来舒畅而平稳的心情。如果长期坚持下去,能够有效地降低倦怠和抑郁感。

(5)提高环境管理能力

1) 与工作环境和谐相处

和工作有关的物理环境和社会环境也会影响到工作状态。因此,适度优化并管理我们的工作环境会在潜移默化中改善我们的工作效率。从狭义的角度来说,改善工作环境中的物理属性,例如办公室的布局规划是否会考虑到员工的私密和开放的需要、野外工作是否会考虑员工的安全需要等;从广义的角度来说,营造良好的组织文化氛围,提高组织社会影响力、公信力以及组织承诺都是提高员工归属感和满意度的有效方式。因此,工作环境要靠大家来共同塑造,我们也要注意提高自身的环境适应能力,达到与工作环境的和谐共处。

2) 适应不同的领导风格

领导风格在很大程度上会决定组织的氛围。每个领导都会在长期的工作时间中逐步形成习惯化的领导方式,这种风格因人因环境而异。有的领导会偏重于监督和控制,有的会偏重于表现信任和放权,有的会偏重于劝服和解释,有的会偏重于鼓励和建立亲和关系。这些行为模式是可观察的,也是可以由被领导者感受到的。因此,领导风格会影响工作关系,在工作中要能够根据不同的领导风格增加自己的心理弹性,并建立起良好的双向沟通渠道。

3) 营造良好的人际氛围

人际氛围会直接影响员工的精神状态。在一个积极奋进、团结互助的团队氛围中，员工会感受到安全感、归属感和尊重感，因而每个员工都愿意主动贡献自己的力量，不断创新与发展。按照行为主义心理学家班杜拉的观点来说，人们会因为看到榜样的行为而受到强化，通过观察学习、体验转化为自身的行为动机。在这样的氛围中榜样积极的行为表现会激发出员工更强的工作热情，使员工产生更强的成就动机，从而挖掘出员工更多的潜能，让组织保持一种健康持续的发展。

第十三章

女性心理
——需要倍加关爱与呵护

在我国，随着经济社会与科技的发展，女性逐渐从家庭走向社会，成为承担社会发展的另一主体力量。女性既要扮演好妻子、母亲、儿媳（或女儿）的家庭角色，又必须承担起工作的角色，但因自身生理与心理特点的限制，多重社会角色的要求以及传统观念的束缚，致使女性面临着比男性更多的心理健康问题。除在人际关系、职业发展、婚姻家庭、子女教育、照顾老人等方面的压力高于男性外，在月经、妊娠、生育、更年期等一些特殊时期，女性都会面临更多的生理与心理压力。在这种情况下，了解女性的心理发展特点及常见心理疾病，对维护和促进女性心理健康具有重要的意义。

1. 女性的心理特点

（1）认知特点

1）感知特点

一般认为，男性视觉能力较强，特别是视觉的空间知觉能力，而女性听觉更敏感，因此有"男性是视觉动物，女性是听觉动物"的说法。此外，女性在感知觉的灵敏度、面孔识别和手指操作的灵巧性上占优势；女性的知觉速度快，能快速准确地把握细节，注意力容易集中。

2）记忆特点

研究表明女性的记忆要强于男性，尤其是在机械记忆和形象记忆能力上比男性强，而男性的逻辑记忆强。女性比男性更擅长记忆面孔，且在语言材料的记忆中，女性的笔试成绩要优于男性。

3）思维特点

女性偏向于感性思维，善于表达自己的想法，更注重当下的感受，判断问题往往带有强烈的主观色彩，容易受自身感情和外界的影响。男性偏向于理性思维，更强调事情的结果，判断问题时有较高的逻辑性，更注重解决当下存在的问题。

从语言沟通的角度也可表现出男女之间的思维差异。男性主动积极，表达直露；女性被动，表达含蓄。男性就事论事，表达想法直截了当；女性含蓄委婉，表达隐晦，内心的想法常常多于口头表达的内容。例如，女性想要男朋友出去散步，却不明说，会说："这房子窗户怎么这么小，这屋子里真闷。"而如果男子想表达类似的想法，就会直来直去。

4）语言特点

在语音方面，女性的声带窄、薄、短，所以女性的声音是高、尖的，而男性的声带比较宽、厚、长，所以说话声音低一些。女性的音域更加宽广，也更善于运用语调韵律的变化，说话的音调往往给人"起伏多变"的印象（"是吗""多漂亮的衣服呀"），而男性说话的语调类型则比较少，调型变化比较单调，给人以"四平八稳"的印象。此外，女性讲话速度快、语言流畅、富于表现力。

在交谈风格方面，女性属于"感受型"风格，认为在交谈时对方应表示认可和赞赏，期待倾听者的肯定，她们会把静静地听理解为没注意听。而男性属于"信息型"风格，希望在信息发布中展示个人能力，建立自我地位，他们认为倾听者的肯定和搭话是干扰冒犯和缺乏注意力。

在谈论话题方面，女性一般局限于个人的感受及朋友间的交往、日常生活琐事和家庭事务等方面，而男性则往往喜欢谈论汽车、体育、时事政治。

在话语量方面，人们普遍认为女性健谈，实际上在家庭和朋友的聚会上、街头聊天、各种会议、电视节目、体育比赛的多数场合中，男性讲话频繁、持续时间更长。但是在非正式场合，涉及社会情感交流时，女性话语量就会上升，因此人们通常觉得女性讲话较多。另外，生活中妻子也常常抱怨，丈夫回到家就跟木头人一样不讲话了，而丈夫说真是受不了，回到家妻子就喋喋不休，耳朵不得清静。究其原因，在于男女大脑差异所致，男性平均每天讲7000个字，女性要讲2万个字。男性的7000个字在办公室基本就讲完了，回到家不想讲话，就想休息，而妻子心里有2万个字要讲，并且要等丈夫回来讲给他听。

（2）情绪特点

1）情绪体验

女性的神经系统具有较强的兴奋性，对任何刺激反应都比较敏感。无论愉快还是悲伤，都会通过表情和姿态表现出来。而且女性更倾向于把内心体验外显出来，也更易受消极事件的影响。因此，过度情绪化的女性易患焦虑、抑郁，其他情感障碍的风险也随之升高。

2）情绪识别

女性对情绪识别占有优势，能对情绪内容更快速、更准确地识别，也能对情绪事件更快地回忆。研究发现：女性对情绪线索有更强的敏感性，很多女性对表情的辨识比男性要快千分之二秒，女性非常适合做人事沟通方面的工作。

女性一说错话，看见你生气了，就知道不要再讲话了；而对于男性来说，你可能气得都拍桌子了，他还不知道你为什么生气。

3）情绪表达

面对烦恼时，男性常常会隐藏自己的感情，默默消化；女性常常会用言语表达出来，宣泄自己的烦恼。若女性主动去跟烦恼中的男性交流以表示关心时，往往会激怒男性，进而发生争吵。夫妻吵架时，一般丈夫讲一个字，妻子却要讲十个字以表达情绪。面对失恋，女性会给不同的闺密打电话控诉男友，从开始的"我对这个人这么好，你看他辜负我，他怎么可以把我甩掉"到后来的"这个男的一无是处，我把他甩了"。通过语言的转换，情绪处理完毕，就可以做其他的事情了。而男性通常会一个人喝酒、抽烟、生闷气。

4）情绪处理

血清素与情绪、动机、睡眠以及记忆都有直接的关系，血清素多的时候，人的心情会比较好。实验发现男性制造血清素的速度比女性快52%，因此，夫妻两个吵架，妻子还气得半死的时候，丈夫已经呼呼大睡了。逻辑在于血清素出来了，我的情绪好了，事情过去了，我就去睡了。但是妻子气不过，心想："我还在生气，你怎么就睡着了呢？"通常会把丈夫拽起来接着吵。

（3）性格特点

在女性的自我意识中，家庭比职业更受重视，她们会根据人际关系来评价自己，而且她们重视他人对自己的评价；而男性则依据自己取得的成绩来评价自己。女性倾向于低估自己的能力，可能会限制其活动的范围及视野，减少获得社会肯定的机会，最终可能会制约其潜能的发挥。

（4）归因特点

成功会令女性感到自豪，增强自我效能感。但出于社会压力的考虑，她们很少将成功归于自己的能力强，而是更相信命运、运气、机会等因素。

在认知风格方面，女性的认知活动是场依存性的，她们较多地依赖自己所处的周围环境，与环境的刺激交往中定义知识、信息；而男性是场独立的，受自身内部线索影响。因此，遇到事情时，男性通常我行我素，自己说了算；而女性却表现得唯唯诺诺，经常以别人的意见为行事标准。

（5）应激特点

在应激数量方面，女性通常会比男性经历更多的大、小应激。处于应激状态时，女性思维易紊乱和受抑制，常不知所措（急得像热锅上的蚂蚁或"找不到北"）；而男性则较清醒理智，可采取有效措施（看着一点也不着急，处之泰然）。

在应激反应类型方面，女性比男性更倾向于"互助—友好"的反应，即易于与他人合作和寻求社会支持，这可能有利于女性自我保护和保护后代。而男性更多的是"战斗—逃跑"的反应。

在应激的情绪调控方面，女性在应激后多会采用积极评估策略，即以积极的态度发现事件中的有利因素并促进个人成长，而男性更倾向采用反社会的、具有攻击性的、缺乏自信的策略，易导致挫败感。

2. 女性常见的心理疾病

（1）特殊时期的心理健康问题

有人说女性在经历一天的公主（结婚）、十个月的皇后（怀孕）、一个月的皇太后（坐月子）之后，才是一辈子的奴婢。殊不知对于女性来说，在月经、怀孕、分娩等人生的关键期，也是生理、心理问题的高发期，尤其是经期综合征、产后抑郁症、更年期综合征已成为女性心理健康的三大杀手。

1）经期综合征

月经是女性特有的生理现象，月经周期既反映了女性生殖器官功能的变化，也反映出与之相关的心理和行为变化。月经周期中性激素和垂体促性腺激素都发生了一系列变化，并作用于特定的神经机制而产生情绪的变化。反之，焦虑、紧张等情绪的变化也会影响激素的水平，进而导致排卵抑制和经期周期紊乱。

一个女性从初潮到绝经期间大约有30年的时间，80%的女性在月经期间会有不舒服的情况，30%的女性会遭受痛经的困扰。但当今社会的年轻人，标榜时尚生活观念，加上网上不正确的科普知识，导致在月经期间做任何事情都是有恃无恐。殊不知，这些不良习惯可能会造成不孕不育症、月经失调或经前综合征。

经期综合征是指因身体激素水平的变化，大多数女性会在经期或行经期前后体验到轻度或中度的身体和情绪波动。2.5%～5%的女性症状很严重，以至于在每月月经前的一周，妨碍了正常工作。一些女性会出现腰酸、疲惫、头疼、乳房胀痛、腹胀、便秘（部分女性还会出现腹泻）及一些沮丧、焦虑、情绪波动或愤怒等情绪问题。有人用"昨天还是母老虎，今天就变成小绵羊了"来形容女性月经期前后情绪的急剧变化。

月经前后几天，女性对外界也比较敏感，易发生不良事件。统计发现，女性的暴力犯罪和自杀都发生在经期前的4天和经期的4天这段时间内，有将近半数的女性精神病患者是在这几天入院的，而且一些紧急事故也是在这几天发生的。若在这时孩子生病，因受自身焦虑情绪的影响，即使孩子没多大问题也会积极求医。

2）妊娠期焦虑症

临床显示妊娠期焦虑症可以说是产后抑郁症的前兆，一些产妇在妊娠期就表现出各种情绪反常的症状。情绪的变化会造成孕妇内分泌失调，产生一系列的身心变化。孕妇在心理失去平衡时，常会感到全身疲倦、焦虑、紧张、依赖、寻求关注等。当情况较严重时，可能呈现心动过速、食欲不振、嫉妒、忧郁、悲观以及妄想。

孕妇的情绪变化可以引起神经—内分泌系统、免疫系统的反应，释放多种神经递质和激素，通过胎盘进入胎儿的血液系统，对胎儿的心身造成一定的影响，如会影响到宝宝的性格形成和发展。研究显示，妈妈愉悦时分泌的激素会随胎盘进入宝宝体内，影响宝宝大脑的发育，这将为胎儿将来形成活泼自信等"正能量"性格打下基础。严重焦虑的孕妇经常伴有恶心、妊娠呕吐，可能导致流产、早产、产程延长和滞产。

引起妊娠期焦虑的原因主要有以下几个方面：

①童年不愉快的经历引发的不良情绪

心理学认为女性在怀孕时会在与胎儿的共存体验中，追溯当年自己与母亲的感情联系，即潜意识地激起女性对母亲的爱与恨的矛盾冲突。假如她自己从小与母亲关系不良，受到母亲的嫌弃和虐待，就无法形成适当的母亲认同，甚至产生对腹中胎儿的不满或怀疑自己是否能胜任母亲的重任，从而对怀孕持有恐惧与排斥的心理。

②非自愿受孕

有些孕妇在没有做好当妈妈的心理准备时，突然发现怀孕了，有些措手不及，会觉得胎儿影响了自己幸福的二人世界，从而产生排斥情绪。在不情愿的情况下，孕妇的不满情绪会转移到腹中胎儿的身上，从而使胎儿对未来的生活产生焦虑感。

③担心体型改变

一般以美貌为条件的婚姻，女性对自身的体型、容貌极为重视，而怀孕会使其形象发生变化,故怀孕会令某些注重仪表的女性心理深受打击,从而担心丈夫会因自己体型的笨拙而变心。在恋爱中嫉妒心越强的女性,这种心理变化也就越严重。

④其他心理压力

"重男轻女"守旧观念的影响、担心胎儿是否正常、经济负担、职业困难、社交生活被剥夺、夫妻性生活紧张,这些都可能使孕妇产生身心压力。

3)分娩恐惧症

"十月怀胎、一朝分娩",即将做妈妈的女性,在欣喜的同时也有些忐忑不安,甚至非常恐惧分娩所带来的痛苦。据国家计生委人口宣教中心的资料显示,82%的产妇对住院有心理负担,98%的产妇在分娩时有恐惧症,对于准妈妈来说,由于缺乏分娩经验,因此总会精神紧张或不知所措。

产前恐惧主要有以下原因:

①对分娩过程缺乏足够的了解

分娩对大多数女性来说,有冒险的感觉,会令人兴奋,但又不知在分娩过程中会发生什么。因此,更多的是对未知的不安和惊慌,不知将要面临的分娩过程需要多少时间,也不知自己能否经受住分娩的疼痛。尤其是对于初产妇,由于缺乏分娩的经验,加之周围亲朋好友对分娩疼痛的夸大,使其对之更充满了恐惧。

②怕孩子畸形

在没见到健康宝宝之前总是忧心忡忡,有些甚至会产生"致畸幻想"(一些对胎儿不切实际的负面设想),如担心孩子有兔唇、斜颈或长6根手指,以及其他一些孩子不健康的病症。

4)产后抑郁症

产后抑郁症是抑郁症的一种,是女性生产之后由于性激素、社会角色及心理变化所带来的身体、情绪、心理等一系列的变化,是女性生活中最易受攻击的时期。一般来讲,50%的新妈妈生产后都会有一定的忧郁期,只有10%的才会发展为严重的、持续时间长的产后抑郁症,0.1%会患上产后精神错乱。产后忧郁的症状表现为毫无原因地想哭,伤心焦虑,通常在生产后一周内开始,无须治疗,两周后这种情况会自动消失。

产后抑郁症比产后忧郁症要严重得多,10%的新妈妈会受其影响,有过抑郁症病史的，在产后患病的危险性会增加50%～80%。产后抑郁症具体表现为：心情会在两极（兴奋和抑郁）间变换，经常哭泣、情绪低落、失眠、容易疲倦、易发怒、有罪恶感、对婴儿无兴趣、有自杀念头、想伤害婴儿等。症状有轻有重，延续时间从几天到一年都有可能。产后抑郁症会造成母—婴联结障碍、亲子关系不良、忽视婴儿和儿童，甚至虐待儿童，使得婴儿发育迟缓，影响婴儿认知能力及性格的发展。

产后精神错乱是产后抑郁症最严重的一种，只有0.1%的女性生产后会患这种病。表现为：患者产后立即出现症状，并且非常严重，包括严重的兴奋、混乱、失望感、羞耻感、失眠、妄想、错觉、幻想、说话急促、狂躁等。如果产妇出现这种情况，则必须立即治疗，否则就会有自杀或者伤害孩子的危险。

造成产后抑郁症的原因主要有：

①生理因素

内分泌方面。产后24小时内，随着胎盘的娩出，使来源于胎盘的激素突然消失，体内的雌激素、孕激素水平急剧变化，比例失衡，可能引发抑郁。

产时、产后并发症。难产、停产、滞产、手术产等不同分娩情况使产妇产生了不同的心理、生理反应。如疼痛与不适，使产妇紧张恐惧，滞产、难产、产程延长，使产妇紧张不安，从而强化了产妇的躯体和心理应激。

遗传方面。有精神病家族史，特别是有家族抑郁症病史的产妇，对本症的易感性更高。

②心理因素

产妇的个性特征与产后抑郁症发病密切相关。以自我为中心、心理成熟度低、情绪不稳、争强好胜、敏感、固执保守、社交不良、与人相处不融洽、性格内向以及产前情绪不稳定、有经期综合征的女性较易患病。

从心理学角度看，妇女孕期及产后一个月内均有暂时性的"心理退化"现象（行为变得更原始或具孩子气）。分娩对女性来说是一种伴随不安的期待体验，对分娩的紧张恐惧、对胎儿的期待、对承担母亲角色的不适应、对照料婴儿的经验缺乏、对新生儿的担心等，都能对产妇造成心理压力，使其形成心理障碍。

③社会因素

分娩结局不良（如死胎、畸形及产妇家庭对婴儿性别的反应）、居住环境恶劣、支持系统不利（特别是来自丈夫和长辈）、夫妻关系不合以及产后亲属关心较少，将以往对孕妇的情感大部分转向婴儿以及周围人对其母性行为的期望过于强烈等，都会给年轻母亲带来精神压力。如果孕期及产后再遇有不良的生活事件，如失业、夫妻分离、亲人伤亡、家庭不和睦、住房紧张、经济困难等，以及低龄、单亲、低社会地位、多子女的母亲、父母早年离异、低学历、低收入、新移民等因素的影响，会更加重产妇的负性情绪体验，从而引发产后抑郁症。

5）更年期综合征

人的一生要经历两次性激素的波动，第一次波动是性激素的"涨潮"，它使人从稚童进入了青春期；第二次波动是性激素的"退潮"，它使人从壮年转入更年期。女性的更年期又称绝经期，指最后月经来潮前后的一段时间，是从中年向老年过渡的阶段，是生育能力由旺盛走向衰退的时期。女性一般在45～55岁左右，男性则在50～60岁。由于人们逐步走向衰老，身体各器官和组织都会发生退行性变化，其功能和代谢上也产生相应的改变，其中尤以性腺功能的减退更为明显。个体第二性特征将逐步退化，生殖器官慢慢萎缩，与性激素代谢相关的其他组织也随之退化。

生理内分泌、家庭、社会地位及复杂的心理社会因素的作用（如经历着家庭生活的重大变故，如子女升学、工作和结婚等，形成"空巢"状态），会影响更年期综合征出现的时间和反应的程度。女性更年期综合征的症状从心理方面看，表现为精神紧张、烦躁激动、情绪不稳、忧虑多疑、易怒等；从生理方面看，表现为感觉忽冷忽热、面部潮红、眩晕头痛、失眠耳鸣、心慌手抖、四肢发麻、神疲乏力等。而男性主要表现为性功能减退，伴有自主神经功能障碍（如心血管、胃肠道、呼吸及泌尿生殖系统的躯体疾病）。

（2）其他常见心理疾病

除上述特殊时期的心理问题外，女性自身的生理和心理特点，也决定了女性在焦虑症、抑郁症、癔病等方面的患病率高于男性。

1）焦虑症

焦虑是一种源于内心的紧张、压力感，常表现为内心不安、心烦意乱、有莫名其妙的恐惧感和对未来的不良预期感，常常伴有憋气、心悸、出汗、手抖、尿频等自主神经功能紊乱的症状。遇到潜在或真实的威胁时，都会产生焦虑（适度的焦虑属于正常焦虑反应）。

焦虑症是一种与焦虑、紧张、恐惧情绪为主，伴有自主神经系统症状和运动不安等为特征的神经症。患者的焦虑情绪并非由实际威胁或危险引起，或其紧张不安与恐慌程度与现实处境很不相称。焦虑症是世界上公认的一组高发疾病，我国调查显示，焦虑症在一般居民中的发病率为2%，女性多于男性。

2）抑郁症

抑郁症又称为抑郁障碍，是以显著而持久的心境障碍为主要特征的一种疾病。病人常有兴趣丧失、自罪感、注意困难、食欲丧失、有死亡或自杀观念，其他症状包括认知功能、语言、行为、睡眠等异常表现。抑郁症的表现可概括为"三低症状"，即情绪低落、思维迟缓和意志减退。目前，抑郁症的症状被归纳为核心症状、心理症状群、躯体症状群三个方面。

①核心症状：情绪低落（闷闷不乐到悲痛欲绝、无望感、丧失自信或自尊、无价值感和无助感）、兴趣缺乏（对以前喜爱的活动都失去兴趣）、精力减退（过度疲乏、打不起精神、行动费劲儿、语调低沉、行动迟缓、严重者可卧床不起）。

②心理症状群：焦虑、自罪自责、精神病性症状（妄想或幻觉）、认知症状（注意力和记忆力能力下降）、自杀（有自杀观念和行为的占50%以上，也有10%~15%的病人最终会死于自杀）、自制力受损等。

③躯体症状群：睡眠紊乱（多为失眠、不易入睡、睡眠浅及早醒）、食欲紊乱（食欲下降和体重减轻）、性功能减退、慢性疼痛（不明原因的头痛或全身疼痛）、非特异性躯体症状（头昏脑胀、周身不适、心慌气短、胃肠功能紊乱等，常晨重暮轻）。

3）癔病

癔病也称歇斯底里，大多因强烈的精神刺激、心理受到伤害而导致大脑失调呈现出的心理变态。患有癔病的妇女表现出意识模糊、阵发哭笑、胡言乱语。反应强烈时，抓自己的头发、撕咬衣物、说唱、谩骂、打滚、撞墙等无所顾忌的行为。患者还不同程度地出现运动障碍、感觉障碍，如突然四肢抽动或全身挺直、失明、耳聋、失语等。常见于青春期和更年期，女性较多。

3. 女性如何维护心理健康

（1）注重特殊时期心理调适

1）月经期心理调适

①合理安排时间

大多数女性在非月经期的20天左右时间里，情绪稳定，工作学习效率较高，因此应充分利用这段时间，完成工作和学习任务，以减轻月经期的负荷。月经期时，在保证休息的前提下，适当进行工作和学习，而且要做到不熬夜、按时起床、按时睡觉。

②避免不利因素的影响

月经期应注意卫生保健，避免剧烈运动和过冷过强的刺激（如不吃过冷的瓜果蔬菜及冷饮、不喝酒、不穿紧身衣裤、禁止性生活、不用沐浴露清洁私处），营养均衡，不暴饮暴食，自我放松，避免经期综合征的出现或加剧。

③适当运动

适当的运动可改善机体的血液循环，减轻盆腔充血、小腹下坠及腹痛，还可调整不良情绪。但对于出血量大、严重痛经、内生殖器官有炎症的女性来说，最好暂时停止运动。经期以广播操、健身操、太极拳、气功调整性运动为主，避免剧烈运动。

④调整认知

首先，要认识到激素水平的变化是坏情绪的始作俑者，这是一个自然现象，虽然有的人严重，有的人较轻，但不可否认大家或多或少都会受到影响。

其次，要认识到经期前后情绪的波动还与文化修养、社会环境因素有关。因传统习俗的长期影响，使女性认为月经前必然会出现焦虑，在经前期总是期待焦虑、情绪低落的发生。渴望怀孕和害怕怀孕的矛盾心理也会导致情绪问题出现。因此，女性要学会调整认知，改变思维定势的影响，处之泰然的接受这个时候的坏情绪并加以控制。

2）妊娠期心理调适

①求知解惑，找专业医生

如今，了解知识的途径越来越多，有些孕妇对于孕期注意事项一知半解，通过网络了解的东西也未必准确。因此，产科专家以及孕妇学校可通过生育知识的科学普及，提高孕妇的正确认知。

一次完整的孕育过程能增加女性10年的免疫力。如果女性在其一生中有一次完整的孕育过程，就能增加针对妇科肿瘤的10年的免疫力，这一研究结论，已在临床上被反复证实。未生育的妇女易发生激素依赖性疾病，如子宫肌瘤、子宫内膜异位症。同时，未生育妇女的卵巢良性肿瘤及卵巢癌的发病率，也高于生育过的妇女。

生育过的妇女更年期可能会被推迟。在女性的一生中尽管有10万个原始卵泡，但只有400～500个卵子能够发育成熟并被排出。一个妇女的排卵年限大约为30年，随着排卵的停止和绝经期的到来，女性将步入老年时期。在妊娠期，由于激素的作用，孕产妇体内的卵巢暂停排卵，直至哺乳期的第4～6个月才恢复，而卵巢推迟排卵，可能会推迟生育过的妇女的更年期。

身材的改变与生育无必然的联系。女性一生都受到女性激素的影响，在激素作用下，其性器官从幼稚逐渐发育到成熟，形体也随之具备了女性特有的曲线美。在激素和遗传以及社会环境的作用下，青春期、怀孕期以及更年期等关键期是形体易发生变化的时期，但与女性是否生育过没有必然联系。生育孩子后，女性经过修养和产后恢复训练，是可以恢复生育前的体型的。

②促进角色认同

孕育儿女不仅可以使女性的生理更成熟，还可促进其心理成熟。俗话说"养儿方知父母恩"，在孕育生命和养育子女的辛苦中，可以理解父母的恩情，体会人生的意义。"孩子因我们而来，但不是为了我们而来"，今天的孕育可为"小生命"开启精彩的未来。一旦孕妇意识到自己角色的意义，就会促使其由少妇转变为母亲的角色，增强生儿育女的信心，对胎儿充满爱心和渴望，保持轻松愉快的最佳心态。

③自我调节，保持稳定情绪

孕妇应多读些格调高雅的诗歌和散文，多看些情节欢快或富于喜剧色彩的影视片。通过欣赏音乐艺术，既可陶冶情操，保持愉悦的心情，又可对胎儿进行胎教，一举两得。去景色优美的地方散散步，或者向闺中密友或家人倾吐宣泄一下自己的不快，可以把自己的不良情绪宣泄或排遣出去。降低外界或自己对婴儿性别的期待，增强心理承受能力，使自己的心理始终处于平衡的状态，从而使自己拥有稳定的情绪。

④调整饮食

当准妈妈情绪不佳时，这个时候可以多吃水果、瓜子等食物，以改善心情。要避免过多进食巧克力、甜食、肉和鱼等食物，这些食物会促使血液中的儿茶酚胺水平增高，加重烦躁、忧郁等消极情绪。

⑤为迎接新生命做好充分准备

孩子即将来临，二人世界将变成三人世界，为了不至于将来手忙脚乱，还不如趁着怀胎10月的时间好好规划新生活，为宝宝的来临做好物质和精神准备。与家人商量自己工作的事情、宝宝抚养的计划等，让自己变得充实而幸福，从而冲淡焦虑的心情。

总之，要意识到：一个快乐的母亲，不会养育出忧郁的孩子；一个忧郁的母亲，也不会养育出一个快乐的孩子。母亲的情绪对孩子具有极大的感染力，只有身心健康的妈妈才能养育出身心健康的宝宝。

3）产前心理调适

①了解分娩原理，克服分娩恐惧

最好的办法是让孕妇自己了解分娩的全过程以及可能出现的情况，对孕妇进行分娩前的有关训练。通过孕妇学校在怀孕的早、中、晚期对孕妇及其丈夫进行教育指导，专门讲解有关的医学知识，以及孕妇在分娩时的配合工作。这对有效减轻心理压力、解除思想负担、做好孕期保健、及时发现并诊治各类异常均有帮助。

②正确认识分娩的疼痛

分娩是产道被撑开而让婴儿通过的路径，所以痛是不可避免的。分娩时的阵痛是自然现象，与疾病的疼痛没有本质区别，因人而异，但绝不是不堪忍受的痛苦。感受到痛是大脑皮层中枢神经的作用，如果自我感觉不安，中枢神经会有非常敏感的反应，痛就会更加厉害。因此，只要保持平静的心情，分娩时就不会感觉特别的疼痛。

③放松心情，积极配合医生

对于人体来说心情舒畅，肌肉也会放松，心情越紧张肌肉就会绷得越紧。在生产中，经常看到产妇因紧张会大喊大叫，殊不知这样不仅消耗体力，还会令产妇更紧张，使身体一直处于紧绷的状态。绷紧的肌肉会使产道不容易撑开，婴儿不能顺利娩出，感知到的疼痛会更剧烈，而且会造成难产、滞产，更严重的还会发生产后大出血。甚至是本来可以顺产的，但因心理紧张，产道不能撑开，致使胎儿突然窒息死亡。因此，孕妇要放松心情，积极配合医生，以便缩短生产过程。事实上，这一痛苦时刻也同样是幸福时刻，女性将体会到母爱的伟大。

④丈夫和家人的鼓励和支持

让产妇克服焦虑和恐惧，以愉悦的心情迎接小生命诞生的最有效的方法莫过于丈夫和家人的鼓励和支持。丈夫可以和孕妇一起学习分娩知识，一起想象和描绘可爱宝宝的模样；一起畅想三口之家幸福生活的场景；可以每天讲些新鲜趣事给孕妇单调的生活增添色彩；可以经常找机会夸夸妻子，让她信心满满。

4）产后心理调适

对于产后抑郁症的产妇，社会、家庭都要予以充分的重视。尤其是产妇的丈夫，有责任、有义务帮助产妇顺利度过这一特殊时期。同时，孕妇的自我调节能力也是减轻抑郁症的关键。只要能正确地进行预防和治疗，就一定能够享受到天伦之乐。可以采取以下几种办法：

①创设舒适的居住环境

房间尽量整洁舒适，可有效舒缓产妇的抑郁情绪。房间要有充足的阳光，但不易直射婴儿及产妇，可用纱窗遮挡。每天要开窗通风，换走室内污浊的空气，保持室内空气新鲜。即使冬天也应该如此，如果怕孕妇受风着凉，可在通风时让母子俩在其他房间待一会儿。

②营造和谐的家庭氛围

家人要愉快地接受孩子和产妇，不能对生儿生女抱怨指责。在关注孩子的同时，不要忽略孩子的母亲，要给产妇创造一个良好而和谐的家庭环境。生产之后的一个月内，丈夫最好能陪伴在产妇身边，协助产妇护理婴儿。有些丈夫怕孩子哭闹影响自己的睡眠，晚上独自到其他房间睡觉，这样会使孕妇觉得委屈，导致抑郁症状加重。丈夫要多陪伴产妇并谅解妻子产乳期的情绪异常，避免争吵。

③产妇的自我调节

首先，产妇要了解产后运动、产后饮食、产后挤奶等护理知识，采取按摩、营养食谱、产后恢复训练等方式，加速子宫恢复，改善产后恢复效果。

其次，产妇要认识到产后自己易出现情绪不稳定、易激惹、易受暗示、依赖性强等心理的特点，可通过听一些轻柔舒缓的音乐，看一些图文并茂的杂志，读一些幽默故事等情志护理方式，舒缓紧张的神经，改善不良情绪。

最后，产妇要正确认识"孕傻"，避免消极情绪的产生。无论国内还是国外都有"一孕傻三年"的说法。"孕傻"指女性在怀孕、哺乳期间，出现的记忆力衰退、认知能力下降、注意力不集中、思考能力下降、甚至头晕等现象。

这里的"孕傻"并不是说生个孩子，自己的脑子就坏掉了。脑科学的研究发现，怀孕是会导致女性的大脑结构的长期性改变的，即大脑的灰质体积变小。但这种改变是女性成为母亲的一种自适应的过程变化，至少持续2年的时间（即一孕傻三年），是为了使新晋妈妈更好地照顾新生儿。新晋妈妈把注意力都放在新生儿身上，对其他事物会有陌生感，心里会变得焦虑。但这种转变并未发现其认知能力减弱的迹象。另外，这种转变也会使产妇执着于自己的想法并强加于他人，认为别人理所应当理解与支持自己。

事实上，"孕傻"更多的是受性激素水平的变化及长期睡眠不足的影响。随着体内激素水平逐渐恢复正常以及睡眠质量的改善，"孕傻"也会跟着消失。因此，产妇要积极寻求丈夫和家里老人的帮助，不要过度疲劳，要保证有充足的睡眠时间。感受身边亲人的照顾和关怀，能使产妇获得生活的意义感和满足感，从而改善"孕傻"状况，减少消极情绪的产生。

④寻求专业帮助

抑郁症较为严重的女性，要积极寻求临床心理学家、精神科医生的帮助，进行专业的心理治疗，必要时要辅以药物治疗。

5）更年期心理调适

①加强宣传和教育，提高认识

要加强宣传和教育，说明更年期的到来是符合人生客观规律的过程。处于更年期的个体需要以科学的态度，正确认识和对待这种生理的变化，减少顾虑和思想负担，避免不必要的紧张焦虑和恐惧情绪。同时，要认识到更年期是人生从成熟转向衰退的转折时期，是生命的必经过程。每个人对更年期的反应及其现象只有程度轻重和时间长短的差别，而不可能不存在更年期。

②早发现、早治疗，改善症状

定期检查身体，正确对待症状，有病早治。人到更年期，觉察到躯体有不适感时应及时就诊，做到无病放心，有病早治、及时调理、及早发现和及早预防器质性疾病的产生。对于出现的更年期反应，可通过自我调理来解决。加强锻炼，注意用脑卫生，排解紧张状态，注重培养有节制、有规律的生活方式。

③根据身心特点，平衡工作和生活

更年期的女性要根据更年期的身心特点来安排生活与工作。在自己身心特点的前提下，考虑能承受的工作压力。当然也不要顾虑重重以及无所事事，这样反而会使自己精神紧张、情绪不稳定。

④减少不良刺激，预防更年期抑郁症

首先，避免或尽量减少不必要的刺激，保持精神愉快、心情舒畅，有利于减轻或消除不舒适的感觉。此外，要预防更年期抑郁症的出现。由于机体虚弱，精力不足，皮肤松弛，容颜衰老会使女性感到悲哀，从而加重了她们的紧张不安、焦虑、抑郁的程度。因而，她们会表现出坐卧不安、顿足叹息、惶惶不可终日等临床症状。如有的人常把自己过去生活中的一些缺点认为是莫大的罪过，担心自己将失去能力变成废人，成为家庭和社会的累赘，因此而产生轻生念头和发生自杀行为。也有的人认为自己已病入膏肓，危在旦夕。

⑤营造良好的家庭氛围

要积极改善家庭内部关系，重视夫妻之间的情感交流，相互理解和支持，必要时可做出适当的牺牲。教育子女时，要了解孩子的心理特点，尊重孩子的人格，适当设立对孩子的期望值。要采取民主的家庭教育方式，用巧妙的方法引导子女走上正确的道路，顺利度过心理危险期。

总之，更年期的女性应该强制修心、善思、善行，用广泛的生活兴趣去适应复杂多变的社会环境，安全度过更年期。子女亲属也要对更年期女性的心理、生理变化有所了解，当她们出现某些症状时，家庭成员应当谅解、同情并予以照顾，使之平稳度过更年期。

（2）正确的性别角色认知和自我意识

女性要能正确认识自己的性别角色，清楚地意识到自己所扮演的女性角色的行为举止和行为规范，客观地认识男女两性的心理发展特点，以及在认知、性格、归因、应激等方面的差异，看到女性的优势与劣势。既不因为自己身为女性而沾沾自喜、自负和自恋，也不因为自己身为女性而自卑和自弃。能正确处理男女两性在工作和家庭生活中的角色分工，做到自尊自爱，充分认识自己的价值，有自信心。

（3）善于与人友好相处，建立协调的人际关系

女性特别是中年女性，在家庭的人际关系中常常扮演重要的角色，婆媳关系、姑嫂关系、夫妻关系都是复杂和微妙的。另外，邻里之间、上下级之间、同事之间、朋友之间、与其他异性之间的关系也不是十分简单的。心理健康的女性在人际交往中往往能做到以下五点：

第一，以积极的态度参加社会交往，不孤僻、不冷漠；第二，能客观公正地评价自己和别人，取人之长，补己之短；第三，在自己的生活领域中，既有稳定而广泛的人际关系，又有知心的朋友；第四，坚持原则，对身边的坏人敢于斗争，对朋友的缺点错误勇于批评指正；第五，心胸坦荡，宽以待人，善于准确判断并及时调试各种人际关系。

（4）科学心理调适，化解消极情绪

个体若长期处于焦虑的情绪障碍中，必然会制约其行为方式。所以，一旦出现焦虑情绪，要及时应用心理学有关方法，降低焦虑抑郁水平，恢复心态平衡。可运用以下几种方法进行自我调节：

1）认知性心理调整

客观地认识面临的问题，全面分析周围环境，既要看到事物不利的方面，也要充分认识有利的方面，个体认识的提高有助于调整消极情绪。

2）心理放松技术的运用

心理放松技术是一种运用较广的心理调整法，是利用身心互相影响、互相作用的原理，调整不良情绪的方法。主要通过心理暗示、主观想象、肌肉放松等手段来放松身体，从而缓解焦虑、抑郁的消极情绪。

3）改变参照物，化压力为动力

不盲目地与他人比较，知足者常乐；不嫉妒他人，或自怨自艾；用行动证明自己、超越自我。

（5）积极寻求专业心理健康服务的帮助

广大女性在现实生活中出现的各种心理问题和心理困惑，若得不到及时的辅导和调整，长期压抑会导致心理障碍和心理疾病，影响女性的身心健康。随着社会心理服务体系的建设，一些社区、社会机构、综合医院已设立心理咨询室，提供心理咨询服务；一些网站和心理热线，也提供心理倾听、心理宣泄的平台。这些平台要积极做好宣传工作，对于女性自己无法解决和无法自我调节的问题，可积极主动寻求这些专业心理服务的帮助，以解决心理困惑和心理问题。女性要掌握应对各种心理问题的科学方法，不断提高自己的心理调整能力，提高自我生活满意度和生活质量。

俗语云："一代有好妻，三代有好子。"男多主外，女多主内，作为妻子和母亲在家庭中的作用不言而喻。有人说"一个女人决定一个男人三代人的幸福"，即决定男人的孩子的童年期的幸福、决定男人自己的幸福以及决定男人的父母的晚年幸福。有人说："女性是家庭的灵魂，女性快乐全家快乐，女性焦虑全家焦虑。"也有人说："当你教育一个男童时，你教会他的是知识；当你教育一个女童时，你教育的是整个家庭和下一代。"拿破仑说："一个孩子的行为好坏取决于他的母亲，母亲的文化水平决定民族的未来。"总之，要结合女性的生理特点和心理特点，积极开展女性关爱活动，做好女性的心理健康教育工作。关注女性的心理健康，不仅有助于女性自身的健康，更有助于一个家庭的和谐，甚至是有助于社会的健康发展。

自测小贴士：《产后抑郁症自评量表》

产后2周内出现下列症状中的5条或5条以上，但至少有一条为情绪抑郁或缺乏兴趣或愉悦。

（1）情绪抑郁。

（2）对全部或大多数活动明显地缺乏兴趣或愉悦。

（3）体重显著下降或增加。

（4）失眠或睡眠过度。

（5）精神运动性兴奋或阻滞。

（6）疲劳或乏力。

（7）遇事皆感毫无意义或自责感。

（8）思维力减退或注意力涣散。

（9）反复出现死亡的想法。

自测小贴士：《焦虑自评量表》

指导语：本量表包含20个项目，4级评分（A：没有或很少时间；B：小部分时间；C：相当多时间；D：绝大部分或全部时间），请根据最近一星期的情况，如实作答。请在A、B、C、D下画"√"，每题限选一个答案。

（1）我觉得比平常容易紧张和着急（焦虑）　　　　　A B C D

（2）我无缘无故地感到害怕（害怕）　　　　　　　　A B C D

（3）我容易心里烦乱或觉得惊恐（惊恐）　　　　　　A B C D

（4）我觉得我将要发疯（发疯感）　　　　　　　　　A B C D

*（5）我觉得一切都很好，也不会发生什么不幸（不幸预感）A B C D

（6）我手脚发抖打颤（手足颤抖）　　　　　　　　　A B C D

（7）我因为头疼、头颈痛和背痛而苦恼（头疼）　　　A B C D

（8）我感到容易衰弱和疲乏（乏力）　　　　　　　　A B C D

*（9）我觉得心平气和，并且容易安静地坐着（静坐不能）A B C D

（10）我觉得心跳得很快（心悸）　　　　　　　　　　A B C D

（11）我因为一阵阵头晕而苦恼（头晕）　　　　　　　A B C D

（12）我有晕倒发作或觉得要晕倒似的（晕厥感）　　　A B C D

*（13）我呼气、吸气都感到很容易（呼吸困难）　　　　A B C D

（14）我手脚麻木和刺痛（手足刺痛）　　　　　　　　A B C D

（15）我因为胃痛和消化不良而苦恼（胃痛和消化不良）A B C D

（16）我常常要小便（尿意频数）　　　　　　　　　　A B C D

*（17）我的手脚常常是干燥温暖的（多汗）　　　　　　A B C D

（18）我脸红发热（面部潮红）　　　　　　　　　　　A B C D

*（19）我容易入睡，并且一夜睡得很好（睡眠障碍）　　A B C D

（20）我做噩梦（噩梦）   A   B   C   D

测验的记分

若为正向评分题，则依次评为粗分1、2、3、4分；反向评分题（带有*号者），则评为4、3、2、1分。20个项目得分相加即得粗分（X），经过公式换算，即用粗分乘以1.25以后取整数部分，就得标准分（Y）。

结果的解释

按照中国常模结果，SDS标准差的分界值为50分，其中50~59分为轻度焦虑，60~69分为中度焦虑，69分以上为重度焦虑。

自测小贴士：《抑郁自评量表》

指导语：本量表包含20个项目，4级评分（A：没有或很少时间；B：小部分时间；C：相当多时间；D：绝大部分或全部时间），请根据最近一星期的情况，如实作答。请在A、B、C、D下画"√"，每题限选一个答案。

（1）我觉得闷闷不乐，情绪低沉（忧郁）   A   B   C   D

*（5）我觉得一天中早晨最好（晨重夜轻）   A   B   C   D

（3）一阵阵哭出来或觉得想哭（易哭）   A   B   C   D

（4）我晚上睡眠不好（睡眠障碍）   A   B   C   D

*（5）我吃得跟平常一样多（食欲减退）   A   B   C   D

*（6）我与异性密切接触时和以往一样感到愉快（性兴趣减退）

                                                       A   B   C   D

（7）我发觉我的体重在下降（体重减轻）   A   B   C   D

（8）我有便秘的苦恼（便秘）   A   B   C   D

（9）心跳比平常快（心悸）   A   B   C   D

（10）我无缘无故地感到疲乏（易倦）   A   B   C   D

*（11）我的头脑和平常一样清楚（思考困难）   A   B   C   D

*（12）我觉得经常做的事情并没有困难（能力减退）   A   B   C   D

（13）我觉得不安而平静不下来（不安）   A   B   C   D

*（14）我对未来抱有希望（绝望）   A   B   C   D

（15）我比平常容易生气激动（易激惹）   A   B   C   D

*（16）我觉得做出决定是容易的（决断困难）   A   B   C   D

*（17）我觉得自己是个有用的人，有人需要我（无用感）   A   B   C   D

*（18）我的生活过得很有意思（生活空虚感）　　　　A B C D
　（19）我认为如果我死了，别人会生活得更好（无价值感）A B C D
*（20）平常感兴趣的事我仍然感兴趣（兴趣丧失）　　　A B C D

测验记分

若为正向评分题，依次评为1、2、3、4分；若为反向评分题，则评为4、3、2、1。待评定结束后，把20个项目中的各项分数相加，即得总粗分（X），然后将粗分乘以1.25以后取整数部分，就得标准分（Y）。

结果解释

按照中国常模结果，SDS标准分的分界值为53分，其中53～62分为轻度抑郁，63～72分为中度抑郁，73分以上为重度抑郁。

第十四章

老年心理

——乐观是长寿的秘诀

按照世界卫生组织年龄段的划分，60岁以上年纪的人被归为老年人。我们从出生到中年，努力学习，努力工作，努力养育孩子，进入老年期，多数人不需要继续工作，儿女也长大成人，独立生活，国家也为老人提供了基本的养老保障，多数老人衣食无忧，本该自由自在地享受生活，可是有些老人却高兴不起来，出现了心理问题。2019年6月10日，国家卫健委新闻发布会消息称，我国老年人心理健康状况不容乐观。调查表明，城市老年人心理健康率为30.3%，农村老年人心理健康率仅为26.8%。也就是说，我国老年人心理健康者不足1/3。心理问题已成为严重影响老年人身体健康和生活质量的主要原因之一。国家统计局2019年数据显示，我国60周岁及以上的老年人口约2.5亿，占我国总人口的17.9%，占全世界老年人口的1/5。到21世纪中叶，60岁及以上的老年人可能超过4亿，80岁及以上的老年人将超过1亿，是如今的10倍左右。本书前面的章节已经谈到心理健康对个体和社会的重要意义，作为老年人，如果我们能主动学习一些心理健康方面的知识，积极做好自我心理保健，那么就可以预防心理问题的发生，也可以避免因心理问题而产生生理疾病或冲突，对提升老年人的生命质量，对家庭幸福、社会和谐意义重大。

1. 影响老年人心理健康的因素

老年人的心理健康状况受个人、家庭和社会等方面的影响，生活状况、身体状况和社会关系的变化也会对老年人的心理产生很大影响，主要表现在以下九个方面。

（1）人际关系与居住环境

人们随着年龄的增长，可能会发生婚变、丧偶、子女成家或外出、亲友离世、居住环境的改变等，这些都会造成我们重要人际关系的丧失。另外，居住条件、经济状况等因素也都会影响我们的社交意愿，使我们特别容易产生孤独感，这种孤独感又容易使我们产生抑郁和焦虑等各种各样的心理和行为问题。

（2）身体健康状况

一天天变老，我们的身体会出现各种各样的问题，长期患病的状况和慢性疼痛，都会严重降低我们的幸福感，甚至导致我们精神障碍的发生。如果我们患了行动不便的疾病，或脑部出问题，就会影响到智力，使得我们的社会参与度降低，也会引发心理健康问题。

（3）对心理健康知识的认知

心理健康对于我国民众来说是一个相对较新的概念，目前已经进入老年期的人们，普遍对心理健康问题的认知度不高，还存在一些社会偏见和歧视现象。当我们进入老年期时，自身的思想观念比较固化，讳疾忌医多，科学就诊少，即使自己感觉有一些心理健康问题，也担心受到歧视，不愿意去就诊，不愿意向专业人员请教，容易错过一些最佳的心理疏导和治疗期，导致问题积压。

（4）社会地位的改变

退休后，我们的社会地位发生了改变，经济收入下降，知识水平与适应社会的能力跟不上时代的步伐，会产生自卑感和失落感，在家庭中的地位和价值感也相应降低，有可能由家中的领导者变为听从者，因失去掌控感而感到无助不安，从而变得说话啰唆、情绪易波动、主观固执、怀恋过去，甚至对现实抱有对立情绪。这常常会加大我们与后辈、与现实生活的距离，导致我们社会适应能力的缺陷。

（5）负面情绪聚集

由于大多数人在年少时没有学过如何管理情绪，所以在长期的工作与生活中就积压了很多负面情绪。情绪是能量，如果这些能量得不到合理释放或转化，积压在身体内，就会伤己或伤人。伤己会造成躯体疾病、睡眠障碍、时常感到烦躁不安、疲惫，严重的甚至会导致抑郁。伤人则呈现出脾气暴躁，用语言或肢体攻击他人，并且蛮不讲理。

（6）生活不够充实

我们如果对退休缺乏足够的思想准备，一下子从长期紧张、有序的工作与生活状态突然转入到松散、无规律的生活，那么一时就会很难适应，可能会像无头苍蝇一样，感到时间过得很慢，难以打发。伴随"空虚感"而导致的问题往往是情绪的低沉或烦躁不安，这种恶劣的心境如果旷日持久，就会加速我们的衰老，有时这种恶劣的心境可以达到使人想死的程度，对我们的身心健康威胁很大。

（7）多种丧失

如果我们老了，就会遭遇许多的"丧失"，而且不以我们的主观意愿而改变。例如，丧失工作、丧失权力和地位、丧失金钱、丧失亲人、丧失健康等。每一次的丧失对我们都是一次打击。人老了，情感就会趋于低沉，常常表现出无奈，甚至有时有些麻木，这与经历和现实境遇是分不开的。

（8）心理营养不足

一个孩子的健康成长既需要生理营养，也需要心理营养，分别满足人的生理需要和心理需要，哪种营养的缺失都会导致相应部分出现问题。关于生理营养大家都知道，无须赘述。对于多数人来说，心理营养是新词汇，以下重点阐述。心理营养是马来西亚心理学家林文采博士提出的。林文采的研究表明，人0~7岁需要的心理营养分别有：0~3个月需要养育者无条件地接纳孩子；4个月~3周岁需要养育者给孩子安全感；4~5周岁需要养育者让孩子充分感受到价值感；6~7周岁需要养育者积极的榜样示范。如果这些心理营养得到了充分的满足，那么孩子便会内心强大，生命力旺盛，否则容易出现心理问题。

（9）社会及家庭环境

在过去的几十年中，很多人亲身经历了战争、灾荒等社会变革，动荡的社会环境带来的生活水平的直线下降以及与亲朋好友的生离死别，都会在每一个人的心里打上深深的时代烙印。这种情绪上的不安，对于环境变幻无常的无奈，都会严重打击人的安全感。经历动荡较多的人，内心有更多的焦虑和恐惧，这些情绪如果得不到合理的释放，最有可能在家庭成员互动中表现出来，这自然会影响到家庭成员间的和谐，导致家庭成员的情绪问题和关系问题。

2. 老年人常见的心理问题

当我们步入老年时，身心自然老化，会出现各类问题，明显感觉力不从心，许多需求得不到满足，只能感慨："老了！"似乎"老了"成为所有问题的答案。如果加上之前有未疗愈的心理创伤，那么就会导致那些进入老年后的人心理问题凸显，表现为一般心理困惑和心理疾病。

（1）老年人常见的心理困惑

1）黄昏心理

因为丧偶、子女离家、自身年老体弱或罹患疾病，老年人会感到生活失去乐趣，对未来丧失信心，甚至对生活前景感到悲观，对任何人和事都怀有一种消极、否定的灰色心理。

2）自卑心理

由于退休后经济收入减少，社会地位下降，感到不再受人尊敬和重视，而产生失落感和自卑心理，可表现为发牢骚、埋怨、指责子女或过去的同事，或是自暴自弃。

3）无价值感

有些老人在退休前位居要职，被人重视，工作忙碌，对退休后的无所事事和少了关注不能适应，价值感降低。也有老人因故不能独立生活，认为自己成了家庭和社会的累赘，失去存在的价值。

4）不安心理

由于社会发展速度较快，有些老年人感觉自己跟不上时代的步伐，担心被冷落、被拒绝，甚至担心被抛弃，即使有需要也不能坦然表达，经常感到无助和不安。

5）惧死心理

随着死亡临近，有的老人惧怕谈论死亡，不敢探视病人，怕经过墓地和听到哀乐，听说同龄人去世便产生极度的悲伤和害怕情绪，甚至看到一只死亡的动物也备受刺激，不敢正视。

6）孤独心理

这是老年人最常见的一种心理困惑。退休在家，离开了工作岗位和长期相处的同事，孤寂凄凉之情油然而生。如果儿女再与其分开居住，加上丧偶或离婚，更觉老来孑然一身。这类老人既希望别人关心照顾，又害怕出现大的心理落差和失望，于是常常拒绝与他人交往，因而会变得行为孤独、性情孤僻，与周围人的距离越来越远。

（2）老年人常见心理疾病

1）抑郁症

抑郁症是老年人常见的心理疾病之一，常伴有其他躯体疾病。老年人抑郁症患者通常表现为情绪低落或抑郁，对生活失去兴趣，日常生活没有快乐，睡眠不佳，慢性疼痛，记忆减退，甚至持续产生死亡的念头。老年人患上抑郁症是十分危险的，严重的甚至会导致老年人自杀。

2）焦虑症

生活中经常看到有些老年人心烦意乱，坐卧不安，有的甚至为一点小事而提心吊胆，紧张恐惧。这种现象在心理学上叫作焦虑，严重者称为焦虑症。他们身体本无疾病，或仅有一点无伤大雅的小病，却担忧自己的病治不好，不断辗转于各处求医问药，做各种化验检查，试遍各种偏秘祖传方；他们过分担忧家人的安全和健康等；他们对某种治疗或药物过度依赖，甚至觉得离了它们就没有活下去的勇气。这种种表现提示"杞人忧天"式的恐惧担忧是焦虑症的核心症状，与现实处境不符的持续恐惧不安和忧心忡忡是其临床特点。

3）疑病症

疑病症是一种老年人常见的心理疾病，患者常怀疑自己患了某种躯体疾病，或是断定自己已经患了某种严重的疾病，感到十分烦恼，其烦恼的严重程度与患者的实际健康状况很不相称。患有疑病症的老年人性格上都有一定的缺陷。例如，敏感、多疑、易受暗示；孤僻、内向，对周围事物缺乏兴趣，对身体变化过度关注,以及过分自恋等。

4)神经衰弱

神经衰弱主要表现为精神易兴奋、控制不住、精力不足、情绪性疲劳、失眠、头痛、心悸等,病程可达数十年,症状可有间歇,病情容易反复。一般而言,老年人睡眠时间多在5~7小时之间,并常常有睡眠浅、早醒、多梦的现象。睡眠障碍是老年人神经衰弱最主要的表现。

5)老年痴呆症

据统计,65岁以上的老年人有10%存在智力障碍,其中1/2可发生老年痴呆。老年痴呆症主要表现为记忆减退和多种形式的认知功能减退。比如,记忆力减退、语言功能障碍、定向力障碍、推理判断思维减退等。

6)老年精神分裂症

此类精神病分为三种类型:①以往有分裂症,晚年仍保持有发作特点,但症状常减轻,当有诱因时,可加重;②晚发性分裂症,即60岁以后第一次出现精神症状,具有妄想、幻觉障碍,但发作时间短,妄想和幻觉常在晚间明显;③缓慢进行性连续型。发病日期很难确定,既往可能有神经症或类似人格变态的表现。一般来说,妄想在进入老年期以前便已形成,整个病程时间较漫长。

3.
老年人如何做好心理调适

读到这里,也许你会有点伤感或担心,影响老年人心理健康的因素如此之多,老年人出现心理健康问题的可能性较大。其实不然,现实中,快乐幸福、心理健康的老人占比更多。心理问题是可以预防的,也是可以治愈的。

(1)老年人自我心理调适

1)积极学习,感受成长的喜悦

年轻时,正规的学校教育为我们提供学习知识和技能的机会,使我们能够适应社会,并在社会的发展中发挥我们的价值。我们老了,学习可以维持智力功能正常,延缓伴随年老而来的智力衰退,防止老年痴呆,"用进废退"不仅仅适用于身体,也适用于大脑。同时,学习也可以让我们保持与他人的接触与联系,在日新月异的时代环境中跟上步伐,可以避免我们因陈旧落伍而产生孤独感。

我们可以基于个人的兴趣,带着我们强烈的好奇心,去更新、发现并掌握新技能,既可以弥补人生的遗憾,又可以丰富自己的生活,感受学习进步的喜悦。

我们有更多的时间去思考这个世界,有着更多为人处世的经验,自己可以对日常生活中发生的一些事情提出更多的"是什么"与"为什么",在探索中体会人生的乐趣。

2)从过去经历中汲取智慧和资源

当我们身陷困境时,评估自己所拥有的资源是一件困难的事,所以提前了解怎样发挥它的价值是很有益的。

我们的老,意味着我们来到世上的年头长了,经历的事多了,所以当我们年龄越大时,生活经验的积累就越丰富。老也代表成熟,是我们的一种优势。

人生没有一帆风顺，也不可能万事如意，我们活得久，经历的坎坷也相应多一些，面对各种坎坷，我们要不断吸取教训，总结经验，让自己更加成熟，活得更好。我们不妨静下心总结一下自己的人生经验，对人、对事、对金钱等，你会发现那些经验都是宝贵的财富，蕴含着许多智慧，在经验中回忆过往的点点滴滴，足以为豪。也许有人会说"过时了""没有用"。那只是他的看法，经过时间磨砺的方法和历经沧桑的经验是能够真正伴随一个人一生的财富。

另外，我们可以回想自己每一次积极应对痛苦的态度、方式，那些都是我们的宝贵资源，想想自己曾经智慧地运用资源的经历，加以总结，提升自己的自信心。比如，亲人去世，你一边感受着悲伤与痛苦，一边积极料理亲人的后事，要接待来悼念的亲朋，还要处理工作，还要照顾孩子等。悲伤代表你重情重义，爱怜你的亲人，不想你的亲人离世，同时你还要承担好你的各种责任，想想你有多么能干。

3）主动巩固人际关系

我们每个人都属于某个圈子，虽然有时我们并没有感觉到，如果细想一下，我们就会发现有人一直在关心我们的生活和幸福，如我们的家人（配偶、子女）、亲戚，或朋友、邻居、经常联系的护理人员。如果我们和别人没有直接联系，那么我们也会听收音机、看电视，甚至上网。

人际关系如同养花，需要我们主动保养，特别是与重要的人的关系。首先是付出，主动表达对他人的关心，主动给予他人照顾，主动表达我们的情感。比如，主动给子女打电话，告诉你对他们的想念，询问他们过得好不好，是否方便打电话，或者是否有什么需要我们帮忙的事情。其次主动表达我们的感受和我们的需要。比如，当我们身体不适，而自己又不能应对时，要及时告诉我们的亲人，坦然地讲出自己的现状和需要，不必掩盖或隐瞒。当他们给予我们帮助时，我们要主动表达感激和认同。当我们满足别人的期待时，别人自然会给我们回馈，满足我们的渴望，我们的孤独感、失落感自然会消失。

也许有的关系非常牢固、健康，并不需要太多的培养，但是就算再坚固的关系，也需要我们不断地巩固，才能保证它不会终结。每个人都渴望与人发生联系，都喜欢和能帮助自己、欣赏、认同自己的人在一起。所以，我们要对友谊保持积极的态度，还要多关注朋友的积极部分，多给予欣赏或赞美，多与他人分享我们的喜悦，带着好奇去倾听他人的表达，满足对方被重视、被尊重的渴望，对方也会给到我们相应的回馈，友谊自然会得到巩固。

4）坦然面对亲人离去

对于死亡，我们可能会恐惧，而且当想到生活中重要亲人的离去时，我们会更加恐惧。然而，这是我们必须面对的现实。我们可能会遭遇爱人或孩子先我们离世，即使我们有无数个不舍的理由，可是终究也不会因我们的不舍而改变。

当失去亲人时，伤心、难过会困扰着我们，我们会不自觉地从自己身上找原因，产生内疚和自责，活在遗憾中。其实，人生原本就是有遗憾的，因为我们无法准确预测明天会发生什么。亲人去世，我们之所以悲痛，是因为深深的情感联结，爱之深，痛之切。然而再大的痛也不能改变已经发生的事实，即我们不可能让对方起死回生。离开的亲人也不希望我们因他而痛，而降低幸福指数。所以，坦然面对，为所当为，照顾好自己是对逝去的亲人最好的回报、最大的安慰。

5）助人与接受帮助

帮助人不仅可以获得友情，巩固关系，还可以提升自我价值。帮助的对象也可以是草木、动物、环境、自然，有时这些帮助也是变相的"自助"，即通过"自我帮助"的行动来达到自助。当我们阅读这本书时，我们就是在帮助自己变得更加幸福与快乐。在帮助他人的同时，接受来自他人给予的帮助，也是一种爱的流动。

老年学研究表明，慷慨的人往往对生活抱有积极的态度，有较强的动机去做好事，在老年期有较高的幸福感。要成为一个慷慨的人，就必须付出努力。我们也可以加入志愿者团队中，把自己的兴趣与助人行动结合起来，慷慨地为社会贡献自己的才智，"送人玫瑰，手留余香"，在帮助他人的同时，接受来自他人的帮助也是建立积极关系的关键。

我们也要学会接受帮助，不仅对维持社会功能来说很重要，同时也为其他人提供了学习怎样助人和感受助人的喜悦的机会。所以，接受帮助并致谢也是在为社会做贡献。

6）宽恕自己与他人

宽恕是从人类起源开始，就与精神和情感的健康相联系的。宽恕的内涵包括友善、悲悯、仁慈、同情和镇定。如果我们不能宽恕，就很难做到友善。如果我们用宽恕的态度来对待生活,别人就会认为我们是一个"友善"的人。

宽恕有助于增强我们晚年生活的幸福感,它像其他方法一样,同时包含着接受与给予。一个好的宽恕者不仅知道怎样宽恕别人,也知道怎样请求和接受别人的宽恕。

在一生中,我们难免会遇到不公平的对待,感觉被伤害,会产生怨恨心理。这类感受会消耗我们的生命能量,我们可以通过宽恕来抚慰自己的伤痕,恢复能量。值得注意的是,宽恕对方的结果是放松自己。就好比我们的手里一直握一把沙子,我们就需要手部发力,时间久了我们会感到疲惫,而松开手,放下沙子时,我们便会感到轻松、释然。事实上,在侵犯者请求我们的宽恕时,我们也可以选择不原谅他。宽恕的神奇力量就在于它并不依赖于他人,而是自己的一种选择。

除了宽恕别人,我们也要宽恕自己,每个人都会犯错,包括遗憾的事情、做错的事情、未达成的目标、未做到的承诺等,这些回忆都会给我们带来羞耻与悔恨,我们也会常常因此而不断地指责自己,给自己带来痛苦。但是,请放过自己吧,毕竟我们都是普通人,而且多数问题的发生也不是我们故意为之。

7)积极管理情绪,合理释放情绪垃圾

当我们进入老年期时,通常积压了许多的情绪垃圾,会对我们的身心造成负面的影响,所以我们要学习科学有效的情绪管理方法。

首先,要运用科学的方法主动释放情绪垃圾,具体方法有述说、大喊、唱歌、运动、绘画、书写等。需要注意的是,做这些时,我们不能伤害他人,也不能破坏情境。比如,有些老人稍不顺心就大喊大叫,不分场合,不分对象,只考虑自己痛快,而忽略了他人的感受,破坏了老人在人们心中的形象,这是不可取的。我们可以选择空旷的地方大喊,可以边运动边大喊,可以去专业宣泄室释放,也可以选择找心理咨询师,请他们帮我们释放。

其次,可以自我对话,分析自己的情绪是什么?为什么会有这样的情绪?我的情绪在告诉我什么?我的哪些期待没有得到满足?我的期待合理吗?我的哪些想法导致了我有这样的情绪?我的想法恰当吗?在这个过程中,你会发现是自己的期待或想法影响了自己的情绪。我们没有办法改变已经发生的事件,我们也没有办法改变别人,但是我们可以改变我们自己的想法,调节我们对自己或对他人的期待,看事件或他人的积极面,放下或降低、转移期待,情绪自然会改变。

最后,思考总结一下,在过往发生的让你感觉不舒服的事件中,你学习到了什么,在应对那些事件的过程中,你发现你有怎样的资源,或者发展出了怎样的能力。想到这些,我想你会觉得曾经发生的一切都是你人生的财富,促进了你的成长。

8)积极参加活动或重新就业

在我们刚从工作岗位上退休时,常常有严重的失落感、孤独感。为适应这种新的环境,最佳的方法就是让自己的生活充实起来。参加社区活动或再就业可以帮我们面对变化,克服孤独感,重新寻找自己的价值感和生活的意义。同时,也可以增强我们在集体中的存在感,在活动和工作中增进团队合作意识,提升价值感,感受生活的乐趣。有人说"工作是老年人的救生圈",退休老人可以找临时工作,或做点小生意,或整日栽花锄草、修理家用小玩意。就是在心理治疗的方法上,也有所谓工作治疗法与职业治疗法,其目的就是经由工作或职业活动,使心理异常者获得成就的满足、发现自我价值,从而达到心理的正常适应。

9)自我欣赏、认可

六七十年代的人,大多数在过往的成长经历中很少被欣赏认同,小时渴望父母的欣赏认可,上学了渴望得到老师的欣赏认可,工作后渴望得到领导的欣赏认可,结婚后渴望得到伴侣的欣赏认可,而到老了,又希望得到儿女的欣赏认可,似乎一直处于饥渴状态。所以多数人很在意别人对自己的评价,很容易因他人的评价而影响自我认同和价值感。我们的经验告诉我们求人不如求己,所以,我们可以学习自己欣赏、认可自己。我们不仅可以在生活中自给自足,还可以在心理需求方面自我满足。我们可以从早晨起床开始欣赏自己。比如,自己按自己的计划准时或提前起床,就可以欣赏自己的时间观;做了早餐,欣赏自己勤劳、讲究营养、会生活、愿意为亲人服务等。

(2)家人如何帮助老年人做好心理调适

1)高品质陪伴

老年人常会体验到孤独感,所以非常需要家人的高品质陪伴。高品质陪伴,不单单是跟老人呆在一起,而是要在陪伴中多与老人聊天。老人喜欢回忆过去的事情，特别是印象深刻的好事或坏事，生命的回顾可以强化老年人生活的价值感，填充其目前的精神活动，因此陪伴老人时应多鼓励他们回忆过去，认真聆听他们讲述过去的同时，帮助他们找到现实的意义。在陪伴中还需要加入身体的接触，可以抚摸他们的手、手臂等，而且老年人还很渴望家人给予的拥抱，这样可以让老年人感到来自家人的温暖，增强其安全感，降低其对孤独、疾病和死亡的焦虑。

2）表达对老人的需要、认同、欣赏和感激

人老了最害怕自己成为子女们的拖累，要在适当的时候告诉老人你离不开他们，他们对你有多么重要，而且要告诉老人，你从他们身上学到了什么，他们有什么好的品质在影响着你，你对他们有哪些欣赏，你哪些部分最像他们，对现在的你产生的积极影响是怎样的，还要回忆曾经发生的老人做的最令你感动、感激的事，并且直接表达你的感激之情，从而增强老人的存在感。

3）给老年人创造体现自身价值的机会

根据老年人退休前的职业特点及个人喜好，可以为老人安排一些简单的工作，可以是外出工作，也可以是在家中做自己喜爱的事物，如养花、做手工、做饭等。平时，要为老人提供为你服务、做事的机会，让老人感觉自己是有用的、被认可的，提升老人的价值感和存在感。

4）支持鼓励老人参与社会活动

家人需要鼓励老年人多参加社区组织的各项活动，有时间的话尽量陪伴他们一起去。当家中的老人愿意学习和工作时，要给予鼓励，启发他们分享学习或工作的收获，这样可以让老人感到自己的重要性，也可以让老人看到家人对他们的关注与支持，提升他们参与活动的信心，形成良性循环。

如果你的家里有老人，那么你以上的行为，均可以帮助老人补充童年时缺失的心理营养，满足老人内心的渴望，提升老人的生命力，提高老人的心理健康水平。

（3）社区如何帮助老年人做好心理调适

1）为老年人组织丰富多彩的活动

退休后，社区成为老年人活动的主要区域，老年人的精神生活与社区活动的丰富程度有直接关系。社区要为老年人组织一些集体活动，可以是竞技类的

（如棋牌类比赛等），也可以是合作类的（如插花、集体做手工等），还可以是学习类的（如读书活动、专题讲座、特长发展班等），为老人提供交友、释放情绪、充实自己、丰富自己、成长自己的机会。在活动中不仅可以满足老年人对归属感的需求，还可以让老年人了解现实，跟上时代的步伐，感受到生活的意义，体验成长的喜悦，降低焦虑。

2）为老年人提供为社会做贡献的机会

刚刚离开工作岗位的离、退休人员，由于骤然间失去工作，社会交往减少，特别容易产生孤独和失落感。因此，他们希望眼下有事可做，希望有人与他们交往，以此才能够体现自身的价值，证明自己依然"老当益壮"，从而获得内心的充实。社区可以组织老年人做义工，比如打扫社区内卫生、在社区内做科普宣传等。根据老年人的职业身份，还可以开展一些职业类的工作，如退休医生给予社区内其他老人益诊等。让老年人参与到社会活动中，提升他们的存在感，使他们在帮助他人的过程中获得幸福感。

3）主动连接，做好节点慰问

告别了熟悉的工作，伴随着身体的衰退，精力、脑力、行动力的减弱，熟悉的身体变得越来越陌生，老人因而特别需要他人的尊重和理解，如若不然，则很容易造成抑郁、意志消沉等不良情绪，甚者造成心理障碍。

社区是老人退休后的主要社会单位，社区工作人员要主动联系老人，与老人建立良好的关系，并且以他们的职业身份给予关怀，做好节点慰问，延续他们的职业优势，使他们感受到来自社会的重视和尊重，从而降低失落感。

4）提供心理关爱服务

老年人的心理习惯之一是倾向回忆往事，他们也需要一个静谧的环境回忆往昔，我们也因此能够看到，曾经幸福的老年人，情绪方面多数较平稳；曾经坎坷的老年人，常常为郁闷和惆怅、追悔和叹息所环绕。

社区内要建设心理咨询室，对部分社区工作人员进行针对老年人的心理咨询培训，为有需求的老年人提供心理帮扶工作。同时，在社区设立普及心理健康的宣传栏，印发相关宣传册，开展老年人心理健康知识科普讲座，以提升老年人的心理健康水平。

第十五章

自我疗愈
——自己是最好的心理医生

美国心理学家赫兹伯格在其提出的"双因素理论",即"激励与保健因素理论"中认为,个体行为一般要受两类因素的影响:一是激励因素,即能使人感到满意、能影响人的工作积极性,并能激发出个体积极性的心理因素;二是保健因素,亦称"预防或维护因素"。赫兹伯格的"双因素理论"和马斯洛的"需要层次理论"在自我心理保健的维护与发展方面有一致之处,即"需要层次理论"中的低层次需要,就相当于保健因素,而高层次的需要则类似激励因素。

1. 如何深化自我认识

自我认识指的是自己对自己的反思与评价，是自我心理保健的基础与前提，自我心理健康呈现出的水准直接体现出自我认识的深度。

（1）自我认识

在心理学中，"我"是独立的心理存在，思想、情感的存在，表现为自我完整的"文章"和一些人类共同书写的密码。认识到"我"的存在，就如同认识另一个人，并对"我"的思想情感进行真善美的取舍。

自我意识指的是人对自己身心状态及对自己同客观世界关系的认知，或指对自己存在状态的认知，而自我认识则属于自我意识中最重要的构成因素之一。

在结构上，自我意识是由自我认识（认知）、自我体验（情绪）和自我控制（管理）三种因素构成的。自我认识主要涉及的是在性质上"我是一个什么样人"的问题，并在形式上常常以自我感觉、自我观察和自我分析等自我评价的方式表现出来。自我体验在性质上主要涉及的是"对自己是否满意、能否悦纳"等价值感方面的问题，而在形式上，则常常以自我感受、自爱、自尊、自卑、责任感、义务感和优越感等情绪方式表现出来。自我控制在性质上涉及的则是"如何有效地调控自己、如何改变现状，使自己成为一个理想的人"的自我管理问题，而在形式上则常以自立、自主、自制、自强、自卫、自律等控制力方式表现出来。如此，我们在这里所说的"深化自我认识"，就是指深化自我意识中的自我认识。

在层次上，自我意识又是由对自己及其状态的认识，对自己肢体活动状态的认识，对自己思维、情感、意志等心理活动的认识三个层次构成。

如此，无论从结构还是层次上，在自我意识的整体中均以自我认识为主，或自我认识在自我意识中起着基础和前提性作用。或者说，自我认识在自我意识中主要解决在性质上"我是一个什么样的人"的问题,而在形式上常常以自我感觉、自我观察和自我分析等自我评价的方式表现出来。

由于自我认识不仅是自我意识中的核心因素,还是维系心理学存在和发展的前提,因此,对自我认识的深化也就是基于对自身心理现状的再调整、再维护与再完善的需要,而必须对原有自我的认识进行重新的觉察、审视、评判和重建。

(2) 自我深化

存在以自我认知为起点,发展就是一个不断深化和重建自我认识的过程。因此,要想实现对自我认识的不断深化,就必须从重新认识自己、停止自我攻击和调整关注自己这三个主要方面入手,以实现在认知、觉察和感悟方面的深化。

不但任何认识不可能一蹴而就,而且自我人格也不会完全固化。因此,基于经验和逻辑我们可以得知,只有对自己认识越深,才能越有人性;或者说,只要我们活着,认识自己就必然是一个不可完结、无法穷尽的递进过程;或者说,一个人最坏的状态是失去了对自己的认识和支配。

1) 人生的过程就是对自己认识的不断深化与延续

人之所以能以人的方式存在是以其拥有的自觉性为前提的,因此,人对自己认识的自觉程度如何就决定了他的存在状态。人们常说,每个人的命运都应该把握在自己手里,但注意这里所说的"应该",而不是肯定,也就是说并不是每个人都能做到这一点,因为要实现这种把握是有前提条件的。

有人曾做过一项关于人生最后悔的事的数据统计,显示约92%的人后悔年轻时努力不够导致一事无成;73%的人后悔在年轻的时候选错了职业;62%的人后悔对子女教育不当;57%的人后悔没有好好珍惜自己的伴侣;45%的人后悔没有善待自己的身体。且不论这个调查是否属实,至少它反映了一种普遍存在的人生问题:当初由于没有很好地认识自己,以至于追悔莫及,抱憾终生。

因此,自从人类有了较为成型的自我反思能力后,东西方的先哲们就一再不断地告诫我们,"知人者智,自知者明。胜人者有力,自胜者强"(老子),"认识你自己"(苏格拉底)。孔子也把他一生的自我认知过程总结为:"吾十有五而志于学,三十而立,四十而不惑,五十而知天命,六十而耳顺，七十而从心所欲，不逾矩。"直至今日，尽管人类的发展已历数千年之久，但就如何认识自己依然还是人类得以续存的阿基米德点，仍然还是任何思潮中牢固而不可动摇的中心。

仅就自我认识深化的过程来讲，它是一件既简单而又困难的事。从形式上看，只要是对自我认识的反思，即属此列，而重点并不在于纠结对错。但从深化的性质或层次上看，又非常之难，因为每个人的确很难超越自己的局限。但无论如何，深化自我认识的目的都是通过不断地认识自己而不断实现自己对自己的支配和把握，逐渐或部分地活成自己想要的样子。从重要性上看，若不能认清自己，就不能知晓自己的方向与意义，而易于陷入短视、无知、自私、冲动和自相矛盾等精神怪圈，陷入紧张的人际关系，陷入历经半生之力，依旧一事无成的境地。

2）在深化中把握好对自己认识的主要方面

对自我认识进行深化的方面很多，但有五个方面是其中所有的关键，即存在中的有限与无限，认识中的已知与未知，习惯中的真正本质，态度中潜在的意志，情绪中的自我管理。

在无限中认识自我的有限。对自我实现的追逐是不可能事事兼顾的，要实现这一点就必须对其他有所舍弃。这并不是说我们不愿意做到事事如意，而是根本就做不到。所以，当一个以真实的自我实现为目的的选择一旦被确定，就要毫不分心地全力以赴。而只有这个自我的幸与不幸是实在的，这个自我的失败是真失败，它的胜利是真胜利，其他都可不在计算之列。在心理上不断进行这样的提示和反思，就属于对自我认识的深化。

在有知中认识自己的无知。无论我们多么的努力，最终都会感觉到我们的已知与未知相比是极其渺小的。如果时常能够清醒地把握住这一点，就能真正认清自己的局限，从而明白自己最想要的生活需要付出什么以及需要避免什么。

在习惯中认识自己的本质。习惯并不仅是自然而然，或习以为常，对习惯的反思也不能仅停留在溯源上，因为从最本质的当下来看，每个人已经固化了的习惯就是其最为稳定的自我。自我不在别处，就在每个人稳定的习惯中，那个最稳定的自我就是人的本质。亦如科恩在《论自我》中所述，自我意识是个体根据他的既往生活体验史，特别是既往生活体验史的最稳定特征对其主观经验的解释。

在态度中探寻做自己潜在的意志。态度是个人内心的一种潜在意志，是个人的能力、意愿、想法、价值观等在工作中所体现出来的外在表现。在深化自我反思的过程中一定要深刻地意识到，无论你在其他方面与其他人有多么的相同，或有多么的不相同，态度都是你区别于其他人、使自己变得重要的一种能力，是衡量一个人能否获得成功的重要标准。亦如爱默生所说，一个朝着自己目标永远前进的人，整个世界都会给他让路。即为"态度决定一切"的伟大之处。一个人的态度直接决定他的知识和技能的发挥程度，或者说一个人的心态在一定意义上就是他的真正主人。因此，对自己人生态度的不断反思，就是在深化关于自己如何做自己的潜在意志。

在对情绪的认识中把握好对自己的控制与管理。任何认识的目的都在于把握和管理，可以毫不夸张地说，学会在认识的基础上去控制情绪应是生活中一件生死攸关的大事。

美国密歇根大学心理学家南迪·内森研究发现，人的一生一般平均有3/10的时间处于情绪不佳的状态，因此，人们常常需要与那些消极的情绪作斗争。所谓"斗争"并不是要压抑我们的情绪反应，而是尽量不要让消极的情绪来左右我们的生活。其一般方法为：一是要尽力寻找引起的真实原因，尽量避免猜测；二是要遵循自己的生理规律，尽量避免与自身自然的冲突；三是要尽快找到情绪群中的主导情绪，以利于统筹管理。深刻认识情绪，不仅能帮助我们认识最真实的自己，还能有效地帮我们疗愈灵魂之伤痛。

2. 如何接纳与完善自我

自我即自我意识。自我接纳所侧重的是自我意识对自身评价的全部接受与承认，完善是在接纳的基础上对现存不利于发展因素的整理、改善和提高。于自我心理疗愈而言，若没有有效合理的自我接纳就不可能实现较高程度的自我完善与发展。

（1）接纳自我

从自我出发，接纳一般被分为两类：一类是对自我之外的人或物的接纳，一般被称为"接纳"，或称为"对外界的接纳"；另一类是自己对自己的接纳，被称为"自我接纳"。

1）对概念的认知

所谓接纳就是我允许你以客体的身份，以你那独特的结构存在于我的内在。接纳不代表接受，也不代表内化。接受是我接纳并支持你的思想、做法；内化是你的一切都符合我的思维系统，你已化为我的一部分，与我是同一整体的存在。

而自我接纳则是指个体对自我及其一切特征采取一种积极的态度。简言之，就是能欣然接受现实自我的一种态度。这种接纳包含两个层面的含义：一是能确认和悦纳自己的身体、能力和性格等方面的正面价值，不因自身的优点、特长和成绩而骄傲；二是能欣然正视和接受自己现实的一切，不因存在的某种缺点、失误而自卑。由此，自我接纳程度也就被当作衡量个体心理健康程度的一项重要标准。

如果做进一步的延伸，则自我接纳还包括接受自我和他人以及自己所处的现实环境。一是能接纳自己和他人，不会为自己或他人的缺点而困扰。在接受自己现状的同时，同样也能宽容地对待他人的弱点和问题，很少使用防御机制。二是能真实地对待自己的感情,并坦诚地说出自己的感受,不掩饰自己,自然而单纯地表现自己。

"接纳"和"自我接纳"的区别仅在于:前者侧重的是"允许",即"我仅允许"而未必接受;而后者则侧重于接受,即"我允许并接受"。前者是由外而内的"可存在于",而后者则是自己对自身存在状态的"允许、承认或接受"。若将后者的接纳与前者等同,则后者的自我就必然会处于崩溃状态。近些年,人们对"接纳"的关注度越来越高,分歧也越来越大,这既反映出人们对接纳在现实生活中重要作用的认可,也反映出人们对其研究深入的迫切需要,但同时也有这种在概念上混淆所造成的误解。若把接纳等同于自我接纳,则"内外"界限一经混淆,就会成为在与自我接纳相关的其他方面也会纠缠不清的重要原因之一。

2)对作用的理解

从进化心理学角度来说,自我接纳是人类在进化过程中的必然演化物,是人类在解决生存和发展问题的过程中演化而成的。或者说,若没有接纳,人类就不可能具有持续生存与进化的可能。

就个人的发展而言,自我接纳与否则更是自我能否得以发展的首要前提,这也是人本主义心理学在自我实现方面的一个重要基点。人本主义的心理学大师马斯洛在他的需要层次理论研究中,就将"自我接纳"纳入其需求层次理论中,并作为"自我实现"的必备特征之一。

马斯洛在侧重于个体心理健康研究时发现,在那些能够获得有效的自我实现的人身上,都有这样的一些共同的特点:即这些人之所以不易受到焦虑与恐惧的影响,并对生命感到满意、能发挥潜能而又具有创造力,就是因为他们对自己及他人都能抱着喜欢及接纳的态度。他们虽然也有缺点,但因为能够接受自己的缺点,所以他们较一般人更真诚、更不防卫,也对自己更满意。于此,人本主义的心理学家及教育家们都相信每个人天生均具有自我实现的倾向,认为当一个较低层次的需求获得基本满足后,个体便会转而尝试满足更高层次的需求,以最终达到自我实现的需要。但在前进过程中如果他的自我接纳的程度一旦受阻,那么他的自我防御的程度就会随之上升,就会迫使自己把自己从真实的感受中抽离出来,逐渐失去向自我实现转化的动能。

这样,马斯洛就把"自我接纳"与"自我实现"间的关系推导为:凡具自我实现特质的人，在人格特征上都具备这样两个方面，一是能接纳自己和他人。他们既能坦然地接受自己的现状，也能宽容地对待他人的弱点和问题，从而很少使用防御机制。二是具有自发、坦率和真实的特质。他们既能真实地对待自己的感情，并坦诚地说出自己的感受，又能自然而单纯地不加掩饰地表现自己。如此，当自我接纳一旦成为自我认知结构的一部分时，就会成为形成人格特质的重要因素之一。

另一位人本主义心理学的代表人物罗杰斯也认为，所谓自己，就是一个人的过去所有生命体验的总和。假如这些生命体验我们是被动参与的，或者说是别人意志的结果，那么我们会感觉我们没有在做自己。相反，假若这些生命体验我们是主动参与的，是我们自己选择的结果，那么不管生命体验是快乐或忧伤，我们都会感觉是在做自己。因此，罗杰斯相信，如果一个人被接纳，被完全的接纳，而这种接纳中没有评断，只有同情与了解，则这个人就能够直接面对他自己，发展出撤除防御心与面对真实自我的勇气。

3）对接纳界限的辨析

我们所述的自我接纳是指个体对自身以及自身所具特征所持的一种积极的态度。所谓积极态度，就是指一则既能欣然接受自己现实中的状况，不因自身优点而骄傲，也不因自己的缺点而自卑；二则绝不能把接纳等同于单纯的认可、逃避、或"合理化解释"中的自暴自弃等消极因素。因为接纳的目的不仅仅是为了停止自我对抗，而是自我实现的前提。因此，在自我接纳的过程中一定要把接纳与逃避、接纳与自暴自弃、接纳与不作为的消极性"合理化解释"区分开来，以最大的可能来实现接纳所具的充分的积极因素。

接纳不是让人安于现状、接受现实、自暴自弃，接纳只是一个开始，接下来的改变才能实现接纳的意义。因为我们并不是为了接纳而接纳，而是为了成为更好的自己而接纳。因此，要想成为更好的自己就必须在接纳的基础上，为了自我实现而不断地改变。

如不做这样的辨析，很多人就会把自我接纳理解为一种"不改变、任其发展、逃避现实、推卸责任"的一个借口。这样并不是一种真正的接纳，而是一种为所欲为的自暴自弃。犹如经常有人总是喜欢拿"顺其自然"来敷衍人生道路上的荆棘坎坷，却很少承认，真正的顺其自然其实是竭尽所能之后的不强求，而非两手一摊的不作为。只有不自信、内心不够强大的人，在面对困难挫折、面对人生的不完美时，才易于把"自我接纳"变成"自暴自弃"的理由和借口，进而做出逃避和自欺欺人的选择。

如果接纳自己就像鸵鸟一样，把头埋进沙土里，对缺点和不足视而不见，那么，这一定不叫接纳，这叫逃避。

（2）完善自我

完善本意为"趋于完美"，自我完善或完善自我均指个体在已有心理健康基础上的进一步发展。其逻辑关系的进程为，在接纳中发展，在新的发展中实现更好的接纳，只有如此循环，才能趋向于不断完善。接纳属于允许、认可，发展意在调整和改变。在此完整的链条中，无论接纳还是改变都属于完善的一部分，或者说接纳中意味着发展，发展中蕴含着新的接纳与完善。

1）接纳为完善的前提

就自我完善而言，接纳是基础，无接纳，完善即为无源之水。在此意义上的接纳又分为对主观和事实的接纳两种，或分属于对自身的主观和客观。由于自我完善主要是一个主观努力的过程，因此，对主观的接纳就成为自我完善的基础与前提，而对于主观的接纳主要就是对自身情绪的接纳，即对所谓的"负性"情绪的接纳。接纳自己的情绪就是接纳最真实的自己，接纳后对情绪的管理也就成为自我完善的基础。

情绪是对一系列主观认知经验的通称，是多种感觉、思想和行为综合产生的心理和生理状态，具有适应、动机、组织和信号四大功能。

情绪接纳是指感受和承认情绪的意愿，以及接受与吸收这些情绪的能力。仅就情绪的反应看，情绪并没有好坏、正负之分，只有被认识与否或被尊重与否之分。因此，人和情绪都应该很好地被接纳，以便更好地从中去觉察其四大功能。

所谓情绪的好坏，是人们带着自身意愿评判的结果，而实际上，当我们带着觉知，而不是无意识地去看这些情绪的时候，就会发现，情绪和感受没有好、坏之分，也不存在所谓的"负面情绪"。

情绪是对一系列主观认知的反应，它只是送信人，它所反映的信息都来自我们的内心感受。若你接受并理解了这个信息，则这一情绪传递过程就已结束。不然，这一过程将不断持续地反复进行，直至接纳或完全逃避为止。越是大的情绪,"信"的内容越重要,越有价值,因为这封信包含着我们的期待、渴望,包含着我们内心的迫切需要。如此,应对情绪的最佳方式就是积极主动、认真地去接纳,以防止对真实自我的缺失。

接纳情绪的具体益处在于:首先,在接纳情绪的过程中,我们同时也在接受自己所处的真实情况。其次,当你在接受某种情绪时,就是在给予自己一个去了解、熟悉它,并在行动中去管理、整合,并把它还原到你的人生故事里的机会。再次,选择接纳比无休无止的躲避,使你能够更早地面对现实。最后,当你一旦接纳了某种"负性"情绪,它也就即刻会失去它进一步的破坏力。

2)自我完善与进取的方法

停止与自己对立,即停止自己对自己的持续不满和不断批判。自我完善的确是一个不断地改进与提高的过程,但这种完善的目的自始至终都是以维护自己生命的存在、尊严和价值为前提的,这也是自我生命的意义所在。不论有多少不足,都是自己独特的存在,都内含着自己的尊严与价值,都是未来发展不可或缺的支撑点。

停止苛求自己,即允许自己犯错误。其重心在于"从中吸取教训",而非求全责备,为的是今后的拓展;也非谨小慎微,止步不前。

无条件地接纳自己,即要学会做自己的朋友,站在自己这一边,接受并且关心自己的身体和心理状况,不加任何附加条件地接纳自己的一切。曾经有一位登山队员参加了攀登珠穆朗玛峰的活动,达到7800米时,他体力支持不住,就没有再往上冲。其后有人替他惋惜,认为再坚持一下就有可能冲顶。然而他的回答是:"不,我最清楚。7800米的高度是我登山生涯的最高点,我一点也不为此感到遗憾。"登山队员了解自己,并无条件地接纳自己,因此他安然无恙。接纳自己既是对自己的了解,又是对自己未来发展可能的一种明智选择,更是自己对自己有效把握的一种美好境界。

3. 如何进行自我疗愈

在自我心理保健这一章节中，我们由对自我认识的深化延伸到自我接纳与完善后，终于跨入了自我保健的最终落脚点，即自我疗愈。

（1）自我疗愈与价值

自我疗愈自古有之，古人虽然无法对自我疗愈的机理做出清晰的说明，但在医学并不太发达的过去，自我疗愈对个人身心健康的作用却一直处于一个显耀的位置。科学越不发达，自我疗愈的作用就越发明显。

1）自我疗愈是生命的本能

人是动物中唯一需要医生和医院的物种。动物在大自然中虽经历了各种残酷的自然考验，但它们在没有医生的情况下完全靠自我疗愈生存下来，而人类在很久以前也是如此。然而，随着医学的不断发展，在人们执着于机械和生物医学模式后，就渐渐地失去了对自我疗愈的依靠。尽管如此，自我疗愈这种古老的思想和技艺依然在非主流的医学之外顽强地存活并继续延续着它顽强的生命力。

直到1977年，为破除原有医学模式，即单一生物学模式的弊端，美国罗彻斯特大学精神病和内科学教授恩格尔率先提出了生物—心理—社会一体化的新的医学模式。这种模式最大的突破是将心理、社会与生物融为一体，再次明确地确认心理和社会因素对人身心健康有着至关重要的特殊作用。当第五代医学模式把社会、心理因素又一次纳入主流医学模式后，自我疗愈作用就又一次获得了科学的深入研究与高度认可，并在医学和心理学实践活动中展现出无可替代的独特作用。

自我疗愈本是所有生物的本能，是任何生物赖以生存和发展的必备条件。自我疗愈的本义也就是指，不借助外界手段、依靠自身的能量去实现身心平衡的不懈过程。从人的意识是否主动参与上划分，这种过程又可以分为自发和自觉两种，即无意识平衡和有意识平衡。无意识平衡就是指有机体为维持生命而进行的各种生物系统的正常循环，与意识的参与无关，或者被称为纯生物的自主行为。有意识平衡指的是在人的意识或心理的作用下对已经存在的无意识平衡运行的一种引导和催化。

自古以来，在世界上所有文化中都有关于有意识自我疗愈作用的记载，有些方法随着文化的流传一直延续到今天。到目前为止影响比较大的有三种。一种是由印度整体健康医生、非药物自我疗愈的践行者——迪帕克·杜德曼德博士创立的回归自然状态的幸福疗法。他把治疗与疗愈分开，他认为疗愈，并非治疗，而是一种真实面对自己生命，看到过往的生活经验带给我们的情绪和局限性的习惯，进而回归到一种自然的幸福的生命状态。这种转换的过程便是疗愈。

另一种是由日本森田正马于1920年创立的心理治疗方法，即森田自我疗愈方法，最初也被称为"禅疗法"。其核心思想为，顺其自然即自我疗愈。森田疗法主要适用于所谓"神经质"的患者（大致包括当今分类中的焦虑症、恐怖症、强迫症、疑病症、神经症性睡眠障碍等）。森田疗法的基本治疗原则就是"顺其自然"。顺其自然就是接受和服从事物运行的客观法则，它能最终打破神经质病人的精神交互作用。而要做到顺其自然就要求病人在这一态度的指导下正视消极体验，接受各种症状的出现，把心思放在应该去做的事情上。这样，病人心里的动机冲突就排除了，他的痛苦就减轻了。

到目前为止，在自我疗愈方面影响比较大的是以美国卡巴金博士为主所倡导的现代正念疗法。以卡巴金为主的现代正念理论是以佛学禅修为基础，又融入印度的瑜伽和中国道家的顺其自然，将仅存于2500年之久的佛学中的自我疗愈方法，以现代科学的方式推向了全世界。其核心思想为自我觉察，即疗愈。

2）在觉察中实现疗愈

就自我疗愈而言，无论是我们上述介绍的几种自我疗愈理论与方法，还是其他的与心理学有关的关于自我疗愈的理论与方法，其理论的核心点均侧重于以自我觉察来激发或实行自我疗愈，或者说，觉察力本身就是疗愈。

对自我觉察概念的理解。自我觉察是一个相对复杂而又非常重要的概念。从最一般的意义上看，自我觉察就是指自己对自己的认识。这种认识不仅是指自己看自己此时此刻的"状态"，更涉及一个人在其文化背景熏陶、社会变迁的影响、家庭的结构与家人互动模式，及个人遗传特质等因素与此因素交互影响的结果,更是指对一个人的情绪、行为、信念、价值观等方面有深入与完整的了解。

而美国组织心理学家Tasha Eurich在其新书《洞察力》中,则将觉察的核心内涵定义为一种清晰地认识自我的意愿和能力。这种意愿和能力包括了解我们自己是什么样的人,以及别人眼中的我们是怎样的。同时Tasha还认为,自我觉察是21世纪生存最重要的技能之一。不仅如此,在他的研究中还进一步表明,对自己有更清晰、准确的认识的人能够做出更明智的决策(Ridley et al., 1992),建立更高质的、满意的亲密关系和职业关系,有更好的职业发展,并且更加自信。从Tasha Eurich的表述中我们可以看出,其更愿意把觉察首先看作一种意愿和能力,其次才是一种认识。

到目前为止,无论人们对自我觉察概念理解的侧重点有何区别,但大家在"如何进行觉察上"还都是比较一致的。

觉察即有意识地、不予评判地专注当下。在觉察中我们要保持自己作为意识主人的身份,即以"临在"的角色,而不能陷入被动状态来就行,同时,觉察需要我们有意识的努力和意愿,需要勇气和高度的专注力。

一方面,把注意力停留在身体感觉上,不带任何评判地觉察。我们不去对自己做出二元性的论断,即好或坏的评判标签。要知道,我们去批判的同时,也在消耗注意力的能量,而且很容易让负面的思绪和情绪乘虚而入。

若用卡巴金的话来讲,正念觉察即"意味着以一种特殊的方式集中注意力:有意识地、不予评判地专注当下"。"它使我们清醒地认识到一个事实:我们的生命只在一个又一个当下展开。如果这些当下中有许多时候我们都没有全心参与,那么很可能我们不仅会错失生命中最宝贵的东西,而且会意识不到自身成长和蜕变中的丰富性和深邃性"。

另一方面,我们要全然地去接纳,不再为思绪和情绪所捕捉和消耗,让注意力放在身体的感觉上。让注意力的焦点从思绪和情绪上引开拉回到当下,保持自由和稳定的状态。这样我们就可以自由地为自己做主,而不是让当下的情绪为我选择,代替我行动。是的,我们要自己做主!另外,还要诚实地面对自己,去知觉自己的真实状态,并且勇于面对。自己的身份形象或许有被定义的好与坏,但是我们要记得这是片面的评判。

觉察不是思考,觉察就是自我的"临在"。思维的发展是人类成长的阶梯,思维模式的创立、固化、破除与再建立,是人类思维发展的曲折过程。新的思维模式一旦确立，为了发挥这种新模式的作用，人们就易于把自己与这种模式紧紧地连接在一起，久而久之，就会把自己与这种思维模式合为一体，或认为这种思维模式就代表了自己，或就是自己。一旦这样，对原有思维模式的破除就不仅仅限于思维模式本身，而同时也变成了对自己的否定。

而觉察的理论告诉我们，思维是"你的"思维，即任何一种思维模式仅具"你的"属性，而绝不是"你"。或者还可以这样说，它既可以是"你的"，也可以不是"你的"，"你"和"你的"二者是截然不同的。如果认为我的思维模式就是我，我就是我的思维模式，那么思维模式一旦改变，我会在哪儿，我还存在吗？这就相当于在我和我的思维模式之间画了一个完全相等的等号。实际上，我的思维模式只是"我的"，它并不是"我"。如果不做这样的区分，人们就会为了我的这种"存在"，而排斥原有思维模式的改变。江山易改，本性难移，固然是习惯使然，但若从更深的层面看，根本不是什么江山易改，本性难移，而是倘若改了，则恐怕原有的我就不存在了。我们常说的所谓道德模式绑架，也就是因为你把某种你的道德当成了"你"，被思维模式的绑架也亦于此。

而自我觉察的过程，就是要求觉察者在觉察过程中必须保持在"临在"的状态，也就是必须把"你"与"你的"思维和你的身体分开，"你"就如同一面镜子，在无评判的专注中去观照你所能觉察到自己的一切，从而获得对自我更深层次的体验与觉知。也只有这样，你才能觉察到"你的"客观存在，以便更好地感知或活在当下。

（2）正念自我疗愈理论

就世界目前流行的各种自我觉察与疗愈理论来看，以美国学者卡巴金博士为代表的"现代"正念理论影响最大。其不但历史久远、科学性强，而且可以把其他各种自我疗愈理论囊括其中。因此，我们有必要在自我心理保健中对其做一简单的概括与介绍。

1）正念革命

正念，本属于2500年前佛教八正道中的一种修行方法，是僧人入寺后的必修课，虽历经两千多年却从未间断。

"正"，指"正知"，即正确的理论。经正确理论指导，用自我修行的方式获得稳定的心理状态即为"正念"。

所谓"正念革命"是源于2014年美国《时代周刊》对正念理论的介绍，即缘于《时代周刊》在30年前提出的为"寻求现代焦虑症的治疗方法"的一个结论式的总结。其认为正念不但是缓解压力的最佳方式，"是未来科技世界中生存必需品"，还将为人类认知领域带来一场颠覆性的革命。

《时代周刊》早在1983年的封面中，就赫然登出"压力（Stress）！""寻求现代焦虑症的治疗方法（Seeking Cures For Modern Anxietles）"的这样一个醒目的另类内容，并撰文指出，不断持续增加的"压力"业已成为当今美国社会所面临的巨大社会问题，而寻找缓解压力的途径与方法理应是现代心理学研究的当务之急。

20年后，即2003年，《时代周刊》又刊登了一期与此相关的题为"冥想的科学"的文章，该文不仅仅只是对其20年前提出问题的一个回应，更为重要的是它首次公开确认冥想中的科学成分，同时指出，科学的冥想就是"解决现代焦虑症"的一种有效方式。

又10年过后，即2014年认为终于找到了"现代焦虑症的治疗方法"，为此向全世界提出"正念革命"。

2）卡巴金与正念

千百年来，正念本是佛教修行的一门功课，近些年之所以能在医学、心理学、教育学等数十个学科产生重大影响，与创建现代正念体系的标志性人物，即美国正念减压之父、分子生物学博士乔·卡巴金的研究是分不开的。

卡巴金为美国马萨诸塞医学院的医学荣誉教授，他是正念减压疗法的创始人，麻省大学医学院医学、保健和社会正念中心的创立执行主任，麻省大学医学院"正念减压门诊"主任。

作为生物学学者的卡巴金为什么要涉猎正念这个领域？或者说，他在这个领域中究竟发现了什么才起到这样前所未有的影响？或者说，在博士毕业后，他为什么没有像惯性所期待的那样去成为一个传统的医生或科学家，反而成为一个改变人身体和心灵的疗愈者呢？这完全与他的理想和信念有关。

卡巴金在学习期间就始终坚信，疾病的治愈，从来都不应脱离对生活的领悟和修炼，所以他一直都热衷于对自我疗愈的效能及相关临床方面应用的关注，并希望借此能有效地缓解各种慢性疾病及由压力引起的各种身心失调。他的理想就是要成为集身心为一体的自我疗愈的研究者。他认为，科技在极大地拓展医学治疗的同时，也日益凸显出在自我疗愈方面上无法跨越的局限性。因此，在过分依赖科学技术对人身体作用的同时，我们是不是还能够找到另一种新的方法突破现有的局限？

随着研究的深入，他终于发现了在这种修行方法中所蕴含着的最为关键的深层因素，即修行中对注意力的运用。也就是说，僧人们在用注意力反观于自身的过程中，同时收获了对自己身心的良好疗愈。既然是这样，那么将此法用在普通人身上也一定会如此。如果是这样，那么我们至少可以解决这样两大问题：一个是现代社会心理疾病比例日益增高的问题；另一个是医学尚无更好的办法去缓解和疗愈各种不明原因的慢性疼痛以及生理上的很多其他问题。

在日常生活中我们都有过这样的体会：当你把注意力专注地投放在你身体的某一个部位时，或身体的某一个部位被你注意力所关注的话，你会感觉到这个部位就呈现出某种特殊的、之前未曾感受到的生理反应。卡巴金从这样的实例中引出他的两个基本推断。一是注意力对生理的刺激作用不但存在，且十分明显，肯定有进一步挖掘的必要；二是尽管人体本然就具有自我疗愈功能，但人们通过对注意力的合理运用是否能将其做进一步的强化。若果真如此，则其适用范围就将更为广泛了。

事实证明，我们仅仅依赖于人体之外的因素去解决自身的问题，肯定是有局限性的。但如果我们通过自己对自身的刺激就能激发出人体中更多的自我疗愈的因素，那么研究注意力与身心自我疗愈之间的相互作用就大有可为了。诸如我们不但可以强化对自身的把握，而且能为人类大脑的探索提供可供借鉴的路径等。

历经了30多年的努力，卡巴金在《多舛的生命》一书的副标题中这样写道："正念疗愈帮助你抚平压力、疼痛和创伤。"

就医疗领域的性质界定来看，与传统医学治疗相比，卡巴金的正念减压疗法当属于"参与式医学"。卡巴金认为，疾病的治疗仍必须由医生主导，但在涉及身心的自我疗愈方面却无法假他人之手，而必须经由患者自身的全情投入才能实现。通过正念减压的系统训练，当人们一旦获得对自己经验的开放与觉察，压力也就随之缓解，与压力和痛苦和睦相处的能力也就同时上升。对自我的觉察本身虽然不能直接改变压力和痛苦，但它却能改变病人与压力和痛苦之间的关系，关系的改变就又会带来新的体验，二者相互促进，就使身心的自我疗愈呈现出一个新的良性循环。

第十六章

心理求助
——什么人需要求助于心理咨询

"心理咨询是20世纪一项令人惊奇的发明"。随着社会的不断发展和生活水平的不断提高，人们也越来越关注个人的精神状态。现代人生活在一个变化多样的世界里，在这样的世界里，人们会面对各种各样的压力，工作的、生活的、学习的、家庭的、人际的、发展的等。大多数时候我们与朋友、家人、同事聊聊天可以找到解决问题的方法，但有时候，他们的建议也无法解决我们遇到的困境，此时心理咨询无疑提供了有用的选择。

1. 什么是心理咨询

心理咨询这个词可能大家并不陌生，但是对于究竟什么是心理咨询，心理咨询能解决什么问题，心理咨询适合什么人还是比较模糊的，甚至有一些污名化，人们普遍认为心理咨询是针对那些精神有问题的人，而去做心理咨询或治疗就意味着某种不正常，会受到歧视或者孤立。

（1）心理咨询的定义

心理咨询在我国也就是最近十几年才进入人们的日常生活。咨询在国外是一个涵盖非常广的概念，涉及职业指导、教育辅导、心理健康咨询、婚姻家庭咨询等生活的各个方面。关于心理咨询的定义，中外不同学者各有各的说法。但至今有关心理咨询的内涵与外延仍旧众说纷纭，没有哪一种已知定义得到专业工作者的公认。

帕特森（C.H.Patterson）认为："咨询是一种人际关系，在这种关系中咨询人员提供一定的心理氛围和条件，使咨询对象发生变化，做出选择，解决自己的问题，并且形成一个有责任感的独立的个体，从而成为一个更好的人和更好的社会成员。"

1984年美国出版的《心理学百科全书》肯定了心理咨询的两种定义模式——教育模式和发展模式。该书认为："咨询心理学始终遵循着教育的模式，而不是临床的、治疗的或医学的模式。咨询对象（而不是患者）被认为是在应付日常生活中的压力和任务方面需要帮助的正常人。咨询心理学家的任务就是教会他们模仿某些策略和新的行为，从而能够最大限度地发挥其已经存在的能力，或者形成更为适当的应变能力。"该书还指出："咨询心理学强调发展的模式，它试图帮助咨询对象得到充分的发展，扫除其成长过程中的障碍。"

《中国大百科全书·心理学》对心理咨询是这样定义的："一种以语言、文字或其他信息为沟通形式，对求助者予以启发、支持和再教育的心理治疗方式。"

归纳国内外一些比较有代表性的观点，从中可以看出，尽管有各种各样的不尽相同的解释，但其内涵都有某些共同性的特征。

1）咨询是一种特定的人际关系。心理咨询是建立在咨询师与来访者良好人际关系基础之上的。经过专业训练的咨询师利用其专业技能及所创造的良好咨询气氛，与来访者一起讨论、发现其问题，并帮助来访者学会以更有效的方式对待自己、对待他人和生活中的难题。

2）咨询是一系列心理活动的过程。从咨询师的角度看，咨询就是帮助来访者更好地理解自己，更有效地生活，其中包含一系列的心理活动。在咨询过程中，咨询师所运用的有关理论与技术，也是以心理学为基础的。从来访者的角度看，来访者在咨询过程中需要接收新的信息，学习新的行为，学会解决问题的技能及做出某种决定，这也涉及一系列的心理活动。

3）咨询属于一个特殊的服务领域。在咨询过程中，咨询师可以帮助来访者认识自己，确定目标，做出改变，解决难题，是针对认知、情绪情感、意志等心理过程及行为提供服务的。

4）咨询是有范围的。心理咨询的人群是正常人或正在恢复或已经恢复的病人。着重处理的是正常人所遇到的各种问题：人际关系的问题、职业发展的问题、婚姻家庭的问题、子女教育的问题等。咨询心理学家活跃在中小学、大学、医院、诊所、康复中心、工矿企业、社会服务机构以及各个社区之中，以帮助人们在个人、社会、教育、职业等方面达到更有效的发展及取得更大的成就。

基于上述这些共同的特征，简单来给心理咨询下个定义就是：心理咨询是心理咨询师协助求助者解决心理问题的过程。

心理咨询需建立良好的人际关系，需在心理学有关理论的指导下开展活动，是协助来访者解决问题的过程。咨询的根本目的在于帮助来访者自强自立，而不是要帮他做决策或者直接给一个决策。这一目标着眼于帮助来访者认清自己的问题所在，通过咨询，能提高来访者应对挫折和各种不幸事件的能力，使之能够有力量自己面对和处理人生中遇到的问题。

（2）心理咨询的内容和对象

心理咨询的内容十分广泛。人们丰富多彩、纷繁复杂的心理活动决定了心理咨询内容的丰富性和复杂性。

一般来说，心理咨询的内容和对象包括：

1）人生各个时期所遇到的心理问题，如日常生活中的人际关系问题、职业选择问题、教育过程中的问题、婚姻家庭中的问题等。

2）各种情绪与行为问题，如轻度的焦虑、抑郁、恐怖、紧张等。

3）轻度的不可控制的强迫思维、意向和强迫行为、动作等。

4）某些性心理障碍，如性取向、性欲异常等问题。

5）某些心身疾病，如冠心病、高血压、溃疡病、支气管哮喘等心理社会因素的探讨。

6）康复期精神病人的心理指导，促使其更好地适应社会与生活，预防复发。

7）长期慢性躯体疾病，久治不愈，需要心理支持及指导者。

8）要了解各种心理卫生的知识者。

9）接受各种心理检查者（如智力测验、人格测验等）。

10）有其他心理疑虑而需要咨询者。

（3）心理咨询的类型

1）心理咨询按其内容可分为障碍咨询和发展咨询

①障碍咨询

障碍咨询是指对存在程度不同的非精神病性心理障碍、心理生理障碍者的咨询，以及某些康复期精神病人的心理指导。重点是去除或控制症状、预防复发。

②发展咨询

发展咨询是指帮助来访者更好地认识自己和社会，充分开发其潜能，增强适应能力，提高生活质量，促进其全面发展。咨询的内容十分广泛，凡是在人生各时期出现的各种心理问题都属于咨询的范围，如工作、学习、恋爱、婚姻、家庭生活、职业选择等。

需要指出的是，第一，障碍咨询与发展咨询是相互联系的，去除心理障碍为心理发展奠定了基础，而良好的心理发展将减少心理障碍的发生。第二，在具体实施时，有时很难将两者完全割裂开来，有些咨询既属于障碍咨询，也属于发展咨询。

2）心理咨询按其对象的多少可分为个别咨询和团体咨询

①个别咨询

指咨询师与来访者之间的一对一咨询。它是心理咨询最常见的形式，它的优点是针对性强、保密性好，咨询效果明显，但咨询成本较高，需要双方投入较多的时间、精力。

②团体咨询

团体咨询，亦称集体咨询、小组咨询，指根据来访者所提出的问题，将有相似问题的人分成一个小组，咨询师同时对多个来访者进行咨询。它是一种很有前途的咨询形式。其突出的优点是咨询面广、咨询成本低，对某些心理问题或心理障碍效果明显优于个别咨询。不足之处是同一类问题也可能因个体差异而表现出明显的个体性，单纯的团体咨询往往难以兼顾每个个体的特殊性。

团体咨询又可细分为两种：

第一种，重点放在个体身上。这类咨询虽然也重视团体成员交互作用的意义，但主要还是把咨询方法、干预手段直接应用于每个成员。比如讲座、训练等。正因如此，这类团体咨询又被称作团体讲座、团体训练。

第二种，重点放在团体成员的交互作用上。这类咨询主要是通过团体成员相互作用所产生的影响力而使成员调整自己的思想、情感和行为。国外流行的各种咨询小组大多属于这一类。如戒烟小组、酒精依赖小组、敏感训练小组等。

从严格的意义讲，团体咨询主要指第二种形式，因为团体咨询的本质含义是指借助团体内心理相互作用的力量让来访者发生改变的帮助活动。

3）心理咨询按其方式可分为一对一咨询、家庭治疗、电话咨询和网络咨询。

①一对一咨询

它是心理咨询最常见的方式，是由咨询师和来访者在固定的时间和固定的地点以一对一的方式进行的咨询活动（咨询可以谈话、绘画、沙盘等方式进行）。这种方式保密性好，能进行深入的交流，及时发现问题，提出建议，咨询效果较好。

②家庭治疗

家庭治疗是以家庭为对象实施的团体心理治疗模式，其目标是协助家庭消除异常、病态情况，以执行健康的家庭功能。家庭治疗的特点为：不着重于家庭成员个人的内在心理构造与状态的分析，而将焦点放在家庭成员的互动与关系上，从家庭系统角度去解释个人的行为与问题。这也就是说，个人的改变有赖于家庭整体的改变。

③电话咨询

电话咨询指用电话的方式开展咨询，主要适用于心理危机或有自杀观念、自杀行为的人。在国外是专线电话，只限于心理危机者使用，主要目的是防止自杀。目前国内在各大中小城市都已建立了各种"热线"，除了处理各种心理危机，比如不愿意面对面进行咨询的，或者与咨询师不在一个城市的，也经常采用电话咨询的方式。其优点是快捷、方便、保密性强。但由于缺乏咨询师与来访者之间面对面的直接交流，难以进行准确的心理评估，限制了咨询师的干预能力。

④网络咨询

随着通信技术的发展，互联网咨询越来越普及。人们可以通过社交媒体平台进行文字、语音和视频的咨询，方便、快捷。对于那些由于个人身体条件、地域环境的限制而不能直接地寻求心理咨询师，以及由于个人生活风格、认知习惯，不愿意面对心理咨询师的人们来说，网络心理咨询尤为必要。

需要指出的是，虽然随着技术的进步，咨询方式多种多样，也更加便捷，但是心理咨询是一种特殊的服务，是与人的心灵打交道的，面对面咨询中人与人的生命和精神之间的无形的影响是咨询起效的重要一环，因此来说，网络咨询和电话咨询只是咨询的必要的补充形式，无法替代面对面咨询的效果。

4）心理咨询按其时间长短可分为长期咨询、短期咨询和限期咨询。

心理咨询的期限并无硬性规定，要根据来访者的意愿、咨询的内容以及咨询师的建议等因素而决定，也要斟酌现实情况，包括来往的方便与否、咨询费的负担等而施行。

①长期咨询

长期咨询指咨询的时间较长，如超过两三个月，甚至达数年。长期咨询的目的不仅在于问题的解决和症状的消失,主要是达到人格的完善和健全以及心理的成长。长期咨询的重点放在深层心理的探讨、心理与行为改进的维持上。

②短期咨询

短期咨询指咨询的时间较短,而至于多长期限为短期,则意见不一,可能是三四次的咨询交谈,也可能是10次左右,时间历经一两个月。短期咨询的重点在于问题的解决和症状的去除。

③限期咨询

限期咨询指在咨询开始时,咨询师与来访者共同订立了咨询计划,对咨询的次数或期限做了规定,如5次、10次,或两个月等。这种事先确定咨询期限的做法,目的在于让彼此有个事先的计划与了解,并可针对此约定的期限尽量去努力完善咨询的方案,求得咨询者具体情况的改善。

大多数来访者受时间、费用、交通条件及其他因素的制约,倾向于做短期咨询或限期咨询,而只有在特别的情况下,在双方同意的原则下,才会做长期的心理咨询。

(4)心理咨询的工作范畴

心理咨询主要是在心理学的范畴内进行工作。

对于有躯体疾病而又有心理问题的来访者来说,心理咨询的目标并不是解决躯体疾病,而是针对躯体疾病引起的心理不适,针对引起躯体疾病的心理因素进行工作。一般来说,心理咨询是帮助来访者自己去解决心理问题。

心理咨询中虽然有时也需要生物学的方法,但主要的还是心理学方法。不容否认,对于某些问题严重的来访者,其咨询目标可能会与医学目标有一定的重合,某些来访者可能同时需要心理咨询与药物治疗,但心理咨询只在心理层面进行工作,不能给出诊断、更不能用药。

2. 如何正确理解心理咨询

心理咨询作为一个独立的职业，相对于医生、教师、律师等，它的兴起还是比较晚的。在我国，1985年3月，成立了中国心理卫生协会。随后，在1990年11月，中国心理卫生协会心理治疗和心理咨询专业委员会成立。2001年4月，劳动部正式将心理咨询师列入《中国职业大典》。也就是说，在中国心理咨询师作为一个社会上的正式职业，到现在为止，只有将近20年的时间。

近几年随着国家对心理学的重视，企事业单位、国家机关单位都设立了专门的心理干预机构，开展职工心理健康科普工作，而民众对于心理健康知识也有了一些了解和认识。但是普通大众对于心理咨询的了解还是比较模糊的，并且有污名化的倾向，容易与精神病相联系，总是会担心被别人误解、歧视。总之，关于这个行业有很多疑问：

从事心理工作的人就等于从事心理治疗工作的人吗？

很多人一听到心理学就会想到精神病人，心理有问题的人都是精神有问题了吗？

心理咨询师的工作只能在一个咨询室里面对沙发等着别人来求助，是这样吗？

学了心理咨询就只能做心理咨询师这个工作吗？

心理咨询师究竟能不能给人有效的建议？

心理咨询师到底能不能给身边的人做心理干预？

要想解决这些问题，首先要了解一下心理工作的内容。

（1）心理工作的内容

总体上来说，心理工作可以分为四大类：心理教育工作、心理陪伴工作、心理咨询工作、心理治疗工作。这四大类心理工作的工作对象、工作方法、工作内容的差别都很大。

1）心理教育工作

第一类的心理问题是预防性的。这类工作面对的人群是健康人，即正常人。比如，一个人面对一个心理困惑，他不太能够理解，这个困惑并没有更深层次的心理根源，不需要治疗，甚至不需要陪伴。他的诉求非常简洁，获得一个"他应该怎么做"的信息便可以了。所以心理教育工作实际上就是提供与心理学有关的建议、理论、观念和信息，帮助工作对象直接面对他的心理困扰，并且解决这些问题。在这个层面，心理学工作者的身份更像一个教师，一个提建议的人。这类工作处于心理问题的预防阶段。来访者如果事先知道这样一些信息和方法，就可以预防产生更严重的、需要更深层次干预的问题。

比如说，如果在青春期之前，有人跟你讲，在接下来的几年中，你可能会遇到这样或那样的困扰，而当那些困扰发生的时候，你就会有一些框架去参考，理解为什么会有那些感受，从而就会以不同的方式去回应你生活中遇到的那些困境。

如果在退休之前，有人跟你讲你可能会面对这样或那样的心理困扰，而当发生这些事的时候，你就可以用这样的方式去应对；发生那样的事的时候，你就可以用那样的方式去应对。也就是说，真的发生这些问题的时候，你也会轻松很多，因为你有心理准备。

2）心理陪伴工作

第二类的心理问题就是发展性的心理问题，这是需要给予心理支持和陪伴的工作。

上面举的两个例子，是针对不同年龄阶段的人的。每个人在不同的年龄阶段，都会有一些成长性的问题要面对。比如围产期、幼儿期、青春期、更年期等。每个人都要经历这些阶段。这是一个自然的过程，每一个年龄阶段都会遇到心理困扰。

人生是一个有固定节律的生命历程。每到一个阶段，就会有属于这个阶段的心理特征，有些表现并不是心理疾病，比如青春期孩子的易怒、冲动，这是发展中的正常现象，是每个人都要面对的，是心理发展的需求。有时候需要有人来陪伴他走过那个阶段，这就是心理陪伴工作。

这类工作需要的干预也很少，因为不管你多么会干预，还是会面临这样的困扰，这是一个自然过程，所以这个阶段以陪伴和支持为主。

前两类工作都属于预防性的心理工作。如果预防性心理工作能够做好，那么大部分求助者就不会产生后面两类需要干预的问题。

对于预防性的心理工作而言，心理工作的目标不是去消除问题，而是让求助者理解、经历那些问题。这个"让"，是在心理层面允许这些事情自然地发生的。

这两类或这两个阶段心理工作涵盖的求助者范围是非常广泛的。他们中只有很少一部分求助者有更严重的心理困扰，是需要干预的。

后两个阶段的工作是心理咨询工作和心理治疗工作。通常说的心理工作经常是指这两项工作，前两个阶段心理工作经常不被视为心理工作。后两类工作里面，又会偏向于心理治疗工作，觉得心理治疗才是心理工作的本义。其实，这是不准确的。在需要干预的层面里，咨询性的干预比治疗性的干预要多一些。四个阶段里面，越往后，求助者人数越少。

人在成长过程中、生活历程中都会经历一些自然会发生的事情。面对这些事情的时候，有的人诱发或激活了早年的一些困扰，很长时间都没办法从他面对的困境里面走出来，这时就需要咨询或治疗性的干预。

3）心理咨询工作

这类工作面对的心理困扰程度比前面的要严重一些。通常情况下来访者可能知道他该怎么做，但就是做不到。有时候就是这样，明明知道怎么做生活会好起来，但就是不太允许自己按照那个"可以让我们生活好起来的"方式去做事。这样听起来有点奇怪，但对于有这样心理问题的人来说，这不奇怪，这是他们的常态。

这个时候，心理咨询师就会通过各种技术去看到，或者帮助来访者明白哪些因素让他不按照"他本来如果以某种方式生活就会好起来的"那种生活方式去生活，然后和来访者建立一种合作的关系，共同去处理那些障碍。不管用什么技术、什么方法和来访者建立良好的咨访关系，在这个关系的前提下，以某种方式帮助他，使他克服那些阻碍以他所期望的方式生活的障碍，从而使他过上他期望的生活。

在心理咨询工作中，技术的选择范围很广。通常所说的那些疗法，都是在这个阶段开始出现差别的。比如，动力学的方法、认知行为疗法、催眠、绘画、沙盘游戏等。

在这个阶段和前两个阶段，来访者都会有具体问题，一些现实生活中遇到的问题，比如升学、毕业、失业、离异等。但有的时候没有具体的问题，却莫名的就会情绪低落，莫名的就会不开心。这有可能就到第四个阶段了。

4）心理治疗工作

第四个阶段的求助者可能是这样的：没有具体的问题，但是有心理困扰。更严重一些的，会觉得他自己是没有问题的，周围的人都有问题，而也有的可能没有特别具体的诉求，但是又觉得自己不快乐，觉得有可能是自己的问题，却不知道问题是什么。

这类问题基本上已经接近不在心理咨询的范围了。因为心理咨询的前提是要有一定的心理自知能力，有改变的动力，才可行。

以上四个阶段的工作都是来访者日常心理咨询时心理咨询师所要做的工作，心理咨询师会根据来访者的问题及需求的不同，为他们提供不同的咨询帮助。

（2）心理咨询与相关概念的区别与联系

1）心理咨询与思想政治工作的区别

关于这个问题我们用一个例子来做说明。

来访者：我已尝试想要和他（父亲）好好相处，但行不通。他还是一如既往的"严"字当头。

回复1：当爹的对孩子严厉那是为了你好，怕你学坏了，走歪路嘛。一笔写不出两个"马"，都是一家人，他还能害你吗？再说了，"养不教，父之过"。大人们总觉得你们经历得少，他们经历得多，有时候怕你们太天真，看不见真相容易上当受骗。你爸也是担心你，你也要理解一下他。

回复2：你似乎从内心里还是很想与父亲亲近的，没有达成，所以有些沮丧。你不想让父亲总是那么严厉，弄得你们两个距离很远，无法亲近。这种情感，你跟父亲表达过吗？

这两种回复，第一种回复就是一种思想政治教育的立场。回应的内容主要以社会公认的正确的价值观或常识性的教育为主，有价值观的植入或强加，而没有充分关注到来访者的情绪情感反应。

心理咨询主要是为来访者负责的，是要解决来访者的困扰的，因此心理咨询要尽量做到价值观的中立，要以同盟者的身份去理解来访者的情绪情感，要陪来访者看清他的问题，并学会正确的应对方法，如"向父亲表达出你的这种情感"，克服自己的不足，并达到所希望的目的，而不是以"权威"或者"专家"的身份指责或者是教育来访者应该或不应该怎样。因为如果他不认同你的价值取向，不但不能解决他的困扰，反而可能会让他存在的心理问题变得更加糟糕。

2）心理咨询与"聊天"的区别

很多第一次来做咨询的人都会有一个感觉，就是怎么我说了那么多，咨询师说得那么少呢？我花了那么多钱好像都是我一个人在说，似乎也没有什么用，而且好像就是聊个天，也没什么特别的。那心理咨询与聊天有什么区别呢？

通常来访者做咨询的时候都会对咨询有很大的期待，希望咨询可以像特效药一样有立竿见影的效果。但事实是：改变是需要过程的，不可能一蹴而就。一次咨询或治疗也不可能一下子就把来访者长年累月积累的心理问题去掉。心理问题的形成不是一朝一夕的，一些心理障碍的发生可能是10到20年的累积，所以改变也需要一个过程。在咨询过程中，咨询师要了解你心理问题发生的根源，就好比考古一样，需要一点点发掘可能困扰你的那些事件、想法，并需要一点点跟你确认。而这个发现和确认的过程大部分时候需要通过谈话来进行。心理咨询的访谈与一般的聊天不同，它是一个收集资料、评估问题、澄清问题，并潜移默化地改写问题的过程，是一个咨询师付诸情感关注和支持的过程，是一个用心、用情陪伴的过程，是一个集中思考、分析、研判并给予恰当回应的过程。这个过程需要相当专业的训练和专业的知识，需要咨询师全身心地投入。总之，它是一个专业的过程，不是一个普通的聊天可以完成的。

3. 心理问题的划分

"看来我得去做心理咨询了。"

"我又没有病,为什么要去做心理咨询?"

以上的两句话,反映了现在人们对于心理咨询的两种态度。那么,究竟什么人,有什么问题,达到了什么程度才有必要去做心理咨询呢?事实是,所有有着正常心理的人都适合进行心理咨询。就像在第二节中提到的,心理工作的范围很广,不止局限于异常人群。

(1)精神现象是一个连续谱

世界上一切事物都有正和反两个方面,人的心理活动也不例外,也存在正常心理活动和异常心理活动,从而形成了心理正常的群体和心理异常的群体。人们常常有一个误解,觉得心理"不正常"的人,无论哪个方面都不正常。可事实是:即便是心理异常的人,他们的心理活动也不全是异常的。比如,他们的人格可能有某方面的缺陷并伴有思维障碍,可是,他们的感知觉可能是正常的。正常精神现象和异常精神现象之间是一个连续谱,有互相转化的可能性。

例如:焦虑—焦虑症之间是过渡连续的,越往左越接近正常,越往右病理性越严重,两级之间没有本质的区别,只有严重程度不一样。所以世界上不存在绝对的病人和绝对的正常人,只存在相对正常的人。这也是鉴别诊断的难点所在,因为正常与异常的界限往往没有那么分明,有些人可能带病生活一辈子也不会给别人造成什么影响,而有些人则会给周围的人,甚至社会带来非常大的影响和威胁。

(2)心理问题的划分

通常学者认为正常的心理活动具有如下几种功能:

第一种，保障人顺利地适应环境，健康地生存发展。

第二种，保障人正常地进行人际交往，在家庭、社会团体、机构中正常地肩负责任，使社会组织正常运行。

第三种，保障人正常地反映、认识客观世界的本质及其规律性。

变态心理学把丧失了正常功能的心理活动称为异常，也称为"精神障碍"。

1）心理正常与心理异常的区分

国内一些学者对于心理问题的划分有一些可参照的标准。

北京医科大学心理学教授郭念锋认为，区分心理的正常与异常，应该从心理学角度切入，以心理学对人类心理活动的一般性定义为依据。只有这样，才能使该问题明朗化。根据心理学对心理活动的定义，即"心理是脑对客观事物的主观反映"，他提出了"病与非病三原则"，作为确定心理正常与异常的依据。

①主观世界与客观世界的统一性原则

因为心理是客观现实的反映，所以任何正常心理活动或行为，在形式和内容上必须与客观环境保持一致。简单说，就是心里想的要与外在现实相统一。

如果一个人坚信他看到或听到了什么，而在客观世界中，当时并不存在引起他这种感觉的刺激物，我们就可以认定，他的精神活动不正常了，他产生了幻觉。

如果一个人的思维内容脱离现实，或思维逻辑背离客观事物的规定性，并且坚信不疑，我们就可以认定，他的精神活动不正常了，他产生了妄想。

如果一个人的心理冲突与实际处境不相符合，并且长期持续，无法自拔，我们就可以认定，他的精神活动不正常了，他产生了神经症性问题。

这些都是我们观察和评价人的精神与行为的关键，我们又称它为统一性（或同一性）标准。人的精神或行为只要与外界环境失去同一性，必然不能被人理解。

②心理活动的内在协调性原则

虽然人类的精神活动可以分为认知、情绪和情感、意志等部分，但是它自身是一个完整的统一体。各种心理过程之间具有协调一致的关系，这种协调一致性可以保证人在反映客观世界过程中的高度准确和有效。

一个人遇到一件令人愉快的事，会产生愉快的情绪，手舞足蹈，欢快地向别人述说自己内心的体验。这样，我们就可以说他有正常的精神与行为。如果不是这样，而是用低沉的语调向别人述说令人愉快的事；或者对痛苦的事，做出快乐的反应，我们就可以说他的心理过程失去了协调一致性，他的这种状态就被称为异常状态。

③人格的相对稳定性原则

在长期的生活道路上，每个人都会形成自己独特的人格心理特征。这种人格心理特征一旦形成，便有相对的稳定性，在没有重大外界变革的情况下，一般是不易改变的。

如果在没有明显外部原因的情况下，一个人的人格相对稳定性出现问题，我们也要怀疑这个人的心理活动出现了异常。这就是说，我们可以把人格的相对稳定性作为区分心理活动正常与异常的标准之一。例如，一个用钱很仔细的人，突然挥金如土，或者一个待人接物很热情的人，突然变得很冷漠。如果我们在他的生活环境中找不到足以使他发生改变的原因，那么，我们就可以说，他的精神活动已经偏离了正常轨道。

国内心理咨询界依据此原则将人的精神世界做了划分：正常与异常。正常心理又分为两种：健康与不健康。这里的"正常"与"异常"是在说"有病"或"没病"的问题，而"健康"和"不健康"是在讨论正常中功能、水平高低的问题。这样其实就把人的全部心理活动分成了"健康""不健康"和"心理异常"三类。

从理论上来讲，心理咨询的主要工作对象是人的心理不健康状态。也就主要是一般心理问题、严重心理问题和神经症性心理问题。通常情况下神经症、精神分裂症、精神障碍和人格障碍应该到专科医院接受治疗。

2）心理不健康状态的界定

①促成或影响心理不健康状态的因素

在理论上，促成或影响"心理不健康状态"的因素有如下几种。

第一种，人口学因素

心理不健康状态可以出现在任何年龄段，但在青春发育期、更年期更易发生。性别因素是一个很复杂的问题，在不良情绪发生问题上，男、女各有所长，又各有所短。例如，女性易受暗示，因轻信易上当受骗，多有不良情绪发生；男性在社交过程中更爱面子，"死要面子活受罪"的情况会使其心理失去平衡。从近年来相关杂志发表的调查报告来看，文化程度、职业、生活状况、婚姻状况、家庭结构、生活方式等对心理健康状况都有不同程度的影响。

第二种，个性心理特征

个人性格特点与心理不健康状态有密切关系。性格是由先天素质与后天学习结合而成的，人的遗传因素决定了脑细胞的构筑特征和工作强度，后天的学习，训练了个人大脑细胞工作的灵活性。所以，一个人在生存过程中，如果承受环境压力的能力越强，应对环境变化的灵活性越高，那么他的心理转为不健康状态的概率就越低；个人的消极经验、反逻辑思维特征和固有的不恰当的行为反应模式，是造成不健康心理状态的内在原因。另外，人的价值取向、兴趣和爱好也会影响人的心理健康。

第三种，身体健康水平

根据身心一体的原则，健康的心理应寓于健康的身体。经常多病或慢性躯体疾病患者，其心理健康极易受到破坏，不同躯体疾病，其心理不健康状态又具有特殊性，如先天性心脏病患者，长期脑供血不足可造成脑相对缺氧，患者常常表现出情绪脆弱、心情抑郁等。

第四种，社会变迁

人的生存离不开社会。社会环境的变迁对人起直接作用。对社会变化的适应不良，可使人进入心理不健康状态。极端的例子是所谓的"文化休克"。适应能力很差的人，在反差极大的社会文化中生活，可以导致某些心理问题，同时伴有躯体症状。只要返回原来的文化环境，则所有症状可不治自愈。

②心理不健康的分类

第一类，一般心理问题

诊断为一般心理问题，必须满足如下四个条件：

a.由于现实生活、工作压力、处事失误等因素而产生内心冲突，并因此而体验到不良情绪（如厌烦、后悔、懊丧、自责等）。

b.不良情绪不间断地持续一个月，或不良情绪间断地持续两个月仍不能自行化解。

c.不良情绪反应仍在相当程度的理智控制下，始终能保持行为不失常态，基本维持正常生活、学习、社会交往，但效率有所下降。

d.自始至终，不良情绪的激发因素仅仅局限于最初事件，即使是与最初事件有联系的其他事件，也不会引起此类不良情绪。

综合所述，可给出如下定义：一般心理问题是由现实因素激发，持续时间较短，情绪反应能在理智控制之下，不严重破坏社会功能，情绪反应尚未泛化到心理不健康的状态。

单就不良情绪症状来看，与上述条件相类似的临床案例是大量存在的，但我们只要从刺激的性质、反应的持续时间、反应的强度和反应是否泛化这四个维度出发，就可以区分和鉴别哪些属于一般心理问题，哪些不属于一般心理问题。

比如某女性求助者因现实生活矛盾产生了内心冲突，这种冲突有极明显的现实意义和道德性质，如有了外遇，想离婚，但又觉得不光彩，内心愧疚，拿不定主意。这种内心冲突会使她痛苦，心事重重，精神不振，但还基本可以维持正常的工作和生活，持续时间不足一个月。这个案例就初步可以确定为一般心理问题的范畴。

第二类，严重心理问题

诊断为严重心理问题，必须满足如下四个条件：

a.引起"严重心理问题"的原因是较为强烈的，而且是对个体威胁较大的现实刺激。在不同的刺激作用下，求助者会体验到不同的痛苦情绪（如悔恨、冤屈、失落、恼怒、悲哀等）。

b.从产生痛苦情绪开始，痛苦情绪间断或不间断地持续时间在两个月以上、半年以下。

c.遭受的刺激强度越大，反应越强烈。大多数情况下，会短暂地失去理性控制；在后来的持续时间里，痛苦可逐渐减弱，但是，单纯地依靠"自然发展"或"非专业性的干预"，却难以解脱；对生活、工作和社会交往有一定程度的影响。

d.痛苦情绪不但能被最初的刺激引起，而且与最初刺激相类似、相关联的刺激，也可以引起此类痛苦，即反应对象被泛化。

综合描述，可给出如下定义：

"严重心理问题"是由相对强烈的现实因素激发，初始情绪反应强烈、持续时间较长，是内容充分泛化的心理不健康状态。

"严重心理问题"有时伴有某一方面的人格缺陷。

在心理咨询临床上，对"严重心理问题"的诊断并不困难，但关键问题是与神经症进行鉴别。

根据许又新教授关于神经症诊断的论述，鉴别的要点是"内心冲突的性质"和"病程"。

"严重心理问题"的心理冲突是常形的，持续时间在半年之内。临床上，社会功能破坏程度也可以作为参考因素予以考虑。如果在出现"严重心理问题"后的一年之内，求助者在社会功能方面出现严重缺损，那么，我们必须提高警惕，应作为可疑神经症或其他精神障碍来对待。

第三类，神经症性心理问题（可疑神经症）

在第三类心理不健康状态下，内心冲突是变形的。这里有的读者可能会问什么是变形和常形。举个例子，比如某人因中年丧偶，内心非常痛苦，孤独感强烈，并且担忧今后的生活，这是在情理之中的，大多数人也都会有这样的反应，而且也是有"现实意义的"。但是如果每天纠结于吃不吃药，并为此感到非常痛苦，这就是变形了，这个纠结大多数人无法理解，而且既没有道德色彩，也没有现实意义，涉及的是生活中鸡毛蒜皮的小事。

所以神经症性心理问题首先内心冲突是变形的，并且持续时间在半年以上，自己感觉非常痛苦，而且无法自行摆脱，对心理功能和社会功能有损伤，注意力、记忆力下降，学习和工作的能力下降，人际关系效率下降。

（3）哪些人适宜进行心理咨询

根据上面的心理问题分类，大家可能也了解了，不是所有的人都适宜做咨询，那么哪些人适宜做咨询？他们有哪些特点呢？

1）智力和人格基本正常

来访者的智力一般需要在正常范围，因为需要他们能够叙述清楚自己的问题以及其他相关情况，并且能理解咨询师发出的言语和非言语信息含义，还要有一定的领悟能力等。所以，一定的智力水平是必须的，否则，咨询将相当困难。

来访者的人格也应基本正常，无明显的人格障碍。前面我们也反复强调过，心理咨询的主要工作对象是人的心理不健康状态，即一般心理问题、严重心理问题和神经症性心理问题。

2）有强烈、真正的求助动机

来访者有无强烈的咨询动机直接影响到咨询的效果。那些缺乏咨询动机的来访者，一般不适宜做心理咨询。因为虽然来访者需要咨询者的心理指导，但咨询最主要的，还是要靠来访者自身的努力去做出改变，需要他的自强自立。如果来访者内在没有改变的动力，仅靠咨询师往前推是推不动的，即使推动了，也不会维持太久，很快就又会回到起点。

在咨询中，来访者要有相当的勇气，能承认自己的短处、缺陷或问题，而且愿意与咨询者谈论自己的短处、过错或问题，并为此做出改变。这需要来访者内在的改变动力。

3）需要解决的问题属于心理咨询的范围

并非任何与心理有关的问题都可以通过心理咨询获得较满意的解决。有些内容适合心理咨询，而有的内容则不太适合。在此，我们把心理咨询和心理治疗放在一起加以考虑。比如，一个大学生想拿到学校一等奖学金，心理咨询工作者是没有办法，也不可能帮助他去学校主管部门争取到一等奖学金的，但是假如这个大学生想讨论自己需不需要一定拿到这个一等奖学金，如何通过学习上的努力与进步来早日实现这个目标，那么这种帮助则是可以从学校心理咨询工作者那里得到的；又如，一个人在工作单位由于人际关系失调而产生心理困扰，这时咨询者无法像其上级领导那样通过调解或采取行政手段为来访者争取到比较有利的结果，从而缓解其心理困扰，但如果来访者想通过调整自己的某些不合理认知和信念，培养自己达观、超然的人生态度，调整或改善自己的某些行为则属于咨询者能解决的心理问题。

一般来说，神经症性心理问题、某些性心理障碍、行为障碍、心身疾病等属于心理咨询与心理治疗的范围。尤其与心理社会因素有关的各种适应性心理问题和心理障碍、心理教育与发展等更适合开展心理咨询。而处于发作期、症状期的精神病人，由于与外界接触不良，缺乏自知、自制力，难以建立人际关系，因此，一般不属于心理咨询的范围。但康复期的患者也可从心理咨询中获益。另外，有较严重人格障碍的人也不适合进行心理咨询和治疗。

4）匹配性好

所谓匹配性好，包括两个方面：一是咨询师与来访者心理相容，彼此相互接受、相互容纳；二是来访者的特征恰好与咨询师的擅长相吻合，咨询效果

（尤其是短期咨询效果）比较明显。比如，某咨询师擅长某一人群的咨询（如大学生、妇女等），在处理某些问题方面有经验（如善于处理人际关系），专长于某一种理论和方法（如人本主义心理治疗方法），而来访者的特征恰好符合咨询师的这些特长。

此外，外部支持良好、注重心理感受、交流能力强、对咨询方式和心理咨询师高度信任的来访者也容易获得较好的咨询效果。必须指出的是，来访者的这些特征是相对而言的，而且这也并不意味着不具有上述典型特征的来访者就不能通过心理咨询与治疗来解决心理问题。

（4）对来访者的问题性质进行鉴别诊断

这里所说的来访者问题性质，是指来访者的问题是否属于脑器质性病变、精神病以及严重人格障碍。心理咨询与治疗的对象和范围是很广泛的。一般来说，除了脑器质性病变的患者、精神病患者以及有某些人格障碍的人以外，大都可以进行心理咨询与治疗。只不过，适宜程度有所差别罢了。因此，心理咨询与治疗工作的第一步就是要对来访者进行有关脑器质性病变、精神病以及人格障碍的鉴别诊断，一旦发现来访者有这些病症，则必须将他们转介到神经科或精神科诊治。

总之，心理咨询是咨询师与来访者用生命影响生命的历程，是陪伴，是修心，也是自我探索、发现和疗愈的过程。所以，大家还是要摒弃对心理咨询的成见，必要的时候要记得有专业的心理咨询师愿意倾听你内心的声音，陪伴你找寻内在的力量。

主要参考文献

［1］朱智贤. 心理学大辞典［M］. 北京：北京师范大学出版社，1989.

［2］朱敬先. 健康心理学［M］. 北京：人民教育出版社，1995.

［3］陈中永. 心理教育学研究［M］. 呼和浩特：内蒙古人民出版社，2003.

［4］李笑燃. 大学生心理健康教育［M］. 呼和浩特：内蒙古教育出版社，2011.

［5］东生. 如何增强身体免疫力［J］. 新农村. 2020（04）：43.

［6］杨红梅. 增强心理免疫力的意义与方法［J］. 校园心理. 2014.12（03）：192.

［7］姚文. 浅谈通过体育锻炼增强人体免疫力［J］. 内江科技. 2020.41（11）：58.

［8］俞国良. 大学生心理健康［M］. 北京：北京师范大学出版社，2018.

［9］陈青萍. 现代临床心理学［M］. 北京：中国社会科学出版社，2004.

［10］夏登杰，关兰友，王斌. 生活方式决定健康［M］. 东南大学出版社，2010.

［11］于淑华. 健康的饮食生活方式［J］. 食品界，2019（08）：134.

［12］江北雪. 熬夜族对身体的损害与弥补［J］. 东方食疗与保健，2004（06）：40.

［13］Ancoli-Israel S, Cooke J R. Prevalence and Comorbidity of Insomnia and Effect on Functioning in Elderly Populations［J］. 2005.

［14］许军. 自测健康及其应用研究［J］. 国外医学：社会医学分册，1998.

［15］汪红烨，沈潘艳. 不良生活方式对心理健康的影响［J］. 西南民族大学学报（人文社科版），2002（S1）：33-35.

［16］吴薇莉，汪红烨，郑小明. 握住心理健康的钥匙［M］. 成都：四川科学技术出版社，2002.

［17］陆敏仪. 体育锻炼对大学生心理健康的影响［J］. 当代体育科技，2015，5（27）：102-103.

［18］佟远堂，段东平. 体育运动对大学生心理健康的影响研究［J］. 华章，2013，（17）：302-303.

［19］谢绍志. 大学生健康教育读本［M］. 北京：科学技术文献出版社，2003.

［20］马文有，蔡向红. 自己是最好的医生［M］. 天津：天津科学技术出版社，

2014.

[21] 杜国光，顾文霞. 健康生活方式新概念：享受美好人生 [M]. 北京：北京大学医学出版社，2012.

[22] 杜国光，顾文霞. 生活方式与健康（第2版）[M]. 北京：北京大学医学出版社，（2017）.

[23] 咯咯. 改掉5种让人不开心的思维模式 [J/OL]. 张德芬空间. 2018-12.

[24] 彭聃龄. 普通心理学（第五版）[M]. 北京：北京师范大学出版社，2012.

[25] 张春兴. 现代心理学：现代人研究自身问题的科学 [M]. 上海：上海人民出版社，1994.

[26] 陈中永. 现代心理学 [M]. 北京：中央民族大学出版社，2011.

[27] 理查德·格里格，菲利普·津巴多著，王垒译. 心理学与生活（第19版）[M]. 北京：人民邮电出版社，2014.

[28] 彭丹玲. 普通心理学（修订版）[M]. 北京：北京师范大学出版社，2004.

[29] 郭永玉，贺金波. 人格心理学 [M]. 北京：高等教育出版社，2011.

[30] 杨丽珠，刘文. 毕生发展心理学 [M]. 北京：高等教育出版社，2006.

[31] 刘万伦，田学红. 发展与教育心理学 [M]. 北京：高等教育出版社，2011.

[32] 刘晓明. 心理学 [M]. 武汉：华中师范大学出版社，2017.

[33] 阿尔弗雷德·阿德勒，彭正梅，彭莉莉译. 儿童的人格教育 [M]. 上海：上海人民出版社，2011.

[34] 叶奕乾等. 普通心理学 [M]. 上海：华东师范大学出版社，2016.

[35] dennis coon, john o. mitter 著，郑刚等译. 心理学导论（第11版）[M]. 北京：中国轻工出版社，2008.

[36] Brian Luke Seaward著，许燕等译. 压力管理策略（第5版）[M]. 北京：中国轻工出版社，2008.

[37] Kelly McGonigal著，王鹏程译. 自控力 [M]. 北京：北京联合出版公司. 2017.

[38] mike clayton著，张呆译. 闪亮人生掌控压力 [M]. 北京：北京师范大学出版社. 2014.

[39] 谭小芳，胡一夫. 心理学与心理减压 [M]. 北京：中国纺织出版社，2017.

[40] 中国心理卫生协会组织编写. 心理咨询师（基础知识）[M]，北京：民族出版社. 2015.

[41] 陆为明，李红. 现代人际关系心理学 [M]. 西安：西安交通大学出版社，2013.

[42] 沈德立. 大学生心理健康教育 [M]. 北京：高等教育出版社，2013.

[43] 戴尔·卡耐基. 卡耐基沟通的艺术与处世智慧 [M]. 北京：中国华侨出版

社，2012.

[44] 黎翔，肖多益，玛尔孜古丽·哈别什. 大学生心理健康教育［M］. 成都：电子科技大学出版社，2013.

[45] Hans-Georg Willmann. 意志力心理学［M］. 北京：中国人民大学出版社，2018.

[46] Hans-Georg Willmann. 意志力［M］. 台湾：商周出版.

[47] 李丽. 意志与心理健康刍议［J］. 玉溪师范学院学报，1997（5）：46-47.

[48] 凯利·麦格尼格尔. 自控力［M］. 北京：印刷工业出版社，2012.

[49] 威廉·贝纳德. 哈佛家训全集［M］. 哈尔滨：黑龙江科学技术出版社，2015.

[50] 孙广仁. 中医基础理论［M］. 北京：中国中医药出版社，2002.8.

[51] 胡霜，杨振宁，张伯礼主编. 中医心理学［M］. 济南：山东人民出版社，2012.

[52] 张丽萍. 现代中医情志学［M］. 北京：中国中医药科技出版社，2011.

[53] 《企业文明》采编部. 关注职业心理健康助力健康中国战略［J］. 企业文明，2018，00（02）：1.

[54] 陈海峰. 关注职业心理健康［J］. 企业文明，2018，363（02）：15.

[55] 员工心理的健康管理. 心理时间网，2013-04-02.

[56] 赵玉芳，毕重增. 中学教师职业倦怠状况及影响因素的研究［J］. 心理发展与教育，2003，19（01）：80-84.

[57] 骆宏，赫中华. 466名护士心理资本与职业倦怠及离职意愿的关系［J］. 中华护理杂志，2010（10）：71-73.

[58] 陈颐. 职业人群成为抑郁症发病重灾区，中国每年因抑郁症费用近494亿元. 经济日报—中国经济网，2018，04. 23.

[59] 徐群，蔡宁伟，龚毅等. 企业员工压力来源研究综述［J］. 企业技术开发，2006（07）：117-120.

[60] 埃托奥，布里奇斯著，苏彦捷等译. 女性心理学［M］. 北京：北京大学出版社，2003.

[61] 杨凤池，崔光成. 医学心理学［M］. 北京：北京大学医学出版社有限公司，2020.

[62] 程玮，周蓝岚. 女性心理学概论［M］. 北京：科学出版社，2015.

[63] 丹尼尔·亚蒙著，黄珏苹译. 女性脑［M］. 杭州：浙江人民出版社，2018.

[64] Hoekzema, Elseline, Barba-Müller, .Pregnancy leads to long lasting changges inhumanbrainstructure. NatureNeuroscience［J］. 2017.20（2）：287-301.

［65］玛格丽特·W. 马特林著，赵蕾，吴文安等译. 女性心理学（第六版）［M］. 北京：中国人民大学出版社，2010.

［66］钱明，张颖等. 健康心理学［M］. 北京：人民卫生出版社，2018.

［67］钱焕琦、梅国英. 阳光女性：女性心理健康［M］. 北京：中国劳动社会保障出版社，2009.

［68］吴博. 女性心理健康教育［M］. 西安：西安电子科技大学出版社，2013.

［69］王建平，张宁，王玉龙，朱雅雯. 变态心理学［M］. 北京：人民大学出版社，2018.

［70］姚树桥，杨艳杰. 医学心理学［M］. 北京：人民卫生出版社，2018.

［71］林文采. 心理营养［M］. 上海：上海社会科学院出版社. 2016.

［72］杨凤池. 咨询心理学［M］. 北京：人民卫生出版社，2016.

［73］Robert D. Hill. 积极老年生活心理健康七法［M］. 北京：中国轻工出版社. 2011.

［74］郭念锋. 临床心理学［M］，北京：科学出版社，1995.

［75］郭念锋. 临床心理学导论［M］，北京：中科学心理学讲义，1986.

［76］许又新. 心理治疗基础［M］，贵阳：贵州教育出版社，1999.

［77］许又新. 神经症［M］，北京：人民卫生出版社，1993.

［78］张春兴，杨国枢. 心理学［M］，台北：三民书局股份有限公司，2008.

［79］李心天等编. 医学心理学［M］，北京：人民卫生出版社，1991 姜佐宁主编. 精神病学简明教程［M］，北京：科学出版社，2003.

［80］钱铭怡. 心理咨询与心理治疗［M］，北京：北京大学出版社，1994.

［81］John McLeod. 心理咨询导论［M］，上海：上海社会科学院出版社，1994.

［82］塞缪尔·格莱丁. 心理咨询导论［M］，北京：中国人民大学出版社，2014.

［83］陈祉妍，刘正奎，祝卓宏，史占彪. 我国心理咨询与心理治疗发展现状、问题与对策［J］. 中国科学院院刊，2016，31（11）.

［84］习近平在全国卫生与健康大会上的讲话［N］. 人民日报，2016-8-21.

［85］李国军. 浅谈心理咨询师发展现状与对策［J］. 人才资源开发，2014（17）：41-42.

［86］李明. 心理学从业者的内在导航.
https://mp.weixin.qq.com/s/NqTHmWbbI24o0pftBdHJTg.